A INDÚSTRIA CULTURAL HOJE

A INDÚSTRIA CULTURAL HOJE

Organização
Fabio Akcelrud Durão
Antônio Zuin
Alexandre Fernandez Vaz

Copyright desta edição © Boitempo Editorial, 2008

Coordenação editorial
Ivana Jinkings

Editores
João Alexandre Peschanski
Ana Paula Castellani

Assistência editorial
Mariana Tavares

Preparação
José Muniz Jr.
Luciana Soares da Silva

Revisão
Ruy Cintra Paiva

Capa
Antonio Kehl
sobre *Abstract Head*, óleo de Alexei von Jawlensky, 1928

Diagramação
Liliana Rodriguez

Coordenação de produção
Juliana Brandt

Assistência de produção
Livia Viganó

CIP-BRASIL. CATALOGAÇÃO-NA-FONTE
SINDICATO NACIONAL DOS EDITORES DE LIVROS, RJ

I34
   A indústria cultural hoje / organização Fabio Akcelrud Durão, Antônio Zuin,- Alexandre Fernandez Vaz. - São Paulo : Boitempo, 2008.

   ISBN 978-85-7559-123-9

   1. Indústria cultural - Brasil. I. Durão, Fabio Akcelrud, 1969-. II. Zuin, Antônio Alvaro Soares. III. Vaz, Alexandre Fernandez, 1967-.

08-3476.   CDD: 306.40981
                                                                     CDU: 316.77(81)

É vedada a reprodução de qualquer parte
deste livro sem a expressa autorização da editora.

1ª edição: setembro de 2008; 3ª reimpressão: abril de 2025

BOITEMPO
Jinkings Editores Associados Ltda.
Rua Pereira Leite, 373
05442-000 São Paulo SP
Tel.: (11) 3875-7250 / 3875-7285
editor@boitempoeditorial.com.br | boitempoeditorial.com.br
blogdaboitempo.com.br | youtube.com/tvboitempo

SUMÁRIO

Prefácio, *Wolfgang Leo Maar* 7

Apresentação 11

I. Filosofia 15

   Em que sentido exatamente a indústria cultural não mais existe 17
   Robert Hullot-Kentor

   Hipertexto 29
   Christoph Türcke

   Da superprodução semiótica: caracterização e implicações estéticas 39
   Fabio Akcelrud Durão

   Morte em vídeo: *Necrocam* e a indústria cultural hoje 49
   Antônio Zuin

II. Psicanálise 63

   Uma nova economia psíquica ou mutações tópicas?
   Elementos para reflexão acerca da subjetividade contemporânea 65
   Luis Calmon Nabuco Lastória

   Indústria cultural, consumismo e a dinâmica das satisfações
   no mundo administrado 79
   Conrado Ramos

III. Comunicação 95

   Indústria cultural hoje 97
   Rodrigo Duarte

   A televisão segundo Adorno: o planejamento
   industrial do "espírito objetivo" 111
   Renato Franco

IV. Literatura 123

    Comunicação num mundo distópico: *Small talk* – conversas vazias 125
    Newton Ramos-de-Oliveira

    Theodor Adorno, leitor de Aldous Huxley: tempo livre
    e indústria cultural 139
    Jorge de Almeida

    A "alegoria da esperança" no *Doutor Fausto*, a quatro mãos 147
    Bruno Pucci

    Literatice e sedução autoritária 163
    Luiz Hermenegildo Fabiano

V. Educação 171

    Escola, didática e indústria cultural 173
    Andréas Gruschka

    Problemas de atualidade da teoria crítica? Indústria
    educacional hoje 185
    Cláudio Almir Dalbosco

    Corpo, espetáculo, fetichismo: questões para a
    compreensão do movimento da indústria cultural hoje 199
    Alexandre Fernandez Vaz

Sobre os autores 213

PREFÁCIO

Wolfgang Leo Maar

Este livro discute a vitalidade de um termo concebido há mais de seis décadas diante da então vigorosa experiência fascista da sociedade de massa. "Indústria cultural" é o conceito que passou a ser usado, por Adorno, no lugar de "cultura de massa". Em *Dialética do esclarecimento*, obra que foi escrita a quatro mãos, coube a Adorno um capítulo cujo título já anuncia tudo, "Indústria cultural: esclarecimento como enganação das massas".

A discussão se justifica plenamente, pois seu objeto está mais vivo do que nunca: jamais fomos menos donos de nosso nariz, por conta das onipresentes imposições da lógica do mercado e do capital. Mais do que mera disputa conceitual-vocabular, está em causa a famosa tese da sociedade administrada ou integrada – integração, aliás, que é voluntária, ou seja, passa pelo sujeito em sua sujeição. Não se trata de uma subjetividade prévia e posta, mas em processo, gerada ela própria como objeto no curso da reprodução da formação social: a massa.

Nos nexos entre razão e dominação que formam a temática do livro citado, a posição que a indústria cultural ocupa é tudo, menos inofensiva. Não há cultura "inocente": essa parece ser a advertência fundamental de Adorno e Horkheimer, mas também de Benjamin e Marcuse. Eles atentam a aspectos da realidade objetiva presente que, para muitos (equivocados), corresponderiam ao mundo da cultura como um conjunto de valores em paralelo à civilização material.

A indústria cultural é o avesso da autonomia. Implica um amálgama de cultura e economia por meio do qual a dominação no plano da subjetividade, até mesmo em seus aspectos mais subjetivos, estaria condicionada à estrutura social. A indústria cultural enquadra os homens contemporâneos como massa, que não é mera portadora neutra de uma pseudo-subjetividade, mas é gerada para ser sujeito voluntário de integração e assimilação. Isso decorre da reprodução permanente de um esquema de comportamento rígido e intolerante. Ao se reproduzir, o capital extrapola o âmbito econômico e requer a participação da totalidade social em sua empreitada. Nessa medida, a teoria crítica da sociedade complementa Marx ao caracterizar o capital como contradição em processo: a indústria cultural é a resistência do capital, a continuidade como contraface, como contraposição da contradição processante.

Por isso, pode-se dizer que o tema da indústria cultural é uma história de êxito teórico. Com ela, por fim a realidade alcançou de maneira nítida a dinâmica essencial que o conceito dialético visava decifrar como momento principal da efetivação da continuidade, da perenidade da estrutura da ordem social vigente, da objetividade que se impõe como se fosse um movimento natural imediato de totalização progressiva. Quanto mais o tempo passa na ordem social vigente, tanto mais se liquida o tempo que não é o da continuidade e se reafirma a fraqueza vital para o tempo, a coisificação característica dos sujeitos semiformados na adequação exclusiva ao existente – adequação que acontece justamente graças à indústria cultural. Esta, para se colocar no lugar da própria sociedade, copia a si mesma em sua forma vigente, reificada como imediatez povoada por pseudo-sujeitos e realidades formais pacificadas e desprovidas de conflitos. Ideologia hoje é isso: sociedade que se instala como se fosse única.

O que, à primeira vista, parecia "apenas" conceito é, a rigor, a práxis social reprodutiva do capital. Nessa medida, por exemplo, a indústria cultural constitui um sustentáculo da democracia formal em que a práxis política é reduzida à administração de conflitos e se converte em esteio da política instrumental calculista. Não importa só *o que* é veiculado diretamente pela indústria cultural, mas também o modo, a organização social e sua medida. A esse respeito, Adorno mostrou a influência não apenas do que os personagens dizem num filme, mas de como se comportam, quais seus padrões, como se inserem socialmente etc.

Por certo, o conceito dialético também contempla o momento de verdade que o existente boicota. No que se refere ao nosso tema, porém, importa destacar que a verdade não é faculdade do sujeito, mas se dá sob o primado do objeto: a indústria cultural obscurece e manipula, por razões objetivas, a imposição da estrutura social do modo de produção capitalista em sua continuidade. A promessa crítica da apreensão conceitual-terminológica da indústria cultural era justamente a de interromper a continuidade, a integração, a totalização. Essa ruptura na continuidade em vigor precisa se apoiar no objeto, em sua existência contraditória, para restaurar a possibilidade de uma sociedade humanizada. Esse é o momento negativo em que o conceito anuncia uma verdade não realizada no existente; seu momento decisivo de apoio é o "esclarecimento do esclarecimento acerca de si próprio como fraude", ou seja, como racionalidade de uma manipulação que reflete a irracionalidade objetiva da sociedade.

No entanto, a sociedade hoje é a tal ponto produzida com a participação da indústria cultural (a reforçar a reprodução continuada da ordem vigente) que ruíram, em grande parte, os fundamentos da negatividade nos moldes apresentados na época em que o termo foi introduzido.

Se algo mudou, é aqui que cabe investigar: o combate, que parecia provável como rompimento da imposição social objetiva – não como realização ideal subjetiva, mas enquanto possibilidade objetiva concreta –, agora se revela obstruído e improvável. Em sua dinâmica, o capital colocaria em xeque o que na época de Marx parecia inevitável: o curso da contradição em processo que "devora seus próprios produtores". Suspender a contradição apta a impor a transformação como possível necessidade objetiva – este é precisamente o alvo, o efeito pretendido que provoca e gera o dinamismo da indústria cultural.

Conforme a *Dialética do esclarecimento*, o que explica a indústria cultural "é o círculo da manipulação e da necessidade retroativa, no qual a unidade do sistema se torna cada vez mais coesa". Ao intervir na realidade humana e produzir novas necessidades, a indústria *cultural* possibilita eclipsar a contradição que resultaria da diminuição do tempo de trabalho na produção, que supre as necessidades vitais devido ao avanço técnico. Simultaneamente, a *indústria* cultural, diferenciada da manufatura ou do artesanato, impõe seu esquematismo aos produtores, manipula os homens como engrenagens coisificadas da continuidade na reprodução ampliada do capital. O trabalho alienado imposto pela dominação capitalista "forma", mas no sentido da deformação.

Na indústria cultural, fica evidente um modo específico e exemplar de mediação entre realidade e conceito: ao se apresentar no processo de reprodução material, a práxis se mostra como objetivação na esfera cultural, dispensando, assim, a necessidade de acrescentar a esfera da prática exteriormente à cultura. A dominação é, agora, presença imanente na cultura, e vice-versa. Tal realidade confere uma nova perspectiva à crítica da cultura, que já não pode ser estrita "crítica cultural", mas deve levar em conta a realidade social material.

Em outras palavras: o que hoje se apresentaria como "conceito" de indústria cultural requer, com urgência, uma reflexão crítica acerca de si próprio. Nessa reflexão, deverão se entrecruzar o conceito e a práxis social correspondente, para que se possam retomar – e silenciar – as experiências a que o termo remetia em sua origem. É evidente que a "reflexão" crítica não basta: há que se apoiar na subjetividade que se efetiva numa práxis social real. O que há de inovador no tema da indústria cultural é precisamente a necessidade objetiva da prática social na cultura: se o fetichismo da mercadoria implica uma regressão da audição, é necessário reforçar a experiência do ouvir, praticar uma nova sensibilidade, escovar a contrapelo.

Seria um claro retrocesso teórico, após tudo o que foi exposto na *Ideologia alemã*, retornar à crítica cultural que Marx rejeita nos hegelianos de esquerda. Mais do que isso: seria a anulação prática da crítica, quando o objeto dessa crítica não é uma abstração formal cultural, mas uma realidade social, histórica e material concreta em seu dinamismo. Afinal, uma das formas atuais da indústria cultural não seria justamente aquela pela qual ela seria "culturalizada" e "desmaterializada" para ser perenizada? A superação da reificação seria atribuição cultural, sem afetar a estrutura social. Há duas vias principais em que isso ocorre, e *A indústria cultural hoje* engloba muito bem a ambas: de um lado, a crítica cultural da indústria cultural convertida em "indústria da cultura"; de outro, a redução da prática como procedimento formalizante ou até epistemológico – conforme, por exemplo, o modelo da tecnociência legitimadora de realidades virtuais desmaterializadas e fragmentadas.

Ora, o esclarecimento de quem se julga esclarecido sem sê-lo é uma prática social e não uma questão "cultural". A possibilidade de acesso à verdade depende de uma transformação na experiência social e não da eventual "substância" ou "lógica do conceito". Por isso, se existe um denominador comum a percorrer os capítulos deste livro, ele está em que seus autores procuram expor elementos de uma experiência do mundo em termos distintos ou mesmo contrários àqueles pelos quais esse mundo é produzido pela indústria cultural. Os ensaios não rejeitam abstratamente a indústria cultural, mas a obstrução da experiência social por ela implicada. Nesse sentido, são tentativas de refazer ou revitalizar o trajeto em que se deu a captura ideológica, isto é, a reificação da práxis social como integração.

Os textos da coletânea seguem duas direções. Em parte deles, os autores procuram refazer o nexo da práxis social negativa em vigor no conceito dialético da indústria cultural. Sua preocupação é reconstruir o momento crítico com o intuito de reforçar a formação – a *Bildung* – emancipadora, para quebrar a continuidade e se contrapor à atual obnubilação por uma crítica culturalizante inofensiva. Em outro conjunto de ensaios, os autores se concentram nas possibilidades de conflagrar, no presente, a relação entre a experiência social e a "experiência" tal como a indústria cultural a apresenta. Isso significa recolocar a experiência social da contradição, não como posta e anulada no vigente, mas como em processo de formação social nos âmbitos da educação, da literatura, da informação etc. Essas duas vertentes fazem de *A indústria cultural hoje* uma importante contribuição para atualizar e aprofundar esse debate no Brasil.

APRESENTAÇÃO

A acelerada difusão da informação na contemporaneidade gera um efeito ambíguo em conceitos com alto poder elucidativo. Por um lado, circulam amplamente, convertendo-se em lugares-comuns acessíveis a todos que tenham um mínimo de contato com os meios de comunicação. Por outro lado, são desvirtuados da teoria e da intenção que lhes deram origem, de tal modo que se tornam praticamente irreconhecíveis. Isso aconteceu com a noção de "sociedade do espetáculo", concebida inicialmente por Guy Debord como um instrumento crítico mas logo apropriada em tom festivo – como se o "espetáculo", em vez de reificação máxima do vivido, representasse um show do qual pudéssemos participar. O mesmo se deu com o conceito de "indústria cultural", vislumbrado originalmente como um oxímoro que deveria ultrajar, mas hoje utilizado como um termo técnico nas *business schools*.

Vem daí a vida esquizofrênica desse conceito no presente. Quando encarado como objeto da história das idéias, é normalmente visto como fruto de seu tempo, resultado do horror que a nata da *intelligentsia* alemã nutria pela cultura de massa do Novo Mundo, com seu suposto filistinismo. Quando se torna parte do léxico empresarial, absolutamente desvinculado dos nomes de T. W. Adorno e Max Horkheimer, assume um caráter ultracontemporâneo, desprovido de qualquer impulso crítico.

É no espaço entre esses opostos que se insere este livro. Em todos os textos que o compõem[1], está implícita a pergunta acerca da atualidade do conceito de indústria cultural, da teoria que o articula e, no limite, da forma de pensar, colaborativa e

---

[1] Textos apresentados no Congresso Internacional A Indústria Cultural Hoje, organizado pelo Grupo de Estudos e Pesquisas Teoria Crítica e Educação, com sedes na Unimep, na UFSCar e na Unesp-Araraquara, e realizado na Unimep no período de 28 de agoto a 1º de setembro de 2006.

dialética, da Escola de Frankfurt. Trata-se, portanto, de promover a mediação entre o arcabouço original da Teoria Crítica e a realidade de nosso agora, respeitando a dialética que os envolve. O objetivo não é simplesmente "atualizar" – termo, no fundo, positivista – a teoria, mas investigar a complexidade do efeito do tempo em um pensamento que abriu fronteiras. Com isso, deseja-se tanto mostrar o que foi morto pelos anos quanto apontar para aquilo que se tornou mais relevante hoje do que no momento inicial de sua elaboração.

Robert Hullot-Kentor abre o volume exatamente com essa questão: em nossa incapacidade de ouvir a dissonância entre "indústria" e "cultura", o autor vê a continuidade da barbárie que a indústria cultural se esforça em apagar. Em seguida, Christoph Türcke discute o advento do hipertexto, uma promessa de libertação, como novo instrumento de dominação em um capitalismo flexibilizado. Fabio Durão reflete a respeito da superprodução de signos como um novo fenômeno que traz amplas implicações sociais e psíquicas. Finalizando esse grupo de textos, Antônio Zuin debruça-se sobre uma nova vivência da morte, proporcionada pelo surgimento das *webcams*.

Se a primeira parte do livro lida com implicações teóricas do conceito de indústria cultural, a segunda aborda sua relação com o psiquismo. Subjaz a esses ensaios a hipótese de que a economia e as estruturas psíquicas não são imutáveis, mas sofrem alterações que acompanham o desdobramento de tendências sociais; tais mudanças não apenas se refletem na indústria cultural, mas são também por ela ocasionadas. Luiz Calmon Nabuco Lastória investiga como o aparato pulsional adquire novas configurações, e Conrado Ramos volta-se para as conseqüências desse processo em relação ao consumismo conspícuo que marca o capitalismo contemporâneo. A terceira parte do livro aborda, com dois ensaios, a infra-estrutura técnica que ampara tais modificações no psiquismo. Rodrigo Duarte reflete sobre como o esquematismo da indústria cultural perverte a proposta kantiana da relação entre sujeito e objeto. Já Renato Franco chama a atenção para a atualidade da crítica de Adorno à televisão, um objeto inusitado de estudo.

É verdade que as transformações ocasionadas pela indústria cultural contemporânea têm freqüentemente sido analisadas de modo sombrio. Porém, isso não significa que inexistam amplos âmbitos de resistência – como na literatura, objeto da próxima parte do livro. Newton Ramos-de-Oliveira discute o potencial crítico das utopias e distopias literárias, e Jorge de Almeida mostra o quão clara era a visão de Aldous Huxley sobre a indústria cultural já nos anos 1930, prefigurando o momento atual. Em seguida, ao debruçar-se sobre a relação entre Adorno e Thomas Mann, Bruno Pucci deixa entrever um modelo de produção cultural colaborativa, em drástica oposição ao da indústria cultural, também realizado em grupo.

O volume encerra-se com uma parte mais próxima à prática, dedicada à educação. Em cuidadoso estudo empírico, Andréas Gruschka argumenta que a escola não apenas se ajusta à indústria cultural, mas também prepara os alunos para ela, em um processo de antiformação – uma *Bildung* inversa. Cláudio Almir Dalbosco expõe a relevância do pensamento da Teoria Crítica para a realidade educacional de hoje, em um ambiente de crescente comercialização do ensino. Fechando o volume, Alexandre Vaz descreve os efeitos da reificação do corpo promovida pela indústria cultural e aponta para possibilidades de resistência, por meio da atividade na escola.

Não é de se estranhar que as tendências presentes no livro sejam díspares – ora descrevem uma realidade inédita, que demandaria uma teorização modificada, ora argumentam a favor de uma "temporalidade retroversa", segundo a qual o pensamento de Adorno e Horkheimer estaria à frente de seu tempo, tendo atingido apenas hoje seu verdadeiro significado. As páginas a seguir não fornecem a essas questões uma resposta final, nem ambicionam fazê-lo, pois é tarefa do leitor decidir sobre o livro que tem em mãos.

Os organizadores

I. FILOSOFIA

EM QUE SENTIDO EXATAMENTE A INDÚSTRIA CULTURAL NÃO MAIS EXISTE*

Robert Hullot-Kentor

I.

Quem quer que tenha estudado os escritos de Adorno nas últimas décadas – talvez até incluindo aí alguns anos durante os quais o filósofo ainda estava vivo – pode ter percebido que, apesar da grande quantidade de novos comentários e da publicação recente de sua correspondência e de suas aulas, seus textos tornam-se cada vez mais obscuros. Não porque ele seja mais difícil de ser compreendido hoje do que outrora. Pelo contrário. Agora, com as explicações, comentários e anos de uma crescente familiaridade com sua obra, podemos começar a juntar as peças com bastante facilidade: a reificação representa a rígida rede que tecemos sobre o mundo; a dialética rasga esse véu no conflito do "um" e do "múltiplo", no qual fica manifesto o primado do objeto; as relações de produção são isso, as forças de produção são aquilo; o sortilégio, o tabu, o fetiche e a barbárie são ainda tantas outras coisas. Mas a força motriz por detrás desses conceitos, seu *noeud vital*, desapareceu. Se, há algumas décadas, ao ter um livro de Adorno em mãos, o leitor ficava surpreso com a ousadia do projeto, o mesmo leitor, hoje, não mais percebe como tomar o partido do *negativo* poderia ser equivalente a arriscar tudo, a confrontar todos.

Que *A indústria cultural hoje* tenha sido escrito e publicado é uma prova de que ainda há um interesse urgente nessas idéias e que tal interesse pode intensificar-se. Contudo, não há como negar que conceitos que antes pareciam descortinar universos inteiros hoje permanecem mudos diante do mundo. Sem dúvida, pode-se enfrentar o peso histórico acumulado nas engrenagens de qualquer um desses conceitos e, livrando-se desse peso, fazê-las funcionar de novo, mas nem por isso a

---

* Tradução de Fabio Akcelrud Durão.

"subjetividade", por exemplo, seria simplesmente recuperada. Acabar-se-ia falando daquilo que qualquer revista acadêmica de língua inglesa chama de *agency*, uma ação pretensamente transformadora. Para ser bem direto, está para além de nossa volição individual determinar quais idéias são utilizáveis com rigor pelo pensamento e quais não o são. No entanto, se não nos cabe decidir quais conceitos trazem o mundo em si, como para dentro de um vórtice, e quais repentinamente se retraem, deixando que seus fenômenos dispersem frouxamente, podemos por vezes entender o momento no qual essa virada acontece. Essa é a questão central deste ensaio.

"Indústria cultural" é um dos conceitos de Adorno cujo fantasma certamente já se foi. Mas é também um conceito cuja existência paradoxal nos fornece uma visão sem igual do destino da obra adorniana na contemporaneidade. O paradoxo potencialmente iluminador é o seguinte: se o conceito não escapa à aparente exaustão das palavras de Adorno e se não resta dúvida de que seu fantasma se foi, ainda assim ele tem uma sobrevida vigorosa, completamente indiferente ao fato de ter falecido há bastante tempo. Pois o conceito de "indústria cultural", diferentemente de qualquer outro que possa ser retirado do corpus de Adorno, é largamente citado, em plena convicção de corresponder à voz do tempo, como se o mundo estivesse arduamente estudando o capítulo homônimo de *Dialética do esclarecimento*.

Hoje, quem esteja minimamente alerta para o que pode ser dito e o que não pode hesitaria em encher os pulmões para se lançar em um discurso sobre as forças de produção; em contrapartida, ninguém pensa duas vezes em discorrer *ad libitum* sobre a indústria cultural. Pode-se documentar isso, por exemplo, ao percorrer o uso dessa expressão e catalogar a presença segura do conceito como uma língua franca mundial, tanto em publicações acadêmicas quanto nos jornais de qualquer cidade grande. Estatísticas de citação do conceito também poderiam ser apresentadas. No entanto, um só caso já bastaria, como prova suficiente de sua onipresença, para delinear o paradoxo de um conceito cujo fantasma se foi mas, ainda assim, se perpetua. Eis aqui, então, duas frases extraídas de uma publicação preparada pelo governo chinês para a Organização Mundial do Comércio. O artigo é sobre aquilo que suas páginas chamam de "o estado da indústria cultural na China":

> A China tem testemunhado um enorme desenvolvimento de sua *indústria cultural*, desde os anos 1990. Todavia, a *indústria cultural* na China ainda é muito incipiente se comparada com a dos países desenvolvidos.[1]

O artigo prossegue lamentando o persistente atraso da indústria cultural chinesa. E exibe gráficos e estatísticas para garantir ao mundo dos negócios que esta é uma situação transitória, e que as devidas providências estão sendo tomadas.

---

[1] Meus itálicos. "China and the WTO", disponível em <www.chinaculture.org/gb/en_focus/node_322.htm>.

II.

A razão para um norte-americano citar essa publicação chinesa sobre a indústria cultural – aqui, em um livro brasileiro – é corroborar o argumento de que é muito óbvia a frívola onipresença desse conceito. Por isso, seria impróprio parar para analisar a hermenêutica chinesa do termo. Todos nós sabemos o que ele significa. O conceito *é* um esperanto confiavelmente intercambiável entre as mentes antenadas, presente e não presente, aqui, hoje. Em um contraste absoluto, contudo – e agora a existência paradoxal do conceito de Adorno começa a tomar forma –, a palavra que *não* está em nossas mentes, a que está fora de nosso alcance e que jamais podemos pronunciar na esperança de obter uma compreensão recíproca espontânea daquilo que outrora significou, é o achado homófono que Adorno registrou na *Dialética do esclarecimento*, mais de cinqüenta anos atrás.

Um dicionário de português contemporâneo marcaria a expressão *deles, aquela* indústria cultural, como obsoleta. E, se o verbete desse dicionário fosse mesmo completo, se esforçaria para mostrar o equívoco, falsamente evidente na homofonia, que há em supor um desenvolvimento contínuo entre as duas locuções. Embora seja um fato amplamente conhecido que foram Adorno e Horkheimer os que cunharam a expressão, o termo que utilizamos, com um tom monótono e uma fluência fácil, não veio ao mundo como um embrião germânico, que depois teria sido adaptado aos propósitos correntes por meio de uma evolução etimológica. Ele, o nosso termo, as palavras que proferimos com essa desenvoltura monótona e essa fluência fácil, deve sua existência a um ato de geração espontânea. É um rebento do acúmulo e da crescente densidade de entidades comerciais a partir das quais foi desovada, há algumas décadas, uma multidão de conceitos já completamente maduros. Tomemos um instante para reconhecer essa multidão de forma geral, e não em casos específicos – por uma questão de espaço e tempo –, usando como base a "indústria hospitalar", a "indústria da educação" e a "indústria ecológica". Essas expressões industriais, dentre as quais a "indústria cultural" corresponde apenas a uma derivação, simples permutação de termos, existem em um agregado cujos elementos confirmam-se uns aos outros, junto com outras multidões de frases feitas e seguramente pseudo-orgânicas: "a árvore genealógica da indústria", "uma família de aparelhos eletrônicos", "cultura corporativa", "a comunidade empresarial", "a comunidade dos bancos" e "a comunidade das nações".

A super-realidade desse agregado de termos usurpou e agora obstrui aquilo que as palavras "indústria cultural" outrora significaram. Com freqüência, o pensamento de Adorno, sobretudo nos estudos de mídia, é identificado pura e simplesmente com esse conceito substituto. E se o pensamento de Adorno está agora urgentemente vivo e urgentemente não-vivo, estamos na posição mais privilegiada para entender como *isso* acontece. No entanto, antes de chegar ao centro das coisas, é necessário dar mais um passo para decifrar as pistas sobrepostas no paradoxo da indústria cultural. Acontece que tal passo está fora de nosso alcance; podemos tão-somente simulá-lo. E, como esse passo de faz-de-conta exige um artifício de faz-de-conta, escolhamos o veículo lingüístico que nos levará diretamente a 1947, o ano de publicação da *Dialética do esclarecimento*. Alguns de nós – os sortudos e os azarados – serão levados para ainda mais longe: poderão ver, provar e ouvir o exato momento, a ocorrência real, quando Adorno e Horkheimer pensaram esse conceito pela primeira vez, no que Habermas defendeu ser a mais pura *folie à deux*, ocorrida em Santa Mônica, Califórnia.

Já tentei usar desse artifício antes e, mesmo não querendo competir com o reboco de Brás Cubas, posso garantir que ele funciona. Ainda assim, dizer que seu efeito é fugaz não o descreve por completo. No instante em que ascende, fecha-se. Para alguns, isso não prova nada; para outros, será justamente o contrário – e eles terão razão. Porque o momento invocado pertence a uma era longínqua, a um tempo distante; há uma lei própria que abole intrusões nessa outra época, uma lei nossa, que dissolve seus traços *em* nossa memória, no próprio instante de sua transgressão. Estejam, então, preparados para um tremor particularmente leve. Podem estar certos, porém, de que algo vai acontecer. Percebam-no. Leva apenas um instante e aqui vai. Para que funcione da melhor maneira possível, certifiquem-se de que vocês estão me acompanhando. Pronunciem silenciosamente essa encantação de dias que há muito se foram, enquanto pronuncio, lentamente: o *fogo frio* de Shakespeare, a *permanência fugitiva* de Quevedo, os *anões gigantes* de Vitor Hugo, a *abundância pobre* de John Donne, o *sol negro* de Baudelaire, a *dor prazerosa* de Spencer, o *pálido fogo* de Nabokov, o *humildemente audacioso* de Oliver Swift, e aqui, de Adorno, *Kulturindustrie, Kulturindustrie*. Bang! INDÚSTRIA CULTURAL. Estamos de volta.

III.

Esse instante que volta sobre si – e que acabou de ser invocado, algo bombasticamente, de uma semi-existência – almejou cortar em dois a "indústria cultural" do vernáculo e rearranjar as partes do conceito adorniano, trazendo à tona sua fricção incontornável. Na medida em que isso tenha ocorrido, a locução está fragilmente preparada para emitir seu pulso epigramático: uma unidade forçada daquilo que é incombinável, a junção trituradora de cultura e indústria, compactados em um estado de conflito. Tivemos de forjar uma estratégia para obter uma percepção, mesmo que muito fraca, daquilo que transpira de auto-antagonismo no conceito e que, assim ainda, vibrará dentro de nós apenas por um curto espaço de tempo até extinguir-se. Trata-se de um sentido obsoleto, que não pode mais ser comunicado espontaneamente. O próprio Adorno, é claro, nunca precisou de artimanhas para trazer à tona o conteúdo antagônico do conceito; ele ouvia perfeitamente o que estava em jogo. E, à medida que discernimos melhor a persistente fissura que existe no interior do conceito, a locução dialética passa a insistir, de maneira cada vez mais clara, que deve ser entendida em relação de sinonímia estreita com o conceito de "história natural", recusando decididamente qualquer homofonia com a indústria cultural contemporânea.

Entretanto, a distinção entre o conceito de Adorno e a expressão vernácula não é absoluta, e a intenção aqui não é a de insistir no fato de que os dois não têm absolutamente nada em comum. Pelo contrário: se um conceito critica aquilo que o outro assevera descaradamente, e se são etimologicamente distintos, são também, para dizer o mínimo, historicamente entrecruzados. O conceito de Adorno nos leva a crer que foi para ele um achado preciso, resultado de uma auscultação minuciosa das tendências históricas, mais do que um neologismo historicamente oportuno. Por essa razão, esses conceitos de aparência tão semelhante têm algo em comum para além da mera aparência: eles compartilham percepções e estados de espírito solidificados, como parte de uma dinâmica histórica. No entanto, um deles está ciente desses conteúdos, ao passo que a locução vernácula (assim como todos os conceitos a ela afiliados), ao invés disso, parece anestesiada em relação àquilo que significa.

Há um aspecto surpreendente em todo esse agregado de conceitos: entre "indústria doméstica", "indústria do sexo", "indústria musical" etc., encontram-se algumas das expressões mais cáusticas de nosso vocabulário cotidiano. E, no entanto, elas não possuem nenhum caráter expressivo: recusam-se a mobilizar nossos ouvidos, senão às suas próprias custas, ou seja, como simples fatos. Mas se podemos entender mais adequadamente a autoconsciência do conceito adorniano de "indústria cultural" e se, ao entender seu processo interno, podemos ouvir com mais exatidão o que Adorno deve ter ouvido nele, então poderemos também obter algo de sua habilidade de discernir o que nosso agregado de conceitos vernáculos mantém exclusivamente para si.

IV.

O problema de entender o conceito de Adorno como uma instância de sua filosofia é maior agora do que era quando começamos. Ao diferenciá-lo mais precisamente de seu semelhante, temos a expectativa de que ele revele algo a mais sobre o agregado no qual seu equivalente contemporâneo é difundido. Estamos agora envolvidos com o que Adorno chamava de "fisiognomonia social". E, sob a perspectiva deste ensaio, não há diferença alguma entre compreender a filosofia adorniana de crítica imanente e compreender a nossa própria realidade. Vamos, então, considerar onde estamos: com o martelo que Nietzsche recomendou para toda a filosofia conseguimos romper, aos poucos, a casca que envolve o conceito de "indústria cultural"; tornamo-nos, assim, capazes de discernir nele um antagonismo entre cultura e indústria. Mas ainda não conseguimos entender o que sucede nesse conflito. Para chegar a isso, no espaço exíguo de que ainda dispomos para tal discussão, esse conteúdo deve ser apresentado quase que dedutivamente, de um modo – se o leitor me perdoa – quase que pedantemente óbvio. E, à medida que me dirijo ao centro do conceito de Adorno de "indústria cultural", em direção ao ponto central em torno do qual cada uma de suas frases era concebida, também nos dirigiremos ao ponto em que esse vasto agregado de conceitos, exemplificado na expressão "indústria hospitalar", começará a falar. Mas esses conceitos apenas *começarão* a falar. Pois, quando chegarmos ao ponto central do pensamento de Adorno, nosso interesse em sua filosofia e nossa capacidade de nos concentrarmos nela, ficarão, de maneira geral, enfraquecidos, e esse agregado, de novo, calar-se-á completamente.

Para entender com mais precisão o antagonismo entre cultura e indústria no conceito adorniano de "indústria cultural", é preciso primeiramente levar em conta que a cultura, embora possa ter outros sentidos, é tudo aquilo que é mais do que a autopreservação. É aquilo que surge da capacidade de suspender propósitos diretos. A indústria, força moderna por excelência, que – como todos sabemos – poderia ser ela mesma uma força da cultura, com a capacidade de dar fim à carência e ao sofrimento, limita-se, no imperativo de seu conceito de trabalho sistemático, nascido no século XVII, a excluir tudo que não seja propósito direto. Essa limitação acontece de tal maneira que, ao produzir uma abundância específica, ela é obrigada – se quiser sobreviver – a produzir a carência em medidas consistentemente iguais. Assim, toda indústria (como entendida por Adorno) permanece até hoje estruturalmente atrelada à autopreservação. A indústria *cultural*, como produção de cultura por meio da indústria, é o agente por meio do qual tudo aquilo que poderia ir além, e que de fato vai além, da autopreservação da vida é reduzido à violenta luta pela sobrevivência. Assim, a produção de cultura como produção da barbárie *é a indústria cultural*. O moderno é o mecanismo do arcaico na medida em que a cultura, transmutada em indústria, converte-se em uma força abrangente de regressão.

Eis, aqui, a "unidade forçada daquilo que é incombinável, a junção trituradora de cultura e indústria compactadas em um estado de conflito", que foi mencionada acima e que Adorno percebia na aglutinação do conceito de "indústria cultural". E se a condição atual do inglês norte-americano, assim como a do português brasileiro, torna difícil imaginar um tempo no qual não se pudesse juntar casualmente qualquer adjetivo ao substantivo "indústria", por séculos a combinação de cultura com indústria, em qualquer forma que fosse, teria de tal maneira perturbado a percepção sensorial histórica e teria ido tão contra a tendência da própria língua que foram necessárias duas guerras mundiais para aproximar as duas palavras em uma expressão composta. Em seus primeiros dias, o brilho desse conceito reluzia diretamente sobre o pano de fundo de uniformes camuflados. Era isso – a qualidade categoricamente primitiva da expressão, produzida pelo próprio mundo moderno – que assombrou Adorno, com sua precisão histórica. Cada palavra que ele escreveu sobre a indústria cultural foi direcionada para a percepção desse processo que é inerente ao conceito. E se esse conceito está agora em grande medida bloqueado por um agregado de conceitos, entre os quais "indústria hospitalar" e "indústria musical", tais conceitos podem, agora – se ouvirmos exatamente o que Adorno pode ter ouvido neles –, ser reconhecidos como manifestações de brutalização. Eles podem começar a falar, ainda que apenas por um instante, como forças de primitivização da vida pelo poder do próprio progresso.

No entanto, à medida que esses conceitos comecem a falar por si só, nas primeiras sílabas nossa atenção para o que eles têm a dizer já começa a esmorecer. Ouvimo-los, mas a mente se desvia. Não conseguimos nos concentrar. O ponto principal, então, é o seguinte: no exato momento em que perdermos o interesse pelo que a língua corrente tem a dizer por si mesma, demonstramos nosso desinteresse pelo conceito adorniano de "indústria cultural". Sem ter parado para pensar nisso, percebemos de repente que a compreensão desse conceito nos levou em cheio para o pleno contexto do pensamento de Adorno: o sortilégio, o tabu, o primitivo, o interdito, a barbárie, a mágica, a regressão. Então, nosso desinteresse expresso em ouvir mais profundamente a linguagem corrente deve tocar no ponto central de cada palavra e cada pensamento na escrita de Adorno. Queiramos ou não, nossa falta de interesse por uma palavra indica nosso desinteresse pelas outras. Se for em algum lugar, é aqui que começaremos a entender – e precisamos entender – como a filosofia de Adorno pode ser tão urgente para nós, e, no entanto, tão refratária àquilo que podemos entender como urgente.

V.

A pista para entender o que aconteceu está contida em um breve ensaio de Adorno, escrito nos anos 1950 e apresentado como uma palestra, "O conceito de filosofia"[2]. Nesse texto, Adorno nomeia o *noeud vital*, o ponto nevrálgico, de toda a sua obra – este *noeud vital* que agora nos falta. Adorno o introduz sob a forma de

---

[2] Theodor W. Adorno, "Der Begriff der Philosophie", em *Frankfurter Adorno Blaetter II* (ed. Rolf Tiedemann, Frankfurt, Text/Kritik, 1992).

uma única idéia, mas – é importante enfatizar – não como uma idéia criada por ele. Não era uma percepção apenas sua, e nem poderia ter sido: trata-se de uma idéia que o leitor irá reconhecer, talvez com alguma decepção, como já conhecida. Entretanto, essa idéia estava à espera de Adorno, no pensamento de seu tempo, da mesma forma como ela não está à nossa espera. Ele a menciona como "a idéia embrionária do pensamento ocidental como um todo". É a idéia, diz ele, que expandiu *infinitamente* o horizonte do conhecimento – ele refere-se ao horizonte do conhecimento no qual sua própria obra estava situada e ao qual devia a totalidade de suas percepções:

> O horizonte do conhecimento foi infinitamente expandido; entraram em nosso campo de visão camadas que antes estavam escondidas. Compreender *o arcaico em nós e na realidade*: este foi *o passo definitivo* tomado pelo pensamento ocidental.[3]

Isto precisa ser repetido: o *passo definitivo* tomado pelo pensamento ocidental, aquilo que *expandiu infinitamente seus horizontes*, foi o reconhecimento do *arcaico em nós e na realidade*. Não se trata do arcaico no sentido do que Euclides da Cunha, por exemplo, chamou de primitivo quando se deparava com a "a existência miseranda e *primitiva*" nos vestígios de Canudos devastada, de cujo destino ele se lamentava[4]. Adorno, pelo contrário, quer indicar o sentido de "primitivo" que resultou da reflexão desse conceito sobre sua própria barbárie colonial e pré-colonial. No entanto, essa idéia também está evidente, de forma nascente, no livro de Euclides, que se torna extraordinário porque parece se dirigir aos leitores com a urgência de que acordem para algo que o próprio autor nunca poderia ter reconhecido – o fato de que a própria civilização continua primitiva. Tal idéia permaneceu inconsciente em Euclides, alojada por detrás das muralhas de sua densa etnografia. Não se pode dizer, então, que ele tenha dado *o passo* indicado por Adorno, que não tenha cruzado a fronteira delineada por Adorno; todavia, ele deve ser considerado como um daqueles que, começando com o ensaio de Montaigne sobre os canibais e passando por Baudelaire, Darwin e Marx, aprofundou a perspectiva histórica do pensamento ocidental, levando decisivamente ao limiar desse horizonte *infinitamente expandido*.

Essa amplitude de horizonte não é facilmente determinável a partir do *lugar* que ocupamos, mas começamos a compreender algo de sua dimensão real quando percebemos que o horizonte indicado no texto "O conceito de filosofia" tem a amplitude que Adorno nos convida a ponderar nas primeiras frases da *Teoria estética*: a "extensão imensa do que nunca foi pressentido, a que se arrojaram os

---

[3] Ibidem, p. 52.
[4] Euclides da Cunha, *Os sertões* (São Paulo, Ateliê, 2002), p. 749. Meus itálicos.

movimentos artísticos revolucionários"[5]. Esta é a dimensão do modernismo: Ele representou um aprofundamento absoluto nas profundezas da consciência histórica do Ocidente e, com isso, alcançou um sentido de possibilidade do novo jamais alcançado no pensamento ocidental. O que pode surpreender, no comentário de Adorno em "O conceito de filosofia", é a idéia de que essa amplitude tenha se desdobrado na conquista de uma única idéia, a do primitivo em nós e na realidade, recolhendo em si o oposto absoluto da história concebida como história do progresso e condensando, assim, a consciência crítica do modernismo.

O que quer que esteja, hoje, distante de nós, é o que em sua época Adorno percebia e compreendia como evidente nas telas de Picasso inspiradas pela África (1907-1910), na "Dança bruxa" de Mary Wigman e no que reconhecia de luminosidade áspera pré-histórica em cada linha de Kafka. E se, como Adorno indica em "O conceito de filosofia", tal percepção do primitivo correspondia a um desenvolvimento das artes como um todo (assim como da filosofia), ele mesmo realizou a ligação entre essas esferas, principalmente por meio do envolvimento com Schoenberg, Benjamin e, em especial, Freud. É por isso que a constelação de conceitos de Adorno – o fetiche, o tabu, o sortilégio –, quando projetada no horizonte no qual seu pensamento se originou, pode muito facilmente dar a impressão de misturar-se indiscriminadamente com a famosa coleção de estatuetas arcaicas na escrivaninha de Freud. Com efeito, a diferenciação que se faz necessária entre Adorno e Freud, assim como entre Adorno e Benjamin, refere-se, em primeiro lugar, à compreensão de suas divergências quanto à natureza do primitivo. Isso nos faz perceber que, por mais genial que seja a teoria de Adorno, sua dialética do esclarecimento representa apenas uma das formas com as quais várias gerações de artistas e pensadores conceberam uma nova reflexão sobre o primitivo. O próprio Adorno perseguiu esse impulso em cada frase que escreveu, procurando mostrar que o domínio da natureza corresponde à reprodução do primitivo e que, somente ao compreender esse aspecto, a dominação pode ser reconciliada consigo mesma, abandonar sua violência e reconciliar-se com o primitivo – o ato por meio do qual o progresso enfim tornar-se-ia progresso. Adorno procurou dotar essa idéia de uma perspicácia irresistível, de uma intensidade à altura de sua genialidade e da convicção de que compreender isso corresponderia à diferença entre a sobrevivência e a autodestruição completa da humanidade e do mundo.

Todavia, se para entender esse pensamento nós nos voltássemos ao horizonte infinitamente expandido mencionado por Adorno, ficaríamos frustrados, pois ele não está mais lá para ser visto. A idéia da auto-reflexão do primitivo simplesmente desapareceu. Isso não significa a perda de um tipo específico de compreensão, ou de um momento entre outros, mas representa a diminuição absoluta na profun-

---

[5] Theodor W. Adorno, *Teoria estética* (trad. Artur Mourão, São Paulo, Martins Fontes, 1988), p. 11.

didade da percepção histórica. E isso fica evidente em todo o pensamento contemporâneo, seja em relação à narrativização da realidade, no despeito soberbo em relação aos chamados grandes pensadores ou na cega incompreensão que se tem agora de Freud. Se, ao repentinamente reconhecer que esse horizonte se foi, tentássemos nos situar e começássemos a procurar por balizas para definir o que aconteceu, aquilo que é chamado de pós-modernismo *seria* (em seu caráter difuso, e de forma alguma como uma única linha escrita em areia) uma fronteira que se mostrou impermeável à percepção do primitivo em nós mesmos.

O desaparecimento desse modo de perceber o primitivo e todo o horizonte que o inclui representa *o exato sentido em que a indústria cultural não mais existe*. Não podemos entender o conceito de Adorno – e não podemos sequer comunicá-lo e esperar que haja reciprocidade em sua compreensão – a não ser sob o pano de fundo de um horizonte que agora sumiu. Eis por que a compreensão do paradoxo de uma indústria cultural que floresce enquanto seu fantasma já se foi nos leva adiante e nos deixa entrever por que a obra de Adorno, neste exato momento, está tão viva em nossa necessidade de entendermos a nós mesmos e tão morta em nossa incapacidade de relacionar os conceitos de sua obra com nossa própria experiência. Na *Teoria estética*, em que Adorno procura entender por que o modernismo foi a pique e o que pode ser recuperado dele, ele escreve que "o processo então desencadeado começou a minar as categorias em nome das quais se tinha iniciado"[6]. Mas ele não previu, em seu *magnum opus*, que o mesmo processo iria consumir a inteligibilidade de seu próprio pensamento. Hoje, o problema que se coloca em relação à possibilidade de um engajamento real com o pensamento de Adorno é o de encontrar um caminho por entre essas realidades, para chegar ao ponto onde pudéssemos começar uma discussão de fato sobre o *exato sentido em que a indústria cultural continua a existir*. Pois, em algum sentido – e se ao insistir nesse ponto tudo que foi introduzido nesta discussão parece absurdo, esta é a única maneira de apresentar o paradoxo urgente de nossa situação presente –, não resta dúvida de que a indústria cultural envolve processos: processos sociais totais que, ao transformar em forças de regressão tudo que vai além da autopreservação, produziram nossa incapacidade de perceber a primitivização, que de algum modo está agora completamente clara para nós.

VI.

Para concluir uma discussão sobre o que somos capazes de pensar e o que não somos – aquilo no que podemos nos concentrar e no que não podemos –, somos levados a um comentário que Walter Benjamin fez quando escreveu que o poder

---

[6] Idem.

de concentração diminuiu com a desintegração da idéia de eternidade. O próprio Adorno nunca teria escrito isso, mas teria concordado com Benjamin que a capacidade de pensar, o poder de concentração, depende do objeto e de sua coerência. A própria realidade, em seu sentido mais enfático, é quem deveria exigir da consciência um poder de identidade que a mente dificilmente poderia forjar por si mesma e incentivar a si própria. Se for este o caso, reflitam – talvez como um experimento na filosofia da primazia do objeto – a respeito das notícias que chegaram, em agosto de 2002, sobre *a maior enchente da história* que danificou e destruiu museus e seus objetos por toda a Europa Central. Leiam o pedido de socorro emitido pelo Museu da Boêmia Central (um dos mais famosos da República Tcheca): "os prédios ficaram completamente submersos [...] as exibições permanentes completamente destruídas"; leiam a mensagem do Castelo Libechov, "inundado até o segundo andar, as instalações todas, incluindo o parque, totalmente devastadas"; leiam a mensagem enviada pelo prédio dos Inválidos; leiam a mensagem da Sinagoga de Pinkas, também em Praga, dizendo que "as inscrições, recentemente restauradas, em memória das vítimas do Holocausto, foram destruídas até a altura de 2 metros"[7]. Tendo em mente as centenas de anos e, em alguns casos, os milhares de anos pelos quais passaram esses locais de importantes cidades, situados em vales ribeirinhos, na junção e ao longo de costas, ou sob os ventos e ritmos marinhos; e tendo em mente que, quando não se tem alternativa a não ser aceitar que num futuro determinado muitos destes sítios – seus museus sendo o que *são*: ao mesmo tempo o mais e o menos importante – terão desaparecido parcial ou totalmente, o que está agora ameaçado é a continuidade e a coerência da própria experiência humana – ou seja, talvez qualquer possibilidade da verdade histórica; tendo em mente essas questões, parece claro que muito do que percebemos neste momento – e justamente na medida em que não mais podemos ter essa percepção sob o pano de fundo do horizonte descrito por Adorno em "O conceito de filosofia", no qual poderíamos ser capazes de compreender a barbárie do que está se passando e agir a partir daquilo que sabemos –, tudo isso parece indicar que o pensamento já está a ponto de se tornar intolerável a si mesmo.

---

[7] H-New Discussion Networks, "First estimate of damage, 30 August 2002", disponível em <www.h-net.org/~museum/>.

HIPERTEXTO*

Christoph Türcke

Uma "sociedade do conhecimento" não é composta por muitos "conhecedores", mas sim por pessoas que não sabem como podem concentrar o conhecimento, reunido em técnicas, aparelhos, arquivos e bibliotecas, em unidades transparentes ou ao menos acessíveis. O problema não é novo. Trabalha-se nisso desde que se percebeu que a ciência moderna, ao não mais ser tutelada pela teologia, não se concentrava, automaticamente, numa unidade de pesquisa amparada pela razão, mas ameaçava antes dispersar-se num grande número de conhecimentos distintos. Contrários a esse risco, Diderot e D'Alembert, já em 1750, assumiram a direção do gigantesco projeto de construção de uma enciclopédia com a intenção de "amealhar os conhecimentos espalhados pela superfície terrestre; de apresentar o sistema geral desses conhecimentos aos homens com os quais vivemos e transmiti-los aos que estão por vir, para que o trabalho dos séculos passados não fosse inútil para os séculos vindouros; para que nossos netos se tornassem não apenas mais cultos mas também mais virtuosos e felizes". Eles reuniram o trabalho de 150 colaboradores e 72 mil artigos numa "Árvore genealógica das ciências", a qual parecia brotar de três forças básicas espirituais: a memória, a razão e a força da imaginação; junto à qual eles ordenaram todo tipo de história (e também a história da natureza) à memória, as artes e capacidades manuais à força da imaginação e áreas tão heterogêneas como teologia e ciências naturais, moral e lógica, pneumatologia e matemática, à razão.

No entanto, para que eles não se emaranhassem nas ramificações precárias dessa árvore, concordaram em realizar uma ordenação alfabética de contribuições com referências abundantemente cruzadas de outras palavras-chave, termos genéricos e conceitos subordinados, ou seja, pelo método que prevaleceu em todo dicionário desde então como o mais prático. Mas isso à custa de que o "Entrelaçamento das

*Trad. Antônio Zuin.

ciências", tal como desejado por Diderot, permaneceu superficial e esporádico. Ele já padecia da enfermidade básica de todos os dicionários posteriores, os quais representam, novamente, a disparidade que desejam superar. Quanto mais imprescindíveis eles se tornavam para o estudo das línguas estrangeiras e das disciplinas científicas, tanto mais eles se revelavam insuficientes para tal empreitada. Por mais que juntem os fatos, tanto mais se privam do contexto interior. Hegel desejou reconstruir tal contexto num ato de força espiritual singular e apresentou uma enciclopédia filosófica que deixava provir, facilmente, a estrutura lógica do universo e as formas da natureza, do espírito humano, da sociedade, da arte, religião e filosofia. Contudo, o todo, para o qual ele os juntou, foi alcançado por meio do suprimir de um volumoso e incontável número de detalhes. Hegel sabia muito, mas nem de longe ele sabia tudo. À luz de sua enciclopédia, a de Diderot e de D'Alembert dá a impressão de ser como uma pedreira, para não falar de outras enciclopédias.

Entretanto, à luz de cada dicionário surge a paranóia de uma enciclopédia arduamente trabalhada para se tornar um sistema filosófico. O mundo não cabe numa única cabeça e muito menos se equilibra apenas em uma.

E se houvesse uma única máquina capaz de processar o mundo como texto? Essa foi a visão do engenheiro americano Vannevar Bush, que teve a idéia, em 1940, de gravar tudo que já fora escrito em microfilme, de armazenar tal gravação numa escrivaninha e fazê-la aparecer em dois monitores. Por que dois? Porque dois textos diferentes poderiam ser vistos simultaneamente e associados um ao outro por meio de um código registrado em ambos os escritos nos cantos inferiores da tela. Se numa outra oportunidade se reativa o código do texto por meio do pressionar de uma tecla, automaticamente também surge o outro. Bush nomeou seu invento como *Memory extender* (*Memex*). Na verdade, não passou de um mero recurso mnemônico maquinal que, no entanto, produziria algo revolucionário: a libertação do pensamento humano de seus espartilhos autoculpáveis. Catálogos seguem o alfabeto, os índices seguem os números, a árvore genealógica do conhecimento segue os conceitos genéricos e subordinados – como é complicado e restritivo esse procedimento! "A mente humana não trabalha dessa forma. Ela opera por meio de associações"[1]. Bush quis recuperar esse processo associativo original do cérebro por meio de uma simulação maquinal. O objetivo do *Memex* não seria somente reduzir gigantescas bibliotecas ao tamanho de escrivaninhas, mas principalmente elevar textos para um estado de associação omnilateral. Nesse estado eles tanto representariam quanto possibilitariam um pensamento flexível e emancipado dos esquemas estúpidos de ordenação. Em tal estado mais elevado o texto merece também um nome mais elevado: hipertexto.

---

[1] Vannevar Bush, em S. Porombka, "Hipertext", *Zur Kritik eines digitalen Mythos* (München, Wilhelm Fink Verlag, 2001), p. 27.

Essa palavra ainda não existia na era de Bush, mas ele pode ser identificado como o pai do hipertexto graças ao seu ousado programa de associação de texto e cérebro. Entretanto, se as associações vivas são espontâneas, elas nunca são totalmente sem motivos e nunca totalmente transparentes. Não existe nenhuma regra que explique por que elas aparecem exatamente aqui e agora, desta forma e não de outra. Elas têm um grau de liberdade, um momento de não-derivabilidade, por conta do qual são, inversamente, volúveis e fugazes, dependentes do contexto e da disposição. Se hoje, num dia de tempo ruim, me ocorre o texto B por causa do texto A, e eu associo ambos por meio de um código, então talvez na próxima semana, depois de uma ida ao cinema, me venham à mente textos totalmente diferentes e mais produtivos. Quando as associações são tão fixadas e mecanizadas em códigos que regressam num pressionar de uma tecla, isso equivale a matá-las. Associação fixada não é mais associação, e quem deseja arrancar dela o segredo do associar é sugado num regresso sem fim. A tentativa de captar a associação livre num *link* evoca a existência de uma armadura infindável de *links* posteriores, sem que nunca ocorra a captação. Por isso o *Memex* de Bush não teve êxito.

Os códigos com os quais se associavam os textos deveriam, por sua vez, ser ordenados de algum modo e, para isso, precisava-se de códigos cada vez mais complicados, além de que livros de códigos cada vez mais complexos necessitaram ser escritos para atender tal demanda. Bush sequer pôde criar uma "máquina bibliográfica" funcional.

Doenças infantis de um projeto genial? O fracasso de Bush foi assim interpretado pelos seus sucessores. Em essência, eles atribuíram o fracasso, tal como Stephan Porombka demonstrou num brilhante estudo, a defeitos técnicos, sem suspeitar, de forma alguma, do próprio objetivo: que se produzisse maquinalmente um espaço de associação livre de pensamento e de texto. Ted Nelson apostou, nesse processo, em novos métodos de *software* nos anos 1960. Todos os documentos ao alcance deveriam ser registrados e associados a um "Dokuversum" que "consiste em tudo o que fora escrito sobre um determinado tópico [...] no qual se pode ler em todas as direções que se desejar prosseguir"[2]. Em 1965, Nelson criou o nome hipertexto e o atribuiu a esse "Dokuversum" (universo documentado). "Por hipertexto compreendo a escrita não-seqüencial"[3]. Essa definição lapidar age até hoje como uma fórmula mágica cujo encanto é absolutamente compreensível, caso se atente contra quem ela se refere: contra Gutenberg, ou seja, contra a própria cultura do livro e sua forma de ler e escrever rigidamente de modo seqüencial ou linear, identificando-a como a essência de um progresso moderno rígido e repressivo. Quando o discurso do hipertexto também se difunde, concorda-se com

---

[2] Ted Nelson, em S. Porombka, "Hipertext", cit., p. 75.
[3] Ibidem, p. 71.

a seguinte observação: o futuro deve pertencer ao escrever, ao ler e ao pensar "não seqüencial" e "não-linear".

Mas como isso é possível? Mesmo os menores textos, as menores palavras, como "sim", "não", "ou", formam uma determinada seqüência de letras que se deve ler exatamente nessa ordem, e até mesmo os maiores entusiastas do hipertexto procedem dessa maneira totalmente convencional e bem-comportada. Se não fosse assim, tais entusiastas não entenderiam absolutamente nada, do mesmo modo que eles não deixam de falar seqüencialmente, pois articulam sons na seqüência aprendida. Ler e escrever de forma não-linear? Bobagem. Que dessa insensatez se possa fazer algum sentido por um curto espaço de tempo, como o protesto contra as estruturas de sentido desgastadas, por exemplo, tal como no caso dos poemas dadaístas, isso não muda nada o fato de que ninguém conseguiria se entender assim mais demoradamente. Onde se diz "não-linear" se quer dizer, na verdade, outra coisa, a saber: não mais em grandes unidades lineares.

Mas com isso se coloca a questão de revide: quão lineares foram essas unidades gutemberguianas, cuja tirania dever-se-ia abolir? Elas eram mesmo unidades no sentido rígido da palavra? Certamente, se se compara com o estado atual, no qual os leitores mais apaixonados se queixam de que dificilmente conseguem ler um livro do início ao fim. Porém, como era antes, quando começávamos a ler um romance policial e não sabíamos, até a penúltima página, quem era o assassino? Ou quando acreditávamos ter devorado um romance numa tacada? Provavelmente esquecíamos de tudo ao nosso redor e penetrávamos madrugada adentro. Ora, tal procedimento é totalmente diferente de um processo linear. Quem conta as pequenas interrupções que ocorrem quando o leitor por um momento se afasta e se entrega às suas próprias associações; quando olha novamente duas páginas para trás, observadas de forma imprecisa, e vê de soslaio uma página para frente para averiguar se a leitura de fato continua de acordo com suas expectativas, para não falar da ida à cozinha ou ao banheiro para se tornar novamente receptível?

O que aparece para olhos de toupeira como um processo obstinadamente linear se revela, por meio da observação um pouco mais precisa, como uma oscilação de uma linha com um excedente de contínuas associações, inevitável quando de fato se imagina o que se lê, ou seja, quando há desvios, efemérides, repetições, pausas para pensar, olhares para trás e para adiante. E se fosse necessário empregar um conceito chique para tal procedimento, esse conceito seria "navegar". Ora, aquilo que é válido hoje para a internet, na condição da forma mais nobre de movimento, não fora impróprio para as formas anteriores a ela. Quem se aproveita da rivalidade do hipertexto como meio não linear na comparação com o livro não sabe o que significa ler. Já o tradicional ler nunca fora meramente linear, bem como o "novo" ler não deixa de sê-lo. O real processo de pensamento, escreve Adorno na *Minima moralia*, seria "tampouco uma progressão discursiva de etapa em etapa, assim como, inversamente, tampouco os conhecimentos caem do céu. Ao contrário, o conhecimento ocorre numa rede na qual se entrelaçam preconceitos, opiniões, inervações, autocorreções, antecipações e exageros, em poucas palavras, na experiência que é densa, fundada, porém de forma alguma transparente em todos os seus aspectos"[4]. Mas tal experiência não se pode representar ao copiar-se a si mesma. Ela deve traduzir-se nas formas da mímica e dos gestos, da linguagem, da imagem e do som, os quais ela encontra em seu meio ambiente.

De modo que a experiência traduzida não é mais a experiência feita originariamente, mas só assim se torna concreta, da mesma forma como uma peça musical só é concretizada quando tocada, embora o tocado não seja mais aquilo que fora imaginado pelo compositor. Ele é menos, mas também mais. Todo texto situa-se aquém da experiência que ele comunica, mas é apenas por meio do texto e das estruturas de linguagem que a experiência consegue superar sua limitação monádica.

E tais estruturas não podem existir sem a seqüência sujeito, predicado, objeto e sem a hierarquia de conceitos genéricos e subordinados. Elas são tão indispensáveis e insuficientes como a ordem alfabética nos dicionários. Sua insuficiência incomoda, mas ela faz com que o texto aponte para além de si mesmo. Sem provocar o leitor para elaboração de seu próprio construto representacional, o qual é tampouco trivialmente idêntico com a seqüencia de palavras impressas, quanto com construto do autor, nenhum texto poderia ser palpitante.

Portanto, exige-se uma dupla resistência. Tão mais é preciso resistir às estruturas seqüenciais e hierárquicas da língua e do texto por meio da prova constante de sua insuficiência, tão seguramente elas, por sua vez, formam a resistência que a experiência precisa para se representar como diferente das seqüências. Cada resistência é produzida para que possa um dia cessar. Seu ponto de fuga é o estado de reconciliação utópica. A princípio, nele se dispersa toda contradição; e então toda contradição teria um bom fim. O inconveniente da visão-hipertexto não é o utópico, mas sim o prematuro declínio da tensão: a utopia adquire o preço de liquidação. Um espaço livre do pensar, ler e escrever não-linear deve ser produzido por meio de máquinas, mas no velho mundo capitalista.

O "Dokuversum", que produz texto legível em todas as direções, deve instituir não apenas a liberdade, mas também já ser sua imagem autêntica. Entretanto, o texto que se desprende da forma do livro não paira assim tão facilmente sobre todas as partes. Ele adquiriu, de imediato, uma nova forma. Ele é, desde o princípio, um texto programado. Toda liberdade decorrente, toda associação e combinação das partes do texto totalmente distantes e heterogêneas funcionam continuamente apenas conforme um esquema fixo. Subentende-se que ligar tudo com tudo,

---

[4] T. W. Adorno, *Minima moralia*, em *Gesammelte Schriften 4* (Frankfurt am Main, Suhrkamp Verlag, 1996), p. 90; traduzido para o português pela Ática, 1992.

portanto todos os "e", "ou", "mas", uns com os outros, conduziria ao nada. Apenas palavras-chave tornam-se aptas e, portanto, só servem para alguma coisa quando são apuradas por seres inteligentes. Eles têm de compreender algo do conteúdo dos textos ligados estando na condição de separar o essencial do não-essencial e de associar com outro essencial, de tal modo que possam fixar os resultados de seu trabalho de diferenciação e associação em *links*.

Mas o quanto esses *links* se deixam ser combinados depende das normas do respectivo programa digital, que se compõe, por sua vez, de inúmeras conexões 0-1, ou seja, em *links* em miniatura que conduzem o percurso do impulso elétrico. O texto conectado que tais *links* possibilitam deve ser incrivelmente amplo, mas se diferencia qualitativamente de um "Dokuversum". Ele permanece constantemente parcial e, apesar de todas as afirmações opostas, fechado. Apenas com a chave correta é que ele se deixa abrir. É preciso dominar seu *software* para fazê-lo expandir novos textos e associações, e isso significa trabalho duro. Entrar alegremente, acrescentar seus próprios textos e idéias e continuar, dessa maneira, a escrever o texto universal, tal como as crianças procedem na escola com as histórias abertas: exatamente isso nenhum *software* vai permitir. É por isso que muitos jogos de computador, os quais os programadores de hipertexto experimentam com prazer, têm desde o princípio o gosto insosso do substituto. Em vez de oferecer ao leitor uma história pronta, tal como fazem o romance tradicional ou a revista de histórias em quadrinhos (o leitor pode aceitá-los ou colocá-los de lado), os jogos de computador apresentam-lhe um texto do qual ele deve produzir sua própria história: ele mesmo tem de salvar a princesa, esclarecer o assassinato, redescobrir a cultura desaparecida, reativar uma memória suprimida e até mesmo escolher as tarefas que deseja solucionar.

O leitor de um livro não fora sempre um mero sequaz bem-comportado do autor? Agora ele se torna um criativo co-autor. Entretanto, sua criatividade total consiste apenas na escolha de possibilidades, todas elas, afirmadas de antemão. A associação livre, a favor da qual o projeto de hipertexto foi posto em marcha, é espontânea e livre apenas quando aberta, a qualquer momento, para o imprevisto.

A práxis do hipertexto consiste em reduzir a liberdade de escolha ao previsto; o que ocorre aos partidos, às companhias telefônicas, aos seguros de saúde, aos detergentes e aos aparelhos de televisão, tanto mais acontece ao hiperespaço: abre-se um labirinto total; são quase infinitas as possibilidades de nele se movimentar. Porém, todos os caminhos já são dados de antemão e nenhum deles conduz para fora. O programa de computador é a versão *high tech* da providência.

Certamente, trata-se de um reino de liberdade bem miserável, no qual um contemporâneo que clica o *mouse* e olha fixo para a tela dispõe, *ad libitum*, de todos os comandos e conexões já predeterminados por um programa de computador, como se fosse um senhor que exercesse sua soberania sobre um prato prépreparado. Mas por que não ignorar isso? Não é a utopia do hipertexto simplesmente o carro-chefe extravagante de uma série de conquistas altamente prestimosas? Contudo, é fantástico ter o Goethe ou Nietzsche inteiros num CD e, por meio de uma palavra-chave, encontrar qualquer citação desejada. E quando todas as bibliotecas forem digitalizadas, conectadas e acessíveis por todos, então o "Dokuversum" não se tornará uma realidade prática utilizável como puro subsídio sem que se deva preocupar com a utopia associada?

Não se salvará disso tão facilmente. A revolução midiática do século XX atingiu em cheio o texto. E não cessa de conseguir aliados para o hipertexto, dos quais McLuhan foi apenas o mais proeminente. Ele também anunciou, tal como Nelson, o fim da cultura do livro. Entretanto, assim o fez não a favor do texto não-linear, pois preferiu apostar suas fichas na fita magnética, no telefone e na televisão. Eles deveriam remediar o prejuízo que veio ao mundo por conta do alfabeto e que atingiu seu ápice com a imprensa. Por meio do texto escrito e suas leituras taciturnas os seres humanos se isolaram uns dos outros e foram reduzidos ao visual. Gutenberg se firma como a incorporação da alienação social. A ligação eletrônica entre locais distantes deve anulá-la, e aquela comunicação imediata que acolhe todos os sentidos, e outrora demarcava a ligação tribal primitiva, deve restabelecer-se num nível mais alto e numa dimensão global. Por meio do telefone, do rádio e da televisão "o sistema nervoso central é ampliado numa rede mundialmente unificada" e o "processo de conhecimento criativo, coletiva e corporativamente à toda sociedade humana"[5], como se essa extensão técnica já tivesse, por si própria, uma qualidade moral e social e permitisse à humanidade dar as mãos para uma nova proximidade e cordialidade.

Para que isso se torne crível, deve-se, entretanto, esquecer rigidamente como se realiza, de fato, a união da humanidade por meio da eletricidade. Órgãos isolados, principalmente o olho e o ouvido, são conectados a um aparelho que transmite estímulos e impulsos apenas quando ele os decompõe de acordo com uma regularidade mecânica, quando os canaliza, filtra, para serem sons separados ou cortes imagéticos das perspectivas centrais ou, quando a técnica já possibilita, para serem sensações táteis mensuráveis. A participação ou a comunicação eletrônica consiste em uma dispersão de acontecimentos pontuais, os quais são ligáveis ou desligáveis. Eles são igualmente separados tanto do meio ambiente concreto do emissor quanto do receptor. Um lugar onde ambos se encontram não é mais especificável. Os meios eletrônicos ganham sua força de abrangência mundial e de poder conectar a humanidade, apenas a expensas de que eles, com perfeição, descontextualizam e isolam os sentidos e as vivências numa medida que nunca fora atingida na época da imprensa.

[5] S. Porombka, "Hipertext", cit., p. 11.

Aquilo que surge como a superação da alienação gutemberguiana revela-se como sua mera potencialização. O inimigo está em toda parte, até mesmo nas próprias novas mídias. Só que seu pioneiro não pode admitir tal fato. Tão mais intensamente ele deve projetar seu inimigo interno para fora e atestar constantemente à cultura da escrita um caráter seqüencial forçoso e isolador, como se a lírica, a literatura e a dialética nunca tivessem provado a imensa variedade espiritual que se encontra na escrita. Não por acaso a força de poder conectar a humanidade atribuída aos novos meios de comunicação alimenta-se do venerável lema concernente ao apogeu da imprensa: "Todos os homens se tornam irmãos". Beethoven precisava de uma sinfonia inteira para transmitir tal força congenialmente. Hoje, os meios eletrônicos devem fazer isso diariamente por conta própria. Sugere-se que eles *sejam* essa mensagem.

De um ambiente espiritual totalmente diferente partiu um ataque geral filosófico ao livro escrito de forma tradicional. Para Gilles Deleuze, o livro é o centro de todas as estruturas hierarquicamente lógicas; seu inimigo é a árvore lógica: de um tronco brotam dois galhos, dos quais outros dois se originam na mais bela ordem até chegar aos menores ramos. "De um se originam dois. Toda vez que nos deparamos com esta fórmula, mesmo se Mao a usasse como estratégia ou se ela fosse compreendida tão 'dialeticamente' quanto fosse possível, fazemos isto utilizando o pensar clássico mais antigo e mais refletido, o qual é totalmente desgastado. A natureza não procede assim, pois as raízes se tornam raízes mestras com um riquíssimo número de ramificações laterais e circulares; em todo caso, elas não são dicotômicas"[6]. Elas são rizomáticas. O rizoma (tal como o título do famoso panfleto de Deleuze e Guattari, de 1976, que corresponde propriamente ao termo tubérculo, carocinhos) se espalha, concomitantemente, para todos os lados e, como "a natureza" procede dessa forma, deve finalmente dar cabo ao chatíssimo "livro-raiz" e à sua lógica binária autoritária. Até "as palavras de um Joyce, às quais se atribui, com razão, a palavra "ramificabilidade", rompem a unidade linear das palavras, e até mesmo a unidade linear da língua, para produzir uma unidade cíclica da frase, do texto ou do conhecer em movimentos iguais"[7]. De tal unidade se salva apenas por uma coisa: "o princípio da pluralidade". Não sejam um ou muitos, sejam a pluralidade. De acordo com esse lema deve-se pensar, ler ou fazer política. Não há nada para se compreender num livro, mas muito do que se pode se servir.

Que estas frases sigam uma gramática totalmente convencional; que elas confrontem o pensar dualístico e rizomático numa rigidez dualística; que nenhuma destas pluralidades exaltadas como rizoma ou "platô" seja principalmente identifi-

---

[6] G. Deleuze e F. Guattari, *Rhizom* (Berlim, Merve Verlag, 1976), p. 8. Edição brasileira: *Mil platôs* (São Paulo, Editora 34, 2002).

[7] Ibidem, p. 10.

cável se não for considerada unidade; isso nunca atrapalhou Deleuze e seus fãs. Foi suficiente "rizoma" – como "não-linear" – ter se tornado uma palavra mágica, um eco do maio parisiense de 1968. Naquele tempo, quando os partidos comunistas e os sindicatos se enrijeceram hierarquicamente e o risco para o capitalismo parecia partir unicamente das ações espontâneas dos estudantes e trabalhadores, surgiu a imagem de uma nova guerrilha crítico-radical. Ela vicejava de uma experiência de totalidade, na qual se sentiu antecipadamente aquilo que hoje significa "globalização".

A extensão dessa guerrilha é espantosa. "Um rizoma pode ser quebrado e destruído em qualquer lugar, mas ele sempre se espalha ao longo de suas próprias linhas ou de outras"[8]. Ora, nos anos 1960, essa colocação foi considerada pelos estrategistas militares antes mesmo de formulada. Eles elaboraram a descentralizada ARPANET para o pentágono com o objetivo de que um primeiro ataque soviético não paralisasse as centrais de informações militares. A ARPANET foi uma peça de guerrilha de alta tecnologia, inventada no centro da maior potência mundial, que se tornou revolucionária não apenas no sentido técnico. Ela converteu a resistência descentralizada, o último recurso dos humilhados e oprimidos contra a supremacia do ocupante, em um recurso poderoso. Essa foi uma rebelião silenciosa, mas de um alcance que se torna evidente apenas de forma gradativa. Assim se iniciou a volta neoliberal do capitalismo *high tech*, a guerrilha de cima. A ARPANET nunca precisou captar o temido ataque atômico soviético. Em vez disso, ela foi aberta para o tráfego público. Dela originou-se a internet. De defesa militar, ela se transformou em ofensiva civil, cuja vitória sobrepuja toda vitória militar. Um rizoma tornou-se hegemônico.

Com isso o hipertexto teve um salto qualitativo, pois desde então ele não se dissemina apenas pelos CDs, mas também por meio de linhas telefônicas e transmissões via satélite. A massa de dados da internet, para a qual todos que não podem renunciar ao *e-mail* e à observação do mercado eletrônico são sugados, tende realmente para o "Dokuversum" previsto por Ted Nelson, só que de outra maneira. As hiper-histórias, embora inflacionadas nesse novo ambiente digital, são degradadas a um *playground adventures*. O próprio hipertexto, por sua vez, se torna sério e cada vez mais se converte em apodítica alternativa de ou ser deixado para trás, ou ser clicado, por bem ou por mal, entre as massas de dados. Ninguém acredite que isso deixe totalmente intocada sua forma de pensar. Talvez o saltar brusco de um *link* para outro ocasione estímulos acelerantes, talvez acione a busca para conceitos precisos. Em geral, entretanto, ele torna o pensamento mais fugaz e sem fôlego. Copiar um texto manualmente, de forma correta, exige dos alunos atuais incomparavelmente mais concentração do que a exigida dos seus pais. Ler "de

[8] Ibidem, p. 16.

forma não-linear" é a grande sensação para todos que não têm paciência para o romance mais longo. Uma vez incapazes de se aprofundar no texto, se aprofundam no computador. Olhar constante e fixamente para a tela do monitor aliado à falta de movimento resulta, atualmente, no surto de crianças com sobrepeso e problemas de visão.

Ted Nelson se considerou um guerrilheiro. Sua defesa de um "Dokuversum" foi uma defesa para o livre acesso a dados, PCs para todos e luta contra o monopólio e a política de restrição da IBM. Desse modo, ele também é o pai dos *hackers*. Eles têm seus méritos. O ato de penetrar nos dados secretos das grandes firmas ou dos militares é um ato de guerrilha a mostrar que toda codificação é decodificável, que nenhum código é totalmente seguro. Ainda assim, é subversivo de modo limitado, apenas enquanto sua intenção não for nada mais do que um livre navegar pelos dados.

Os métodos de guerrilha não são facilmente identificados como subversão crítica. A internet mostra o que ocorre quando eles se transformam em domínio público. Plantas que se espalham rizomaticamente podem ser podadas. Não por acaso, o jardim foi o antigo ideal da natureza pacificada. A internet, entretanto, deixa-se represar apenas de forma parcial, não se consegue dominá-la totalmente. Ela se transformou no meio principal e no símbolo do capitalismo neoliberal espalhado de modo global. Em tais condições, lê-se o *Rizoma* como cartilha da desregulação. E a "não-linearidade", glorificada como recurso radical contra todo progresso linear falso, se revela como o seu melhor lubrificante.

DA SUPERPRODUÇÃO SEMIÓTICA:
caracterização e implicações estéticas

Fabio Akcelrud Durão

I.

Uma das armadilhas mais traiçoeiras no estudo contemporâneo da indústria cultural está na facilidade de adotar uma postura moralizante, na tendência quase natural a uma *condenação in toto*, que resulta do impulso, advindo da visão crítica, para a lamentação a respeito do valor ou da qualidade dos produtos culturais de massa. Em oposição a isso, é sempre bom lembrar que o aspecto determinante no funcionamento da indústria cultural, sua força motriz, a princípio não tem nada a ver com a qualidade ou mesmo a natureza das coisas, porque essa força motriz é econômica: qualquer que seja o conteúdo a ser veiculado, o mais importante é que ele gere lucro, que leve à acumulação de capital[1]. Para muitos críticos do conceito de "indústria cultural", no entanto, essa lógica teria como pressuposto uma natureza monolítica da mídia: ela seria dominada por uma racionalidade malévola e maquiavélica, que faria dos consumidores meros fantoches em suas garras manipuladoras. Tais críticos contra-argumentam que a pulverização dos gêneros e a abundância de escolhas desmentem uma pretensa homogeneidade no conceito forjado por Adorno e Horkheimer. Segundo Paulo Puterman, por exemplo, a

> possibilidade real e atual que a tecnologia apresenta de colocar à disposição do espectador quinhentos canais de tevê em sua casa é muito mais um reflexo do processo de segmentação verificado na sociedade do que uma imposição da

---

[1] Cf. Detlev Claussen, "Fortzusetzen: Die Aktualität der Kulturindustriekritik Adornos", em Frithjof Hager e Hermann Pfütze (eds.), *Das unerhört Moderne* (Lüneburg, zu Klampen, 1990); Christine Resch e Heinz Steinert, "Kulturindustrie: Konflikte um die Produktion der gebildeten Kasse", em Alex Demirovic (ed.), *Modelle kritischer Gesellschaftstheorie* (Stuttgart, Metzler, 2003).

indústria. [...] A criação de mercados e grupos consumidores do maior número possível de manifestações culturais nos parece uma boa saída para a crise que identificamos hoje em dia.²

A resposta a esse argumento não é difícil. Em primeiro lugar, vale lembrar que a segmentação ainda não é generalizada, pois continua valendo somente para as classes média e alta; a maior parte da população ainda vive sob um regime de monopólio comunicacional – o da Rede Globo, obviamente. Some-se a isso o fato de que o dado numérico não diz muita coisa quando os quinhentos canais repetem padrões recorrentes, diferenciando-se apenas superficialmente. A variedade seria, então, mera aparência, ideologia no sentido mais corriqueiro da palavra. Em terceiro lugar – e este é o ponto mais importante –, deve-se enfatizar que a multiplicidade, a diversidade (ou, para usar o conceito da moda, a diferença) não são incompatíveis com a lógica atual de acumulação do capitalismo³. Isso não quer dizer, é claro, que a indústria cultural possa *produzir* diferenças incessantemente; pelo contrário, há uma tendência para uma dialética de pé quebrado envolvendo o par "mesmo *versus* outro". Trata-se de uma dialética segundo a qual é até possível haver uma multiplicidade de gêneros e uma grande variedade de produtos dentro de cada um deles, mas nunca a *dissolução* dos gêneros como tal sob a lógica formal de cada artefato, como acontece com aquilo a que chamaríamos de *arte* em seu sentido enfático. Esta, com o desenvolvimento das vanguardas do início do século XX, teria tornado os gêneros supérfluos, na medida em que seriam absorvidos pela lógica formal de cada obra em particular, soberanamente construída por si e em si mesma. Tomemos dois exemplos extremos e um tanto óbvios: o princípio de expansão dos *Cantos*, de Ezra Pound, e o turbilhão dos *portmanteux* do *Finnegans Wake*, de James Joyce, trazem para dentro de sua imanência as convenções e os protocolos de leitura que antes predeterminavam os textos em gêneros⁴.

Seja como for, essa problemática situa-se em um prisma *qualitativo* de abordagem da indústria cultural, mesmo que o aspecto numérico seja levado em consideração. Gostaria, no entanto, de propor uma mudança provisória de enfoque: debruçar-se não tanto sobre a questão da diferença e do valor (pois os dois sempre vão juntos), mas principalmente sobre a natureza *quantitativa* da experiência de linguagem ocasionada pela indústria cultural hoje. Afinal, suspeito que nessa virada – que coloca em segundo plano o conteúdo propriamente dito dos produtos e das

---

² Paulo Puterman, *Indústria cultural: a agonia de um conceito* (São Paulo, Perspectiva, 1994), p. 133.
³ O livro de Hardt e Negri contém observações persuasivas a respeito da adequação do múltiplo ao capitalismo transnacional de hoje. Cf. Michael Hardt e Antonio Negri, *Empire* (Cambridge, Harvard University Press, 2000), p. 137-56.
⁴ Essa dinâmica deve ser entendida no contexto mais amplo de racionalização da arte e sua conseqüente desartificação, o que Adorno chamou de *Entkunstung der Kunst*.

manifestações culturais – seja possível vislumbrar algo de novo na já velha lógica da indústria cultural. Essa guinada, por mais iconoclasta que possa parecer, já era prenunciada pela dificuldade de bons teóricos em lidar com o problema do valor dos artefatos de cultura em seu sentido mais amplo. Heinz Steinert[5], por exemplo, vê-se obrigado a enfatizar, repetidas vezes, que a distinção entre "cultura erudita" e "cultura popular" é ela mesma um fruto da indústria cultural, e que o crítico deve estar sempre aberto a todas as práticas sociais significantes, independentemente de sua origem. E o que faz o texto ser tão interessante é sua capacidade de lidar, reflexivamente, com uma extensa gama de objetos, desde a princesa Diana, passando por Woody Allen, até Mona Lisa. No caso desta última, a discussão acontece sob o pano de fundo da ultra-exposição da obra nos meios de comunicação de massa, da poluição (visual e *imaginária*) que adere às formas e ao pigmento do quadro.

Ainda que Steinert não coloque a questão nestes termos, é possível vislumbrar aqui a produtividade de uma inversão do movimento clássico da hermenêutica marxista. Há mais de trinta anos, em uma exposição magistral de Adorno, Jameson usava uma metáfora lingüística (a do tropo) para explicar uma estratégia de mediação, de união dos opostos:

> Gostaria de sugerir que a sociologia da cultura é, portanto, antes e acima de tudo, uma *forma*: não importa quais sejam os postulados filosóficos invocados para justificá-la como prática e como operação conceitual, ela envolve sempre o salto de uma fagulha entre dois pólos, o contato de dois termos desiguais, de dois modos de ser aparentemente não relacionados. Assim, no domínio da crítica literária, o enfoque sociológico obrigatoriamente justapõe a obra de arte individual a alguma forma mais vasta de realidade social, a qual é vista, de um modo ou de outro, como sua fonte ou fundamento ontológico, seu campo *gestáltico*, e da qual a própria obra é considerada como *sintoma*, *manifestação* característica ou um simples *subproduto*, uma *conscientização* ou uma *resolução* imaginária ou simbólica, para mencionar apenas algumas das maneiras pelas quais essa relação central e problemática tem sido concebida.[6]

Como as palavras destacadas no excerto tornam evidente, a imaginação dialética, longe de representar a camisa-de-força atacada por alguns, permite que haja uma grande variedade de modos de expressão dos contrários. O denominador comum, aqui, é o da *mistura* de elementos diferentes. Sugiro que haja razões, hoje, para crer que a direção interpretativa oposta tenha adquirido relevância. Em vez de se tentar, por meio da fantasia exata (Adorno), mediar duas esferas distintas – a cultura autônoma e a sociedade –, passa a ser importante configurar a disparidade

---

[5] Heinz Steinert, *Culture Industry* (Cambridge, Polity Press, 2003).
[6] Fredric Jameson, *Marxismo e forma* (São Paulo, Hucitec, 1985 [1971]), p. 12.

e fazer sair, do avassalador e homogeneizante fluxo de mensagens do capitalismo atual, o objeto da leitura como individualidade. Interpreta-se, assim, para mostrar que há, no que foi lido, algo que antes da leitura parecia não estar lá. De um esforço de unificação passa-se a um imperativo de singularização[7].

Isso tem implicações importantes para a apropriação cognitiva da realidade diante do enfraquecimento da ideologia e de uma relativa banalização da verdade. O primeiro fator já havia sido reconhecido por Adorno; o segundo refere-se ao argumento (bastante repetido por Slavoj Žižek, por exemplo) de que o conhecido ditado "Eles não sabem o que fazem" converte-se em "Eles sabem muito bem o que fazem, e, no entanto, o fazem"[8]. A banalização da verdade é fruto da capacidade cada vez menor de legitimar as relações de poder e o conhecimento geral a seu respeito, também decorrente da aceleração da circulação de mensagens.

Voltando ao processo interpretativo: a leitura que busca arrancar o objeto do fluxo avassalador de mensagens representa uma tentativa de redenção de artefatos seletos da cultura de massa. Sem dúvida, conseguir produzir sentido a partir daquilo que pareceria a princípio mera repetição pode ferir a experiência concreta de consumo dessas mensagens – no limite uma mera reação a estímulos à calma ou à excitação –, mas corresponde à única forma satisfatória de lidar com um universo com o qual não se pode mais *não* se relacionar[9].

O mesmo se aplica ao caso da alta cultura: seria necessário recuperá-la daquilo que foi feito dela. O caso mais óbvio refere-se àquelas obras que se tornaram inabordáveis devido à circulação excessiva. Quem consegue realmente *ver* a Mona Lisa, realmente *ouvir* o *Bolero* de Ravel ou o primeiro movimento da *Quinta Sinfonia* de Beethoven? E isso não é válido somente para os clássicos pop, mas para tudo que possa receber o adjetivo "clássico". Trata-se de um novo e perverso sentido da palavra: clássico é tudo que já recebeu uma atenção grande o suficiente para promover a sua neutralização. Em um contexto de superprodução semiótica, de circulação incessante de signos e proliferação ininterrupta de informações, a classicização é automática. É virtualmente impossível para uma pessoa culta ouvir Schoenberg sem ter tido contato prévio com dados mínimos sobre o autor, sem de antemão ter o dodecafonismo em mente. Com o desenvolvimento estonteante da crítica acadêmica nos últimos trinta anos, o processo de disseminação de lugares-

---

[7] Com efeito, sob condições de superprodução semiótica, a questão da *direção* no processo de circulação de signos assume uma importância inesperada. Do ponto de vista da recepção, faz toda a diferença se uma mensagem surge do bombardeio cotidiano (uma imagem da Mona Lisa que me é imposta em um outdoor ou revista) ou da iniciativa do receptor (uma imagem da Mona Lisa que procuro em um livro).

[8] Slavoj Žižek, "How Did Marx Invent the Symptom?", em *Mapping Ideology* (Londres, Verso, 1994), p. 296-331.

[9] Fabio Akcelrud Durão, "A Short Circuit of Reading: Red Dragon as Anti-Theory", *Iowa Journal of Cultural Studies*, v. 4, 2004.

comuns críticos tornou-se ubíquo; poucos são os objetos que não seriam clássicos, ao menos potencialmente. Com isso já nos aproximamos do conceito de negatividade estética; no entanto, só é possível abordá-lo depois de apontar, o que está em jogo em uma situação regida pela superprodução semiótica de sentido.

II.

Seria o caso de se perguntar quais são os pressupostos e as conseqüências do domínio absoluto da produção capitalista sobre o âmbito da linguagem, fenômeno que ocorre na atualidade. O próprio Jameson, em uma hipótese de trabalho já bem conhecida, argumentou que nas últimas décadas o âmbito da cultura teria sido completamente absorvido pela lógica do mercado, e que um *cultural turn* teria colocado a cultura no centro da lógica de acumulação do capitalismo atual, que ele chama de pós-moderno[10]. Essa idéia merece ser levada adiante, mas com uma mudança de objeto: não mais a cultura e os artefatos ou manifestações que necessariamente a compõem, mas a própria linguagem, sua natureza e forma de operação, quando completamente submetida à lógica de acumulação de capital.

Para responder a essas questões, o primeiro passo necessário não é mais do que uma constatação (que, com freqüência, não recebe o devido apreço): os contínuos avanços das tecnologias midiáticas permitiram que nossa vida se tornasse, como nunca antes, saturada de linguagem, permeada de significação. Basta um pouco de desprendimento para notar, em qualquer grande cidade do mundo, essa proliferação de signos e códigos; e basta um pouco de memória para que se dê conta da velocidade espantosa de seu avanço. Há muito pouco tempo, não havia filmes em ônibus, aparelhos de televisão em restaurantes, comerciais nas camisas de jogadores de futebol, outdoors margeando as estradas, celulares tocando nos concertos, teatros e congressos. Com efeito, a superprodução semiótica adquiriu tal amplitude que faz lembrar a noção de Marcel Mauss a respeito do dom, a de um fato social total, algo que engloba uma formação social como um todo e que, no caso que nos interessa, tem a sua negação (a fuga de tanta linguagem) exatamente como isso – como uma negação, carregando em si aquilo que nega[11].

O principal pressuposto subjacente à superprodução semiótica é a necessidade estrutural do capitalismo de escoar sua produção de mercadorias, principalmente em função da competição entre as empresas[12]. Isso, de certa forma, contradiz um juízo que Adorno compartilhava com outros membros do Instituto de Pesquisa

---

[10] Fredric Jameson, *Postmodernism; Or, the Cultural Logic of Late Capitalism* (Durham, Duke University Press, 1991).
[11] Marcel Mauss, *The Gift* (Nova York, Norton, [1923-1924] 2000).
[12] Cf. Christoph Türcke, *Erregte Gesellschaft* (Munique, C.H. Beck, 2002), p. 18-26.

Social a respeito do processo de monopolização no capitalismo, o de que a competição intercapitalista teria se convertido em uma casca ideológica, sem fundamentação na realidade. O desenvolvimento recente do capitalismo mostrou, em vez disso, que a competição não pode ser completamente abolida, e que mesmo em sua fase monopolista um mínimo de concorrência será sempre necessário, ainda que os efeitos dessa concorrência absolutamente não correspondam aos benefícios propagados pelos defensores do sistema. Mas a superprodução semiótica tem outra razão de ser: dela depende a continuidade da indução ao consumo; ela corresponde ao resultado do esforço de promover uma aprendizagem constante e difícil para a formação de sujeitos-consumidores. Mesmo que não houvesse concorrência intercapitalista, existiria o imperativo de impor aos indivíduos a disciplina do consumo, o que na tradição marxista ficou conhecido como "produção das necessidades". É como se os produtos estivessem constantemente competindo com a possibilidade de sua própria ausência, muitas vezes mais racional do que eles próprios. Isso porque, para perpetuar a dominação da qual a superprodução semiótica é tanto efeito quanto resultado, é necessário despender muita energia, vinda tanto de fora quanto de dentro do próprio sujeito.

A palavra "superprodução" não é usada aqui ao acaso: ela representa a transposição, para a esfera da linguagem, de um conceito da economia. E é desse deslocamento que vem a pergunta: se a própria linguagem está agora submetida à lógica de acumulação do capital, o que acontece com as crises de superprodução – que são, por excelência, as crises do capitalismo? Quais são as especificidades dessas crises quando o produto a ser vendido é simbólico, ou seja, dotado de uma natureza ambígua, constituído ao mesmo tempo por algo palpável (o significante) e por algo inalienavelmente imaterial (o significado)? E quais são os efeitos da fusão, no sujeito, entre meio e objeto, a linguagem como o que veicula e o que é veiculado? Como podemos pensar o caráter *instaurador* da significação dentro desse quadro teórico? E, por fim, como a arte se relaciona a esse estado de coisas; dentro do âmbito da estética, quais estratégias e procedimentos composicionais e interpretativos podem fazer frente a um mundo encharcado de linguagem? Naturalmente, essa avalanche de questões não pode ser respondida no espaço deste texto. O que podemos tentar, em vez disso, é tão-somente colocar algumas balizas que limitem o problema em sua perspectiva mais ampla, estabelecer alguns marcos que tornem possível compreender os contornos mais gerais dessa configuração *sui generis* de linguagem. Em primeiro lugar, eu gostaria de oferecer seis dessas balizas relativas à superprodução semiótica – seis indagações inter-relacionadas –, para em seguida mencionar duas categorias estéticas que parecem adquirir uma relevância especial neste estado de coisas.

Primeira baliza
A *superprodução semiótica promove uma histerização da linguagem*. Ela eleva o modo imperativo à posição de função lingüística predominante. Já há algum tempo Louis Althusser, em um texto bastante conhecido, propunha a noção de *interpelação* como central no funcionamento dos Aparelhos Ideológicos do Estado[13]. A teoria de Althusser está fora de moda, assim como o estruturalismo ao qual ela estava associada. No entanto, o conceito de interpelação agora merece ser expandido para além de qualquer aparato institucional para tornar-se equivalente à própria natureza dominante da linguagem na atualidade. – Aliás, existe aqui uma idéia subjacente segundo a qual o desenvolvimento da linguagem apareceria como a reconfiguração de diferentes potenciais. Diferentemente do estruturalismo, para o qual a linguagem seria constante (e, portanto, a-histórica), seria possível pensar a linguagem, com a crescente importância do impulso interpelador, como algo que está sujeito a fatores externos, tanto se adequando quanto reagindo a eles.

Segunda baliza
Isso traz conseqüências óbvias para a constituição da subjetividade, *pois a superprodução semiótica impõe-se, de uma maneira ou de outra, ao sujeito*. Talvez seja apropriado designar o imperativo básico da superprodução semiótica como uma *injunção a ser*. Sem dúvida, a propaganda – o modo fundamental de comunicação nesse estado de coisas – produz carências ao dizer que "o produto X possui as características Y, que são desejáveis", sugerindo que o ouvinte-espectador não as possui. No entanto, o que ela tem de traço mais básico, para além de qualquer conteúdo que possa veicular, é o "você" para o qual ela está constantemente apontando. O ser, agora identificado com um "dever ser", passa a constituir-se como um problema. Observe-se de passagem, que o interesse recente da teoria literária por questões de identidade, um interesse muitas vezes exagerado, adquire nesse contexto uma justificativa possível, ainda que não suficiente.

Terceira baliza
Dada a expansão do aspecto interpelativo da linguagem, é possível dizer que a superprodução semiótica promove um adensamento do tecido social. Repetidas vezes em seus escritos de sociologia (mas não apenas neles), Adorno menciona a "socialização da sociedade" [*Vergesellschaftung der Gesellschaft*], fenômeno que ele via ocorrer com o alastramento e a consolidação do princípio de troca. Isso resultava, segundo ele, em uma comensurabilidade entre as coisas, auxiliando no processo de abstração, racionalização e desencantamento do mundo. Esse processo

---

[13] Louis Althusser, *Aparelhos ideológicos do Estado* (trad. W. J. Evangelista e M. L. V. Castro, Rio de Janeiro, Graal, 1992).

figura, em *Dialética do esclarecimento*, na formação da subjetividade como interiorização do sacrifício. O mesmo pode ser dito sobre a explosão contemporânea de linguagem: por mais que seja alienadora, por mais que não pertença ao sujeito, por mais que envolva uma dialética da natureza (a qual veremos em breve), a linguagem não deixa de ser algo socialmente produzido e socialmente veiculado. Dizer que a linguagem é inerentemente social é, sem dúvida, um truísmo; trata-se, no entanto, de expandir essa associação para concluir que a exacerbação do potencial interpelador (o aumento da massa de linguagem) gera a intensificação da proximidade social, da inter-relação entre tudo e todos.

Quarta baliza
A superprodução semiótica obriga-nos a repensar a categoria fundamental da *falta*. Em um pequeno texto, "Teses sobre a carência", Adorno apresenta um tratamento verdadeiramente dialético[14]. A carência não pode ser medida em termos absolutos, mas precisa sempre ser relacionada ao grau de desenvolvimento das forças produtivas. E ela não pode ser reduzida a fatores biológicos, porque deve ser considerada em sua relação com a cultura (por exemplo: é possível morrer de fome tendo à disposição uma variedade de substâncias orgânicas comestíveis, como insetos e toda espécie de restos, pois o nojo é sócio-cultural). Além disso, a distinção entre necessidades primárias e secundárias, fundamental para qualquer plataforma de esquerda, não pode ser fixada de forma abstrata e atemporal, mas deve ser analisada levando-se em conta a totalidade social. A essa série de oposições – progresso e persistência do arcaico, biologia e cultura, parte e todo –, a superprodução semiótica adiciona mais uma, flagrante, entre abundância e falta. Como a própria linguagem é, ao mesmo tempo, material e imaterial, sua explosão leva a um estado de coisas no qual há uma abundância desmedida, até mesmo inescapável. Ninguém é carente de mensagens: elas permeiam de tal forma o tecido social que mesmo a pessoa mais pobre, mais subalterna ou periférica está completamente exposta a elas, talvez até mais do que outras pessoas[15].

Quinta baliza
A superprodução semiótica tem como precondição (e produz como conseqüência) uma modificação na concepção do espaço, que agora se converte no suporte material necessário para a veiculação de mensagens. Como algo do qual se pode apropriar, como algo que pode ser vendido e alugado, o espaço adquire uma autonomia maior em relação ao sujeito, e tornando-se uma instância potencial-

---

[14] Theodor W. Adorno, "Thesen über Berdürfnis", *Sociologische Schriften I* (Frankfurt a.M., 1979).
[15] Cf. Fabio Akcelrud Durão, "Towards a model of inclusive exclusion: marginal subjectivation in Rio de Janeiro", em *A contracorriente*, v. 3, n. 2, 2006. [Reimpresso em Niyi Afolabi (ed.), *The Afro-Brazilian Mind* (Trenton, The Africa World Press, 2006).]

mente antagônica a ele. O que antes era uma categoria vazia converte-se em uma dimensão passível de exploração. E como recurso disponível, submetido à racionalidade do cálculo, o espaço integra a natureza. Então, passa a fazer sentido defender uma ecologia do espaço. É interessante observar a temporalidade reversa em jogo aqui: somente *após* tornar-se um elemento manipulável, um componente fundamental para a auto-reprodução do capital, o espaço exibe plenamente sua naturalidade. É algo como a *Nachträglichkeit* de Freud, constituição intrínseca de um passado a partir de um desenvolvimento futuro[16].

Sexta baliza
Tudo isso aponta para uma dialética da natureza presente no próprio funcionamento da linguagem quando submetida aos imperativos capitalistas de acumulação. Se a semiose, o processo de formação de signos, envolve o uso de materiais concretos (o ar dos pulmões, a fumaça, o pigmento etc.) para fins de linguagem; e se a linguagem articulada é por definição humana, poderíamos pensar na semiose como parte de um processo de humanização do homem em sua luta com o mundo natural. Ora, não seria difícil imaginar, nesse contexto, uma concordância com a lógica da *Dialética do esclarecimento*. A linguagem, então, se tornaria um horror natural. E essa rearticulação da dialética do esclarecimento talvez fosse mais acessível hoje do que a dialética original, que se dá com a oposição entre razão e mito[17].

III.

Como fenômeno lingüístico por excelência do capitalismo, a superprodução semiótica possui implicações estéticas relevantes. No entanto, mesmo que a idéia de *produção lingüística* esteja no centro da questão, não é o caso de afirmar que a arte deva *responder diretamente* a esse estado de coisas, ou pior, que ela seja um mero *reflexo* do grau de desenvolvimento das forças produtivas. Em vez disso, o procedimento mais interessante é investigar, a partir do desenvolvimento *interno* à arte, como surgem conceitos, estratégias ou movimentos que podem ter algo a dizer sobre o desenvolvimento da sociedade. Ofereço, então, duas modalidades que penso ter relevância especial em um contexto de superprodução semiótica. Trata-se de duas modalidades de funcionamento estético que adquirem bastante

---

[16] Também é interessante notar que essa disposição do espaço à significação confere novo estatuto ao desenho animado, pois é esse o gênero em que todo o espaço é significável. Desse modo, o desenho animado transforma-se na manifestação mais representativa do capitalismo sob o imperativo da superprodução semiótica.

[17] Cf. o texto de Robert Hullot-Kentor, neste volume (p. 17), sobre a dificuldade de se ter a experiência do conceito de *indústria cultural*.

importância nesse estado de coisas. Elas funcionam de modo que pode ser visto como contraditório, mas ambas têm em comum grande proximidade com a reflexão teórica. A primeira categoria é a da negatividade. À superprodução irrefreada de semioses, a negatividade exibe a recusa de sentido. Mas essa recusa não está na obra em si (o que quer que isso queira dizer). Diferentemente do que muitas vezes se pensa, a negatividade (pelo menos como é concebida aqui) não é sinônimo de hermetismo, obscuridade ou dificuldade. Em vez disso, ela tem lugar no processo de interpretação, pela desfeitura de um sentido que é dado pela tradição de leituras de uma obra ou pelo próprio sentido primeiro oferecido por ela. De uma maneira ou de outra, trata-se de produzir uma leitura que anule a positividade de um sentido existente, seja ele oriundo de um lugar comum estético-teórico, seja ele aparentemente favorecido pelo próprio texto. Logo, não importa se um objeto artístico é fácil ou difícil, claro ou obscuro; pelo contrário: é provável que uma obra simples, de sentido aparentemente óbvio, seja mais interessante para análise do que uma obra complexa demais[18].

A outra modalidade de funcionamento estético não problematiza o sentido por meio da negação, sempre muito próxima do nada, mas pela indeterminação, que implica a existência de um resto, de um excesso que é irredutível à forma. Nesse caso, confronta-se fogo com fogo: à proliferação contemporânea de signos, a indeterminação apresenta uma abertura para o impensado em um ambiente delimitado. Talvez o exemplo mais didático e extremo de indeterminação seja a peça silenciosa de John Cage, *4'33"* (quatro minutos e trinta e três segundos). Durante os três movimentos da obra, nenhum som é produzido pelo instrumentista[19]. Também aqui a reflexão se encontra intimamente colada ao artefato artístico: sem ela, uma peça como *4'33"* simplesmente não existiria, pois permaneceria flutuando no mundo das coisas, dissolvida na dispersão universal do barulho. Além disso, cabe à crítica determinar aquilo que é relevante no gesto da indeterminação e aquilo que simplesmente se perde. Em questão está a própria definição da existência do objeto real, que se confunde com o estético. Seja como for, a negatividade e a indeterminação representam duas modalidades de resistência estética à superprodução semiótica, à proliferação de signos e mensagens que, em sua abundância aniquiladora, ameaça submergir o mundo em pura indistinção – uma resistência insuficiente, ainda que necessária.

---

[18] Cf. Fabio Akcelrud Durão, *Modernism and Coherence: Four Chapters of a Negative Aesthetics* (Frankfurt a.M., Peter Lang, 2008).
[19] Para uma discussão pormenorizada da obra, ver Fabio Akcelrud Durão, "Duas formas de se ouvir o silêncio: revisitando *4'33"*", *Kriterion*, v. XLVI, n. 112, 2005. Para uma abordagem de Cage como escritor, ver Fabio Akcelrud Durão, "Da crítica como performance na indeterminação, ou ensaio de John Cage", em Luis Paulo Moita Lopes, Fabio Akcelrud Durão e Roberto Rocha (eds.), *Performances: estudos de literatura em homenagem a Marlene Soares dos Santos* (Rio de Janeiro, Contracapa, 2007).

MORTE EM VÍDEO:
Necrocam e a indústria cultural hoje[1]

Antônio A. S. Zuin

I.

No velório de um ente querido, as preces se conjugam com o anelo de que aquele que se foi finalmente possa descansar em paz. Porém, na sociedade da atual indústria cultural, até mesmo a morte se metamorfoseia em espetáculo. Em 2002, um canal de televisão holandês chamado Vara solicitou, por um anúncio de jornal, novas idéias para a realização de filmes. Ine Poppe, uma artista plástica, resolveu elaborar um roteiro cuja idéia central lhe fora apresentada pelo filho Zoro, um adolescente de 15 anos. Zoro havia dito à mãe que, quando morresse, queria uma câmera digital instalada em seu caixão.

O canal Vara imediatamente adquiriu os direitos e produziu o filme *Necrocam*, em que quatro adolescentes fazem um pacto, filmado com câmera digital: quem morresse primeiro teria uma *webcam* instalada no próprio caixão. Há um significativo detalhe: os espectadores poderiam controlar, via computador, um "termostato" instalado dentro do caixão. Isso os capacitaria a regular, via internet, o espetáculo da decomposição do corpo – a velocidade de decomposição é proporcional à temperatura. Esse filme pode ser visto pela internet, e quem o acessa pode controlar a velocidade de decomposição do "corpo" de Xeno, o adolescente morto.

Diante de tal morbidez, talvez fosse possível encontrar algum conforto no fato de que se trata apenas de um filme, de uma obra de ficção. Contudo, a artista plástica quase consente em transformar o enredo do filme em realidade, uma vez que o pai de Zoro descobriu ter menos de dois anos de vida, em decorrência de um câncer, e permitiu que fosse instalada uma câmera digital no seu caixão. Mas

---

[1] Este texto é uma versão modificada de um trabalho publicado na *Revista Sul-Americana de Filosofia e Educação*, disponível em <www.unb.br/fe/tef/filoesco/resafe/numero002/artigos.html>.

a mãe do adolescente desistiu da idéia, alegando que seria um peso emocional muito grande para a família. A decisão de Ine Poppe provavelmente frustrou o produtor de *Necrocam*: ele afirmou que o filme "trata de pessoas que lembram de seus entes queridos em tempos novos, em uma nova era, com novos meios de comunicação"[2].

A avidez dos *managers* da indústria cultural por "novos" produtos, com o poder de lubrificar as gastas trilhas das associações mentais habituais dos consumidores, já havia sido destacada por Adorno e Horkheimer no ensaio "A indústria cultural: o esclarecimento como mistificação das massas"[3]. Aparentemente, não há qualquer novidade na demanda do canal holandês para que o público lhe apresentasse os temas mais "palatáveis", a ser aproveitados nos enredos de seus filmes. Contudo, há algo de verdadeiramente novo na afirmação do produtor de *Necrocam*: se antigamente o culto aos mortos e seus artefatos se restringia à contemplação dos poucos indivíduos que freqüentavam os mausoléus, na sociedade atual a exposição da morte, propiciada pela nova mídia, permite outra forma de comunicação e, portanto, outra lembrança daqueles que se foram. O próprio ritual – nesse caso, o fúnebre – passa a ser cultuado na sua exposição, sujeito a ser "visitado" por qualquer pessoa que domine a técnica computacional.

Que tipo de interesse as pessoas poderiam ter nessa nova possibilidade de voyeurismo? Talvez o próprio título do filme auxilie na elaboração de uma resposta a essa questão: *Necrocam* é um termo que amalgama as palavras "necro" (ou seja, cadáver) e "cam" (câmera, no caso a digital). A hibridez do termo poderia muito bem levar à conclusão de que tal interesse corresponderia ao gozo de prazeres necrófilos e voyeuristas em relação exclusivamente à história de um indivíduo. Mas será que o desejo de ver as imagens de cadáveres que se decompõem e de controlar o processo de decomposição via internet se limita à explicação das idiossincrasias concernentes a certas histórias particulares?

A tentativa de responder essa questão remete à exposição do principal argumento deste artigo: as trilhas das associações mentais dos consumidores dos produtos da indústria cultural, bem como seus sentidos, estão tão entorpecidos que os produtos que oferecem o contato com situações-limite (que beiram a morte de forma simulada ou real) são os que fornecem ao indivíduo a sensação de que ele está vivo, cheio de energia.

É importante analisar em detalhes como a indústria cultural impõe sua hegemonia na produção e no consumo de bens "culturais", cujos estímulos são cada vez mais agressivos. Antes, no entanto, vale conhecer, na dimensão psicomotora, o

---

[2] A. Pereira, "Câmera no caixão mostra morte on-line", *Folha de S.Paulo*, p. 4, 2/12/2002.
[3] Theodor W. Adorno e Max Horkheimer, *Dialética do esclarecimento: fragmentos filosóficos* (trad. Guido Antonio de Almeida, Rio de Janeiro, Jorge Zahar, 1986), p. 128.

modo como o corpo e o espírito reagem ao bombardeio de estímulos a que são submetidos por meio do contato com esses produtos. Portanto, torna-se necessário investigar as categorias psicanalíticas elaboradas por Freud, determinantes para a compreensão da chamada teoria do choque.

II.

Em textos como *Além do princípio do prazer*, Freud se preocupou em estabelecer as diferenças entre a teoria do choque e as análises psicanalíticas que aludem ao estudo etiológico das neuroses traumáticas. Ao relacionar a origem de tais neuroses a uma ruptura no escudo protetor contra os estímulos, o próprio Freud relembra a teoria do choque e a questiona. Ele critica, sobretudo, a importância que essa teoria atribui à violência mecânica sofrida pelo indivíduo no momento do trauma – de acordo com essa concepção, a essência do choque são os prejuízos na estrutura molecular, ou mesmo na estrutura dos tecidos e órgãos do sistema nervoso[4].

Na concepção de Freud, para entender a essência do choque – e, portanto, da neurose traumática – é necessário não analisar a violência mecânica, mas investigar o papel determinante do susto e da ameaça à vida. O principal interesse do psicanalista foi estudar as conseqüências sofridas pelo órgão da mente em decorrência da ruptura do escudo psíquico que o defendia do bombardeio dos estímulos. Para Freud, o susto conseqüente é

> causado pela falta de qualquer preparação para a angústia, inclusive a falta de hipercatexia dos sistemas que seriam os primeiros a receber o estímulo. Devido à baixa catexia, esses sistemas não se encontram em boa condição para vincular as quantidades afluentes de excitação, e as conseqüências da ruptura do escudo defensivo decorrem ainda mais facilmente.[5]

Ao estudar o conteúdo dos sonhos de indivíduos neuróticos, Freud observou que os sonhos "esforçam-se por dominar retrospectivamente o estímulo, desenvolvendo a angústia, cuja omissão constitui a causa da neurose traumática"[6]. Antes mesmo da predominância do princípio do prazer, os sonhos teriam essa incumbência de reviver os traumas psíquicos, ainda que na dimensão onírica, possibilitando à angústia se revitalizar a ponto de fornecer a sensação de controle dos estímulos. No estado de vigília, caberia ao psicanalista propiciar condições para

---

[4] Sigmund Freud, *Além do princípio do prazer* (trad. Christiano Monteiro Oiticica, Rio de Janeiro, Imago, 1998), p. 40.
[5] Idem.
[6] Ibidem, p. 41.

que o paciente, no transcorrer da terapia, fosse gradativamente associando o conteúdo da experiência traumática aos afetos relacionados – fenômeno denominado ab-reação. A compulsão em repetir a situação traumática (ou seja, a experiência desagradável) teria como propósito a dominação das excitações externas[7].

É exatamente o afluxo colossal de estímulos externos que faz o aparelho mental procurar, de todas as maneiras, estabelecer barreiras que o protejam dessa violência. Porém, em muitas ocasiões, esse escudo protetor é rompido; isso causa um desprazer físico, além da sensação de mal-estar proveniente do esforço do aparelho mental para ligar as energias psíquicas (ou seja, catexizá-las) para controlá-las. De acordo com Freud,

> quanto mais alta é a própria catexia quiescente do sistema, maior parece ser a sua força vinculadora; inversamente, entretanto, quanto mais baixa for a catexia, menos capacidade (o aparelho psíquico – AZ) terá para receber o influxo de energia e mais violentas serão as conseqüências de tal ruptura no escudo protetor contra estímulos.[8]

O aparelho psíquico age como o comandante de um exército: envia as tropas de reforço para as regiões que estão sendo devastadas pelo inimigo. Assim, as forças disponíveis amparam as "regiões" do escudo protetor do aparelho psíquico que foram prejudicadas pela quantidade descomunal de excitações externas. Freud fundamenta-se nas idéias de Breuer para falar sobre os tipos de catexia (energia psíquica libidinalmente ligada à representação mental de uma pessoa ou de um objeto) e assevera que é possível diferenciar dois deles: "uma catexia que flui livremente e pressiona no sentido da descarga e uma catexia quiescente"[9]. Em outras palavras: há a catexia que escoa livremente no aparelho psíquico, na sua dimensão inconsciente, e que precisa ser evacuada para o exterior, e outra que é ligada às representações mentais, de tal modo que flui de forma mais controlada.

Essa comparação entre os dois tipos de catexia lembra o ensaio de Benjamin "Sobre alguns temas em Baudelaire", com suas reflexões sobre o conceito de choque e os conceitos de memória voluntária (ligada às catexias quiescentes) e memória involuntária (cujas catexias fluem mais livremente no aparelho psíquico). Benjamin distingue as características das memórias voluntária e involuntária ao recordar o célebre relato de Proust sobre as imagens que explodiram na mente do escritor francês no exato momento em que ele, ao provar o pedaço do bolo madeleine,

---

[7] É importante lembrar que a fonte das excitações não se reduz à sua dimensão externa, pois tem também uma origem interna, pulsional, para a qual, segundo Freud, não há defesas, a menos que tais excitações sejam identificadas como sendo provenientes de fora e não de dentro, engendrando o chamado fenômeno da projeção. Ibidem, p. 37.

[8] Ibidem, p. 38.

[9] Ibidem, p. 39.

voltou a saborear recordações que lhe pareciam para sempre perdidas. Em Proust, antes do contato com madeleine, imperava uma memória "sujeita aos apelos da atenção"[10], mais afeita à dimensão consciente. A memória involuntária, por sua vez, é aquela que capacitaria o indivíduo não só a rememorar acontecimentos que foram determinantes para sua personalidade, como também a reapropriar afetivamente esses acontecimentos na experiência do afortunado (para usar um termo proustiano) que consegue se religar com tais fatos.

Porém, as memórias voluntária e involuntária não são tão excludentes entre si, como podem parecer à primeira vista. É o próprio Benjamin quem se encarrega de objetar uma relação de causa–efeito e, portanto, dicotômica, no estudo das correspondências entre esses dois tipos de memória:

> Onde há experiência, no sentido estrito do termo, entram em conjunção, na memória, certos conteúdos do passado individual com outros do passado coletivo. Os cultos com seus cerimoniais, suas festas [...] produziam reiteradamente a fusão desses dois elementos da memória. Provocavam a rememoração em determinados momentos e davam-lhe pretexto de se reproduzir durante toda a vida. As recordações voluntárias e involuntárias perdem, assim, sua exclusividade recíproca.[11]

Para Benjamin, então, a realização dos cultos e cerimoniais possibilita a fusão dos conteúdos dos passados individual e coletivo, fazendo as recordações voluntárias e involuntárias se consubstanciarem entre si. Sendo assim, não podemos desconsiderar a influência que o espírito objetivo de uma época possa exercer no incentivo à produção do conhecimento pela vivência (*Erlebnis*) – obtido por meio dos choques e assimilado imediatamente – em relação ao da experiência (*Erfahrung*) – adquirido em uma grande viagem, por exemplo. Incomodado com o arrefecimento do gosto pela poesia lírica, ele destaca o final do poema de Baudelaire, presente em *As flores do mal* e dedicado ao leitor: "hipócrita leitor, meu igual, meu irmão"[12].

O poeta tem um elevado grau de consciência do império do torpor que já estava se formando, pois na imanência de seus poemas há a confissão irônica de que o tédio habita não apenas o coração do leitor, mas também o do próprio Baudelaire. Nos poemas de *As flores do mal*, nota-se o porquê de Benjamin ter afirmado que o poeta francês "toma como sua causa aparar os choques", tanto física quanto espiritualmente[13]. Quando o choque se transforma numa norma de convivência, a

---

[10] Walter Benjamin, "Sobre alguns temas em Baudelaire", em *Walter Benjamin, obras escolhidas III: Charles Baudelaire: um lírico no auge do capitalismo* (trad. José Carlos Martins Barbosa e Hemerson Alves Baptista, São Paulo, Brasiliense, 1991), p. 106.
[11] Ibidem, p. 107.
[12] Charles Baudelaire, *As flores do mal* (trad. Ivan Junqueira, Rio de Janeiro, Nova Fronteira, 1985), p. 101.
[13] Walter Benjamin, "Sobre alguns temas em Baudelaire", cit., p. 111.

possibilidade de que a poesia lírica se fundamente numa experiência exige um alto grau de conscientização poética. Como se fosse um escudo protetor contra o bombardeio insano de estímulos, a poesia de Baudelaire produz novas experiências justamente porque "insere a experiência do choque no âmago de seu trabalho artístico"[14]. A inserção da experiência do choque pode ser contemplada no poema "A uma passante"; Benjamin ressalta que a imagem do choque presente no poema expressa um amor não à primeira vista, mas à última.

O inconformismo do narrador diante da musa, que é tragada pelo redemoinho da multidão, se transforma na resignação diante do sortilégio dessa multidão. A aglomeração de pessoas que afasta tanto a musa quanto a possibilidade de fruição de um amor duradouro é menos um objeto de ódio do que de fascinação por parte do narrador. E a melancólica constatação do amante de que já é tarde demais para ter outra possibilidade de relação com a musa, sobretudo a ênfase dada à palavra *nunca*, parece ecoar a sentença do corvo, de Edgar Alan Poe – "nunca mais", a qual solapa as esperanças do narrador em ouvir novamente a voz da amada que se foi[15].

"O homem da multidão" é um conto de Poe que expressa o fascínio do homem em relação ao burburinho proveniente do aglomerado de pessoas. O narrador, ao perseguir um velho, fita seus olhos nele e conclui inexoravelmente que esse velho se recusa a permanecer sozinho porque é o *homem da multidão*[16]. Não é por acaso que Benjamin discorda da interpretação de Baudelaire, que compara esse homem com a figura do *flâneur*, aquele indivíduo que perambula pelas ruas da cidade. Para Benjamin, o *flâneur* parisiense seria um meio-termo entre o indivíduo ocioso e o homem da multidão[17].

O homem da multidão representa alguém que se habituou tanto aos choques físicos quanto aos do espírito. Ele não se irrita mais com as cotoveladas que leva nas ruas apinhadas de gente justamente porque, ao recebê-las, sente-se no direito de revidá-las, como se houvesse um acordo tácito entre os agressores que são também agredidos. O não-olhar para trás, tanto para as pessoas que recebem cotoveladas quanto para as portas que se fecham automaticamente e não mais exigem a preocupação de quem as abre[18], são sinais característicos de uma sociedade cuja frialdade das relações é cotidianamente valorizada. Os gestos rudes que comprazem ao atual processo de tecnificação do corpo e do espírito não são mais considerados reações violentas: são sinais de reconhecimento, pois uma sociedade cada vez mais agressiva identifica como seus aqueles que portam seus vestígios. E essa observação

---

[14] Idem.
[15] Edgar Allan Poe, "O corvo", Ivo Barroso (org.), *O corvo e suas traduções* (Rio de Janeiro, Lacerda, 2000), p. 84.
[16] Ibidem, "The Man of the Crowd", *The Portable Poe* (Nova York, Penguin Books, 1977), p. 118.
[17] Walter Benjamin, "Sobre alguns temas em Baudelaire", cit., p. 122.
[18] Theodor W. Adorno, "Não bater à porta", *Minima moralia* (trad. Luiz Eduardo Bicca, São Paulo, Ática, 1992), p. 33.

nos remete à questão que foi posta no início deste texto: é chegado o momento de refletir sobre as atuais formas de manifestação da indústria cultural e, portanto, da suspeita de que os produtos "culturais" que mais se aproximam da morte, de forma simulada ou não, são os que oferecem aos indivíduos que os consomem o êxtase da sensação de se estar vivo.

III.

Seguindo essa linha de raciocínio, é possível encontrar certa convergência entre alguns dos produtos da indústria cultural contemporânea:

1) Os programas de auditório brasileiros, bastante similares aos de outros países, como Itália e Estados Unidos. Neles, os "enternecidos" apresentadores transitam, com espantosa facilidade, entre o relato da filha que foi estuprada pelo próprio pai e os produtos de limpeza do patrocinador. Tais programas parecem ter a fórmula necessária para finalmente acabar com a sujeira que impregna tanto a camisa favorita quanto as relações parentais destruídas. Ao que parece, a violação do tabu do incesto pode ser expiada apenas se for exposta ao vivo para milhões de espectadores, numa espécie de catarse coletiva regressiva. O escárnio ao qual os protagonistas são submetidos deixa de ser relevante diante da excitação que é promovida e fruída por todos aqueles que, masoquistamente, se identificam com a tragédia e sadicamente concluem que sua desgraça particular é risível diante dela.

2) O chamado "vôo do super-homem", sucesso de público nos parques de diversão. A pessoa é amarrada a uma corda elástica e se joga no espaço vazio, a uma altura de trinta metros, fazendo um movimento perpendicular com o corpo. A sensação de onipotência do jovem que simula um suicídio para se sentir vivo, e que narcisicamente zomba da morte ao praticamente tocá-la, só não é maior que a confiança no aparato técnico que lhe permite tal façanha.

3) O filme *Necrocam*, anteriormente citado.

A despeito das particularidades, em todos esses produtos nota-se a presença da ânsia, da volúpia pelo choque. Não basta mais concluir que os indivíduos que consomem esses produtos se habituam com os choques a que masoquistamente se submetem: o fato é que eles *procuram* compulsivamente o contato com situações-limite que quase tocam a morte e que os façam lembrar-se de que estão vivos. Há uma busca incessante por aquilo que choque, que faça estremecer (de preferência com grande intensidade) as gastas trilhas mentais e os próprios sentidos entorpecidos[19].

---

[19] Sobre a procura por "brinquedos", tal como o "vôo do super-homem", que comprovam a conversão da diversão num rito sadomasoquista, ver Luiz Antônio Calmon Nabuco Lastória, *O Torre Eiffel: diversão como rito sadomasoquista* (Piracicaba, Unimep, 2002, publicação interna).

Esse desejo pelo choque cada vez mais intenso estimula uma reflexão sobre os fundamentos da teoria freudiana a respeito dos danos provocados no escudo protetor do aparelho psíquico, em conseqüência do acúmulo de excitações externas. Para Freud, a natureza do choque traumático precisa ser compreendida em função do rompimento da proteção do escudo contra tais estímulos, que afluem numa velocidade vertiginosa.

Destacamos anteriormente que o psicanalista se preocupou mais em entender os efeitos da ruptura dessa proteção no aparelho psíquico do que em estudar os prejuízos causados na estrutura histológica do sistema nervoso. Tendo esse objetivo em mente, Freud enfatizou a relevância do susto na investigação dos danos psíquicos. Ele seria causado pela falta de preparação para a angústia: uma vez que o organismo não se prepararia com antecedência para registrar o choque a ser recebido, as defesas do aparelho psíquico estariam relaxadas; ocorre, então, "a falta de hipercatexia dos sistemas que seriam os primeiros a receber os estímulos"[20]. Em virtude da baixa catexia (ou seja, das pequenas quantidades de energia psíquica ligadas às representações mentais do indivíduo), o aparelho psíquico não teria forças suficientes para vincular, ou seja, catexizar as quantidades afluentes de excitação em representações mentais que proporcionariam certa organização mental. De fato, Freud destaca o papel decisivo que a hipercatexia dos sistemas psíquicos e a preparação da angústia desempenham na defesa do aparelho psíquico:

> Ver-se-á, então, que a preparação para a angústia e a hipercatexia dos sistemas receptivos constituem a última linha de defesa do escudo contra estímulos. No caso de bom número de traumas, a diferença entre os sistemas que estão despreparados e sistemas que se acham bem preparados através da hipercatexia pode constituir fator decisivo na determinação do resultado.[21]

Se a preparação para a angústia é uma das últimas linhas de defesa do aparelho psíquico contra o afluxo de estímulos externos, e se a ausência dessa preparação e a falta de hipercatexia dos sistemas receptivos são decisivos para a ocorrência do choque e para a formação do trauma, parece haver uma contradição com a assertiva anterior de que as pessoas, na sociedade da atual indústria cultural, *procuram compulsivamente os choques* – os quais, não por acaso, se tornam cada vez mais intensos. Numa sociedade cada vez mais excitada, as pessoas buscam se sentir energizadas, "adrenalinizadas" pela fruição de produtos cada vez mais violentos. Desse modo, ocorre uma preparação psíquica e física para que o choque seja absorvido. E se de fato existe essa preparação para a angústia, essa predisposição

---

[20] Sigmund Freud, *Além do princípio do prazer*, cit., p. 40.
[21] Idem.

para o perigo iminente, então o aparelho psíquico deveria ser suficientemente capaz de defender-se de tais estímulos, com a proteção de seu escudo pretensamente hipercatexizado.

Porém, não parece ser essa a conseqüência. Apesar de conhecer o perigo – o que arrefece, e muito, o poder do próprio susto –, os corpos e espíritos entorpecidos dos consumidores precisam ser "surpreendidos" por estímulos cada vez mais intensos, que dificultem sobremaneira a organização psíquica das representações mentais. Ao ser bombardeado por tais estímulos, o aparelho psíquico não consegue elaborar de imediato as poderosas excitações que lhe são impostas. Ele quase não tem sucesso em ligá-las, em catexizá-las a determinadas representações que poderiam fornecer a sensação de efetivo controle sobre os estímulos.

Freud já observara que qualquer acontecimento mental ou físico que ultrapassasse certo limite provocaria uma excitação sexual a ponto de gerar uma sensação de angústia, porque a libido não encontraria de imediato uma representação mental com a qual pudesse se fixar[22]. E é exatamente nesse momento que essa angústia é fruída com masoquismo para, logo em seguida, ser descarregada sadicamente. Além de frágeis, são por demais insuficientes as ligações feitas entre os estímulos e as representações que poderiam ser o estopim para a obtenção do prazer de elaborá-las psiquicamente. Assim, a frustração de não obter o prazer desse controle pode ser compensada somente pelo gozo de um prazer sadomasoquista maior, e assim sucessivamente, a tal ponto que o logrado quase toca a morte, tanto física quanto espiritualmente. É o que se observa nos programas de auditório da indústria cultural brasileira, no "vôo do super-homem" e no filme *Necrocam*.

Os produtos mais recentes da indústria cultural parecem reforçar o argumento freudiano de que o princípio do prazer presta um grande serviço à pulsão de morte. Isso porque a necessidade de sentir a máxima excitação, sempre prometida em cada "novo" produto, encontra correspondência na descarga não menos potente de energia psíquica em situações que praticamente reduzem a zero o estado anterior de tensão. Estranha essa simetria entre Eros e Thanatos que se realiza na sociedade do espetáculo[23]!

Talvez não seja exagero dizer que ocorre uma espécie de curto-circuito psíquico. As catexias que podem ser formadas nessas condições escoam no aparelho psíquico com muito mais fluidez, pois são insuficientemente elaboradas. Isso ocorre, sobretudo, porque as fontes dos estímulos são substituídas numa velocidade que procura acompanhar o ritmo do mercado da produção "cultural" que continua-

---

[22] Ibidem, *Três ensaios sobre a teoria da sexualidade* (trad. Paulo Dias Corrêa, Rio de Janeiro, Imago, 1997).
[23] A respeito da relação entre o princípio do prazer e a pulsão de morte, ver Luiz Roberto Monzani, *Freud: o movimento de um pensamento* (Campinas, Unicamp, 1989).

mente oferece excitantes "novidades" aos seus sequazes. Diante da inundação de estímulos cada vez mais poderosos da atual indústria cultural, cada imagem e cada som lutam para confirmar a própria existência, tentando se destacar de alguma maneira em meio a outras imagens e outros sons – daí a necessidade de que se apresentem de modo mais intenso e agressivo[24].

Frente a essa torrente de estímulos, surge no indivíduo a dificuldade de estabelecer representações psíquicas que dominem as fontes de excitação, principalmente as de origem somática. Isso produz um estado de angústia que o impulsiona a se livrar da tensão, não sem antes usufruí-la masoquistamente para, logo depois, descarregá-la de forma sádica, num mecanismo semelhante ao da neurose de angústia[25].

A descarga dessas energias para o exterior como forma de aliviar a tensão acumulada passa a ser um imperativo que se metamorfoseia em compulsão. Entende-se, então, a procura desenfreada pelo choque que os produtos da atual indústria cultural proporcionam. E quanto mais essas energias forem descarregadas em ocasiões que façam impressionar, melhor para aquele que as porta. Afinal, na sociedade atual, somos também avaliados pela capacidade de suportar a dor, que deve ser extravasada de modo cada vez mais radical (para se usar um termo da moda). Aquele que assim procede se destaca diante dos que supostamente não possuem a coragem de, por exemplo, se jogar de uma altura de quarenta metros com o corpo atado a uma corda elástica.

Se essa última asserção estiver correta, cabem as seguintes questões: que tipo de prazer é esse que alguém pode obter na busca cada vez mais incessante de produtos da indústria cultural cuja essência seja a destruição física e espiritual? O prazer final seria o limite para tal estado regressivo? Já na *Odisséia*, pode-se observar nos dilemas de Odisseus a sedução do amorfo, de uma relação mimética com o natural a ponto de nenhuma relação de tensão se fazer presente. Ao se autodenominar Oudeis (ninguém) quando se apresenta ao ciclope Polifemo, o herói quase se entrega ao prazer de uma identificação total com aquilo que está morto. Mas ele age com astúcia para dominar o mito: finge se entregar e, ao escapar da ilha do ciclope, grita para o monstro que foi Odisseus e não Oudeis quem o derrotou. Em seguida, é quase atingido por uma rocha colossal atirada pelo furioso Polifemo[26].

O preço que o herói da *Odisséia* paga pela dolorosa conservação de seu ego pode ser observado na reação da natureza, que não se aquieta diante da humilhação que lhe é imposta. Ironicamente, a principal regra na construção da identidade de Odisseus ainda ressoa na audição regressiva dos consumidores dos produtos da

---

[24] Christoph Türcke, *Erregte Gesellschaft: Philosophie der Sensation* (Munique, C.H.Beck, 2002), p. 66.
[25] Sigmund Freud, "La neurastenia y la neurosis de angustia", trad. Luis Ballesteros y de Torres, *Obras Completas* (Madrid, Biblioteca Nueva, 1981), v. 1 .
[26] Homero, *Odisséia* (trad. Jaime Bruna, São Paulo, Cultrix, 1997).

indústria cultural: "[...] e o sobrevivente sábio é ao mesmo tempo aquele que se expõe mais audaciosamente à ameaça de morte, na qual se torna duro e forte para a vida"[27].

Milênios separam as aventuras de Odisseus e a compulsão dos consumidores da indústria cultural pela fruição de produtos que os aproximem da morte. As atuais mediações históricas imanentes à elaboração desses produtos compelem à universalização e introjeção da lógica do fetiche da mercadoria. Assim, a substitutibilidade se transforma na insuportável condição de existência, ainda que efêmera, das coisas e das pessoas que se tornam coisas. A dimensão psíquica não permanece isenta dessa lógica: o pavor de se sentir descartável impele o indivíduo a canalizar suas energias para continuar enganando a si próprio quanto à sua pretensa autonomia – a angústia de perceber o próprio engodo pode ser sadomasoquistamente gozada nos "novos" produtos da indústria cultural. Se o homem da multidão se recusava a permanecer sozinho, o consumidor de tais produtos se nega a abandonar o gosto compulsivo pelo choque. Trata-se, antes de tudo, de uma questão de sobrevivência, ainda que por meio da simulação da morte.

IV.

Diante desse quadro, é possível argumentar contra o fato de ser mera coincidência a escolha do nome da ofensiva norte-americana que despejou, em março de 2003, toneladas de bombas na cidade de Bagdá: Operação Choque e Pavor. Ora, essas qualificações bélicas são também aprazíveis à indústria cultural contemporânea[28]. Ao comentar as características da estética da guerra, Benjamin fez a seguinte comparação: "Na época de Homero a humanidade oferecia-se em espetáculo aos deuses olímpicos; agora, ela se transforma em espetáculo para si mesma. Sua auto-alienação atingiu o ponto que lhe permite viver sua própria destruição como um prazer estético de primeira ordem"[29].

De fato, as "delícias" desse prazer estético são observadas na fruição tanto da guerra convertida em espetáculo quanto no gozo dos produtos da atual indústria cultural. Talvez não seja tão fora de propósito dizer que o filme *Necrocam* se converte numa imagem bastante representativa do estado de quase-morte incitado

---

[27] Theodor W. Adorno e Max Horkheimer, *Dialética do esclarecimento, fragmentos filosóficos*, cit., p. 56.

[28] S. D'Ávila, "Choque e pavor: 320 mísseis são lançados sobre Bagdá", *Folha de S.Paulo*, p. A13, 22/3/2003. Alguns dias após a realização da ofensiva norte-americana, a Sony Entertainments patenteou a expressão "choque e pavor" para comercializar seus produtos, provavelmente jogos de videogame. Devo essa lembrança a Douglas Garcia Alves Jr. Meses depois dos ataques, durante a promoção do filme *Exterminador do futuro III*, o astro hollywoodiano Arnold Schwarzenegger foi a Bagdá e disse, em tom ufanista, aos soldados norte-americanos que se ele representara recentemente o exterminador no cinema, os verdadeiros exterminadores eram os próprios soldados.

[29] Walter Benjamin, "A obra de arte na era da sua reprodutibilidade técnica", em *Walter Benjamin, obras escolhidas* (trad. Sergio Paulo Rouanet, São Paulo, Brasiliense, 1985), p. 196.

por esses produtos. Ele mostra a busca por maximizar a sensação de angústia que não é elaborada psiquicamente, mas masoquistamente gozada e, logo em seguida, sadicamente descarregada. Essa busca fica evidente no controle do "termostato", cujo nível de temperatura permite frear ou acelerar a decomposição do corpo putrefato. Nesse caso, atração sexual mórbida por cadáveres se concretiza por uma espécie de voyeurismo cibernético. A necrofilia é uma das alternativas para que o indivíduo descartável se desforre do processo de decomposição da sua identidade: ele afirma ilusoriamente a sua existência, ainda que tal afirmação seja feita por meio da exortação pública dos tabus do sexo e da morte.

Paradoxalmente, a contemplação on-line de tal decomposição revela como a identidade do homem moderno é formada pela necessidade de ver a própria imagem reproduzida pela câmera (no caso, a digital). Isso comprova a atualidade da constatação de Benjamin a respeito da atração que a câmera sempre exerceu sobre o homem[30]. Na chamada "sociedade excitada", quem não consegue permanecer perceptível como que se despede da própria existência, pois se transforma num ninguém[31]. Esse dilema ontoestético foi observado por Türcke na reflexão sobre o fascínio exercido pelos cartazes publicitários da Benetton:

> O cartaz da Benetton, que mostra uma roupa suja de sangue de sérvios fuzilados por soldados bósnios, teve apenas um objetivo: impressionar. Sua violação do tabu representou, antes de tudo, uma rigorosa obediência às leis do mercado [...] quando aquilo que impressiona é considerado bom, porque se torna necessário para a sobrevivência, então o que é impressionável não pode ser ruim. Dessa forma, o bem e o mal se transformam em categorias estéticas; e o estético se transforma no ontológico, na possibilidade de ser ou não ser.[32]

O buraco feito pela bala que matou o soldado sérvio remete o pensamento a uma associação entre a roupa furada e ensangüentada e o assassinato cometido. Isso revela a ironia da propaganda: ela não mostra o crime de forma explícita, mas fornece os vestígios necessários para que o consumidor tire suas próprias conclusões e tenha tempo de se preparar psiquicamente para o choque. O horror não é exposto explicitamente, mas em seus resíduos, suas conseqüências. Se esse raciocínio for correto, a imagem da propaganda não atende de maneira explícita a uma ânsia pela sensação, mas a transmite sutilmente e, portanto, de maneira muito mais eficaz. De certo modo, é o que ocorre em *Necrocam*. O filme, que dura cerca de cinqüenta minutos, destaca as conflituosas relações dos adolescentes que não conseguem ser ouvidos e, principalmente, percebidos pelos

---

[30] Ibidem, p. 182.
[31] Christoph Türcke, *Erregte Gesellschaft: Philosophie der Sensation*, cit., p. 39.
[32] Idem, "Sensationsgesellschaft: Ästhetisierung des Daseinkampfs", em G. Schwppenhäuser e M. Wischke, *Impuls und Negativität: Ethik und Ästhetik bei Adorno* (Hamburg, Argument, 1995), p. 217.

próprios pais. E a apoteose do corpo em decomposição é feita de forma gradativa, ao sabor do controle do operador do mouse do computador que faz as vezes de termostato.

Nesse caso, a intensidade do prazer sadomasoquista compensa qualquer desprazer que pudesse advir de um lampejo de consciência de que tal decomposição da identidade não se reduz à imagem do corpo putrefato controlado a distância. A vontade de controlar a vida, o espírito e o corpo alheios – veja-se o desespero do capital pela posse do mapeamento genético humano – é cada vez mais freqüente numa sociedade que põe obstáculos cotidianos ao controle da própria vida reificada. Provavelmente, no seu íntimo, as pessoas não se conformem com esse estado de submissão e procurem desesperadamente se destacar de alguma forma, mesmo que seja no pós-morte. O produtor de *Necrocam* já havia alertado para o fato de que a permanência da imagem de quem falece não se deve limitar à memória dos seus entes queridos. Hoje, é tecnicamente possível ao grande público participar de um rito fúnebre, que se torna cultuado ao ser exibido na internet. Diante de tamanha exposição, permanece a pergunta que, de certa forma, subverte a lógica do princípio de nirvana freudiano (embora tal princípio seja estimulado quase que no seu limite pela sociedade excitada para em seguida ser humilhado): será que ainda é possível, ou desejável, descansar em paz?

Porém, essa técnica porta em si a promessa de ser direcionada para outra via: para uma sociedade realmente racional. Por ser uma forma de organizar o trabalho humano, a técnica se transformaria naquela essência social que lhe é imanente, ao contribuir para um efetivo processo de humanização[33]. Em tal sociedade, haveria condições materiais para que o estremecimento fosse libertado de sua angústia cega, a ponto de delinear um comportamento estético que permitisse tocar o outro sem ter de desfigurá-lo[34]. Até lá, o pavor de se sentir substituível, numa cultura que tende a descartar e espetacularizar tudo, recrudesce o desejo de impressionar daquele que se aflige em ter de provar a própria existência – seja na vida, seja na morte.

---

[33] Theodor W. Adorno, "Über Technik und Humanismus", em *Gesammelte Schriften 20* (Frankfurt am Main, Suhrkamp, 1986).
[34] Idem, *Teoria estética* (trad. Artur Morão, São Paulo, Livraria Martins Fontes, 1982), p. 364.

II. PSICANÁLISE

UMA NOVA ECONOMIA PSÍQUICA OU MUTAÇÕES TÓPICAS?
Elementos para reflexão acerca da subjetividade contemporânea

Luis Calmon Nabuco Lastória

Numa série de entrevistas concedidas ao também psicanalista Jean-Pierre Lebrun entre 2001 e 2002, logo após o quarto encontro parisiense de psiquiatria em torno do tema "O homem à prova da sociedade contemporânea", o lacaniano Charles Melman buscou caracterizar o que chamou de "nova economia psíquica". Segundo ele, esse fenômeno indicaria uma "mutação inédita", que ainda estaria produzindo seus efeitos antropológicos, de modo a englobar tanto os indivíduos quanto a totalidade da vida social. Pode-se dizer, em linhas gerais, que a "NEP" identificada por Melman apresenta-se como correlato subjetivo que, enfim, realizou o ideal tão propalado pela economia liberal de mercado: favorecer o enriquecimento recíproco, liberando as trocas de toda e qualquer referência reguladora. Assim, uma auto-regulação econômica sustentada pelo constante incremento da racionalidade tecnológica traduzido nas formas mais recentes assumidas pelas tecnociências, cuja regulamentação jurídica viabiliza-se pelo regime do Direito como uma espécie de atualização hodierna da filosofia sensualista inglesa do século XVIII, encontraria sua inscrição num tipo de organização psíquica não mais baseada no recalque, como outrora, mas sim em uma que obedece a um contínuo apagamento dos próprios limites que a constitui. Fenômeno que se deve à rapidez objetiva com que esses limites são constantemente ultrapassados pela dinâmica social. Nesses termos, o preço a ser pago nos dias de hoje pelo "mal-estar" de que nos falou Freud assumiria agora a forma de uma "perversão generalizada".

A fim de ilustrar essa nova configuração, psicológica e cultural a um só tempo, Melman faz referência a uma curiosa e emblemática exposição de arte anatômica, exibida pela primeira vez em Mannheim em 1997[1], cujo sucesso de visitação teria

---

[1] Após essa data a exposição foi exibida, também com enorme sucesso, em diversos países europeus e no Japão, onde atingiu um público de cerca de dez milhões e meio de visitantes. Em Bruxelas ela ocorreu em abatedouros no ano 2001, sob o título *Körperwelten, o fascínio do autêntico*.

sido algo surpreendente. Nela foi exibida uma "estatuária" de cadáveres humanos embalsamados, ou melhor, plastificados mediante uma técnica que, servindo-se de um banho de acetona, substitui a água dos tecidos por resina epóxi, tornando possível impor-lhes posturas semelhantes às da vida.

O psicanalista descreve esse evento com as seguintes palavras:

> Os cadáveres prometidos à eternidade são, mas nem sempre, escorchados. Apresentam sua musculatura desnuda, soberba. Com freqüência uma trepanação permite deixar a descoberto uma parte do cérebro. A bochecha, parcialmente dissecada, desvela as inserções musculares. O sexo, flácido mas em perfeita forma, é exibido. [...] Há também um belíssimo corpo de mulher, nesse caso sem escorcho, com um busto absolutamente soberbo. De seu ventre aberto sai negligentemente um pedacinho de útero fecundado. Uma luz suave, propícia à contemplação, ilumina essa exposição. É filtrada por painéis cujas lâminas contêm finas secções do corpo humano fragmentado e colorido, o que dá o aspecto original de vitral.[2]

O que essa exposição nos revela na perspectiva de Melman? A exibição de cadáveres tornados peças "artísticas" denota, em primeiro lugar, que estaríamos ultrapassando o limite do respeito à sepultura como lugar que abriga a memória. Hoje, a demanda social por transparência nos transformou em *onivoyers*, cuja satisfação estética se realiza mediante um gozo pan-escópico. No caso da referida exposição, tratar-se-ia de um gozo escópico da morte, fato que noutros tempos jazia protegido da visão.

Em segundo lugar, toda uma cultura fundada na "representação" transmuta-se numa outra fundada na "presentação". Isso significa que estamos passando de um regime cultural alicerçado "na evocação do lugar onde se mantinha a instância sexual suscetível de autorizar trocas"[3] para outro no qual se busca – sem rodeios – o objeto mesmo. Em termos lacanianos, estaríamos regredindo de um ordenamento cultural estruturado a partir do falo como instância simbólica representante do pênis em direção ao pênis propriamente dito, exibido agora sem nenhum tipo de escrúpulo por uma linguagem predominantemente icônica. Melman sublinha ainda que o fim de uma cultura fundada na representação implicaria, igualmente, a impossibilidade de relações transferenciais, o que, por sua vez, coloca em xeque o próprio *setting* do tratamento psicanalítico.

Mas dado que para os seres humanos, diferentemente dos demais animais, o "objeto mesmo" é sempre o objeto perdido (o "objeto *a*" lacaniano), cuja falta entretém nossas buscas motivadas pelo desejo, o que se acha abalado em última

---

[2] C. Melman, *O homem sem gravidade: gozar a qualquer preço* (Rio de Janeiro, Companhia de Freud, 2003), p. 18.
[3] Ibidem, p. 20.

instância nessa transmutação cultural seria o próprio sujeito animado por essas buscas, isto é, o sujeito do inconsciente. Sua divisão estrutural entre o desejar e o falar – afânise – tende ao cancelamento. Quanto mais o padrão de realidade se virtualiza, menos se percebe aquela falta originária como uma forma específica de decepção que organiza nossa realidade. Tal qual a realidade cada vez mais compactada pela tecnologia, uma vez que a ciência não faz outra coisa a não ser virtualizar o que julga naquela "insatisfatório", o sujeito se torna – também ele – cada vez mais compacto e, simultaneamente, flexível[4]. A esse respeito comenta Melman: "Falar de um sujeito dividido é já dizer que ele se interroga sobre sua própria existência, que ele introduz em sua vida, em sua maneira de pensar uma dialética, uma oposição, uma reflexão, uma maneira de dizer 'Não!'. Hoje em dia, quase não vemos a expressão do que seria a divisão subjetiva"[5].

Outro índice dessa profunda mutação psíquica e cultural exposta por Melman refere-se à destituição da supremacia do gozo sexual como padrão de referência para as demais formas de gozo por orifícios parciais. Promover gozos auditivos e visuais, cada vez mais intensos, constitui a meta da sociedade multimídia contemporânea de modo que o gozo sexual fica relativizado em relação aos demais, contraindo assim um caráter marcadamente instrumental. Daí a troca incessante de parceiros e também o interesse pelo gozo necrofílico, dentre outros.

As considerações feitas por Melman tocam ainda num outro problema de crucial importância para compreensão do que ele chamou de NEP. Trata-se da dessacralização do poder efetuada pelo mercado sob a égide do liberalismo. Se durante séculos o sagrado constituiu a fonte da autoridade de um poder estruturado em termos teológico-políticos, as repúblicas laicas apenas escamotearam esse problema sem que houvesse uma superação efetiva. Mas, devido à dinâmica de ultrapassagem contínua dos limites imposta pela autoridade emanada do mercado, ruiu também aquela sua contraface subjetiva: a autoridade personificada pelo pai no interior da família burguesa. Nos termos da psicanálise, sabe-se que a função do pai é a de privar a criança da mãe e, assim, inseri-la nas leis da troca ("permuta simbólica"). Tendo em vista o já tão discutido declínio da figura paterna nas sociedades atuais, verifica-se hoje que o apagamento contínuo dos limites socioculturais levou à ausência de interditos e à decorrente impossibilidade dos objetos acederem ao simbólico.

---

[4] Quanto às mutações no nível do sujeito do inconsciente, assim pronuncia-se o autor: "Na medida em que, justamente, não dispõem mais desse lugar, são capazes de se prestar a toda uma série de moradas. Tornam-se estranhos locatários capazes de habitar posições *a priori* perfeitamente contraditórias e heterogêneas entre si, tanto nos modos de pensamento quanto nas escolhas de parceiros – inclusive tratando-se de sexo do parceiro ou de sua própria identidade". Ibidem, p. 39.
[5] Ibidem, p. 27.

Quanto às conseqüências dessa nova situação, o autor é bastante explícito ao dizer: Esse tipo de situação sempre conduziu ao retorno do cajado, um retorno da autoridade, na maioria das vezes sob uma forma despótica. [...] E se pode temer, como uma evolução natural, a emergência do que eu chamaria um fascismo voluntário, não um fascismo imposto por um líder e uma doutrina, mas uma aspiração coletiva ao estabelecimento de uma autoridade que aliviaria da angústia, que viria enfim dizer novamente o que se deve fazer e o que não se deve fazer [...]. Aliás, o pensamento cada vez mais toma a forma desse fascismo voluntário.[6]

Em termos clínicos, o diagnóstico proferido por Melman, como já antecipado, aponta para um estado de perversão generalizada[7]; a perversão figuraria agora como "norma social". Antes de passar a uma explanação desse diagnóstico, creio ser relevante abordar o destino do eu nessa nova economia. Melman nos esclarece que na falta de um referente estável, todo e qualquer reconhecimento fica prejudicado, e, dessa sorte, o eu vê-se obrigado a aderir não mais à referência "ideal", restando-lhe apenas a referência "objetal". Tal deslocamento inscreveria o sujeito numa dinâmica de satisfação compulsiva – o "mais-gozar" já expresso por Lacan –, uma vez que o objeto exige que não se pare de satisfazê-lo. Daí as múltiplas formas de adicção, dentre as quais o próprio consumo, e daí a depressão ser um dos sintomas mais em voga atualmente quando a satisfação falta.

Voltemos ao tema da perversão a partir de uma breve incursão sobre esse conceito nos marcos da teoria freudiana, servindo-nos do trajeto indicado por Flávio C. Ferraz[8]. Em que pese a polêmica quanto à questão da normatividade embutida na teoria do desenvolvimento psicossexual da libido, com Freud chegamos à identificação do caráter essencialmente polimórfico da sexualidade humana. Conforme essa teoria, particularmente tratada nos *Três Ensaios* de 1905, as perversões aparecem inicialmente sobre a rubrica das "aberrações" e "inversões" sexuais que resultam de uma fixação infantil num estágio pré-genital da organização libidinal. A esse respeito comenta Freud:

Na criança, ser perverso-polimorfo por excelência, as diversas correntes da sexualidade pré-genital coexistem sem um eixo ordenador que as aglutine e subordine em torno de si. Na sexualidade "normal", essa operação seria feita na puberdade, pela corrente genital da libido. Aí, então, todas as formas pré-genitais da sexualidade seriam dominadas pela corrente principal, e os atos dela decor-

---

[6] Ibidem, p. 38. Não é casual o interesse do autor pelo fenômeno das seitas emergentes. A esse respeito, ver seu artigo: "Como reconhecer uma seita?", revista *Tempo Freudiano: A Clínica e As Novas Formas de Gozo*, n. 5, Rio de Janeiro, Tempo Freudiano Associação Psicanalítica, 2004.
[7] Vale acrescentar que se trata de uma estrutura ou, antes, de um modo de operação psíquico particular, acrescido de traços psicóticos ancorados objetivamente na realidade sociocultural contemporânea.
[8] F. C. Ferraz, *Perversão* (São Paulo, Casa do Psicólogo, 2000).

rentes tornar-se-iam acessórios ou preparatórios para o coito normal, isto é, genital. Assim, o beijo, por exemplo, seria uma manifestação remanescente do erotismo oral.[9]

Em caso de uma fixação pré-genital durante a infância, a perversão decorreria da impossibilidade de a corrente genital da sexualidade impor-se perante as demais como eixo organizador da vida sexual "normal". Devemos ter presente que fantasias de caráter pré-genital são comuns tanto ao neurótico como ao perverso. Mas, enquanto no primeiro caso os apelos pulsionais sobrevêm ao recalcamento (dando origem ao sintoma), no segundo caso põem-se em prática tais fantasias (passagem ao ato), não como algo acessório ao ato sexual genital, mas antes como seu substituto. Assim o perverso realiza tudo aquilo que o neurótico deseja realizar, mas não o faz em nome da censura. De sorte que "a neurose é o negativo da perversão", como asseverado por Freud nos *Três Ensaios* de 1905.

Mas o que viria a ser a sexualidade normal propriamente dita? Nos escritos de 1905 aos quais nos referimos, a sexualidade normal coincide com o coito genital entre indivíduos de sexo oposto. Mas essa questão revela-se polêmica na obra de Freud. No caso Dora, por exemplo, Freud afirmou que não conhecemos os limites da sexualidade normal e, portanto, não deveríamos nos referir com indignação às perversões sexuais. No artigo "Moral sexual civilizada e doença nervosa moderna", ele chegou a defender o direito dos homossexuais à felicidade sexual.

Em 1917, Freud publicou o artigo "As transformações da pulsão exemplificadas no erotismo anal". Diferentemente de seu modo de pensar em "As pulsões e suas vicissitudes", artigo em que postulou quatro saídas para as pulsões pré-genitais quando do encaminhamento do sujeito para a organização genital (reversão no oposto, retorno em direção a si mesmo, recalcamento e sublimação), ele substitui a idéia de "destino das pulsões" pela de "transformação das pulsões" ao introduzir a noção de "equações simbólicas". Conforme a explicação fornecida por Ferraz a esse respeito: "As pulsões deixam de ser pensadas como meras tensões corporais que exigem satisfação para se inscreverem em um sistema conceitual no qual se considera que a função primordial da mente é a manipulação de significações"[10].

Doravante, a noção de "equações simbólicas" assumirá capital importância para a elaboração de sua teoria sobre o desfecho edipiano a partir da dinâmica das identificações, sobretudo no caso da menina (pênis, falo, filho). Nesse sentido, uma episteme baseada no modelo energético econômico cederá espaço a outra de caráter fundamentalmente hermenêutico.

---

[9] Freud apud F. C. Ferraz, *Perversão*, cit.
[10] Ibidem, p. 24.

Nos escritos dos anos 1920 sobre o complexo de Édipo encontram-se algumas indicações sobre os mecanismos que dão origem às perversões. No artigo de 1923, intitulado "A organização genital infantil", Freud apresenta o mecanismo de recusa à castração (*Verleugnung*). E, no artigo de 1924 sobre "A dissolução do complexo de Édipo", ele mostrou como o menino reluta em aceitar a ameaça da castração. Porém, se quando da dissolução edipiana persistir o mecanismo de recusa em vez do mecanismo de recalque, a perversão se instala como estrutura. A percepção da ausência do pênis materno (para o menino e para a menina) leva à fantasia de terror quanto à possibilidade da castração, fantasia que pressupõe a universalidade do pênis como tentativa de resposta ao enigma da sexualidade. O predomínio do mecanismo de recusa dificulta o trabalho de separação (o que leva, por sua vez, a uma confusão de identidade sexual) e provoca uma dificuldade de simbolização, o que explicaria o predomínio do ato sobre o pensamento no caso das perversões.

Finalmente, em 1927, Freud publicou o seu artigo sobre o "Fetichismo". Esse seria um substituto para o pênis da mulher (no caso, a mãe). A percepção da ausência do pênis na mulher remete à fantasia da possibilidade de castração contrapondo-se à onipotência infantil e, dessa sorte, pode ser denegada por uma parte do eu. Nesse caso, o eu se divide a partir do mecanismo da recusa em aceitar o percebido, e a idéia fixa da existência do pênis feminino se desloca para outro objeto qualquer que assumirá doravante o caráter de fetiche. O fetiche funcionará na vida sexual do adulto como condição pré-genital indispensável ao gozo e como proteção à ameaça da castração. O fetiche é uma presença que substitui uma ausência. E a passagem ao ato (diferentemente do caso da neurose) é que impedirá as alucinações próprias à psicose.

Mas somente no artigo inacabado de 1940, "A divisão do ego no processo de defesa", é que Freud pôs em xeque sua idéia anterior do eu como "unidade sintética", contrapondo a idéia de um eu clivado ou cindido, quando o menino termina por aceitar a evidência da castração, ao mesmo tempo em que a proibição do incesto dela o livra. Nesse sentido, a saída perversa implicará a composição de um cenário para a vida sexual do indivíduo em que a castração será constantemente negada.

Após essa incursão na teoria psicanalítica, voltemos ao emprego feito por Melman desse termo, enfocado agora como "norma social". Para tanto, devemos ter presente que será apenas no plano da linguagem – registro do simbólico – que o falo representará a lei que nos impõe enunciar o nosso desejo sobre um fundo de ausência devido ao fato da castração. No caso da perversão, o acento será colocado exclusivamente na captura daquele objeto, que freqüentemente escapa ao neurótico, agora simbolizado pelo fetiche. Nesse sentido, os perversos "se encontram tomados num mecanismo no qual o que organiza o gozo é a captura do que normalmente escapa. Por isso se engajam numa economia singular, entram numa dialética, muito monótona, de presença do objeto como total [...] e, depois, de sua falta, de sua ausência"[11].

Assim, toda relação de alteridade compromete-se com a busca de um gozo cuja manipulação instrumental é provocada pela quebra do interdito e a conseqüente exibição fálica do objeto. Esse objeto, por sua vez, é destituído do seu caráter representacional simbólico, tornando-se o suporte de projeções fantasmáticas de caráter fetichista. Pode-se dizer, então, que, na perversão, a fantasia é realizada na medida em que "o objeto faz uma báscula, está presente no campo da realidade"[12]. E, na atual sociedade de consumo, essa é a dinâmica que vem alimentar a economia de mercado, erigindo-se em norma social. Nas palavras de Melman: "Ela está hoje no princípio das relações sociais, através da forma de se servir do parceiro como um objeto que se descarta quando se avalia que é insuficiente"[13]. Por essa via, o mercado cria populações inteiras ávidas de um "gozo perfeito", em total sintonia com a sociedade de consumo numa escala sem precedentes.

O caráter regressivo dessa mutação cultural de que nos fala o psicanalista, em última instância, depreende-se da passagem de uma economia psíquica baseada no significante para outra baseada no signo. Enquanto o significante remete sempre a outro significante e, portanto, à linguagem, o signo remeteria diretamente à coisa designada pela palavra. Tratar-se-ia, então, de uma cultura em meio à qual os indivíduos se acham confinados à dimensão do imaginário; e seria exatamente essa inacessibilidade à dimensão do simbólico o que melhor expressaria o caráter regressivo na contemporaneidade. Em termos individuais, Melman chega a diagnosticar esse aspecto como uma "carência da dimensão subjetiva"[14].

O termo "regressivo" assume aqui um duplo sentido. De um lado, denota essa incapacidade de o sujeito alçar-se à dimensão do simbólico e, de outro, denota um mergulho efetuado pela própria cultura num estado de barbárie. Ouçamos o autor nesse ponto: "A barbárie consiste numa relação social organizada por um poder não mais simbólico, mas real. A partir do momento em que o poder que é estabelecido se apóia em sua própria força e só busca defender e proteger sua existência como poder, seu estatuto de poder, pois bem, estamos na barbárie"[15].

Presenciamos um estado de violência em que, cada vez menos, a linguagem verbal parece poder cumprir eficazmente a sua função. Um estado caracterizado fundamentalmente pela ausência de reconhecimento entre os interlocutores. Um estado cuja "foraclusão" do terceiro, a já referida mediação da lei simbólica, faz com

---

[11] C. Melman, *O homem sem gravidade*, cit., p. 52.
[12] Ibidem, p. 53.
[13] Ibidem, p. 54.
[14] Ibidem, p. 63.
[15] Ibidem, p. 64.

que a resolução dos conflitos sociais de todo tipo fique entregue à forma contratual (sempre dual) do direito no interior do neoliberalismo. Em sintonia fina com o desenvolvimento tecnológico, o direito exercido sob o manto da igualdade deixa-se conduzir por uma lógica hedonista, orientando-se, cada vez mais, para a correção de supostas insatisfações em vista de um conforto decodificado como "justo" numa cultura que enaltece o "bem-estar". O apagamento da diferença entre os sexos, promovido pela medicina e legitimado juridicamente pelo direito, alcança, assim, na figura paradigmática do transexual, uma de suas expressões melhor acabadas.

Do exposto até aqui se pode perceber, em termos genéricos, o grau de similaridade entre aspectos relevantes contidos nesse diagnóstico e naquele proferido por T. W. Adorno, aproximadamente meio século atrás. De um ângulo distinto de análise, Adorno insistiu tenazmente na tese da regressão cultural e do conseqüente enfraquecimento do sujeito. Crítico à noção idealista de um sujeito epistemológico transcendental, ele recorreu à psicanálise freudiana num duplo movimento: conferir materialidade a esse sujeito, por um lado, e revelar a face repressiva do idealismo filosófico, por outro. De modo bastante sintético e esquemático, pode-se dizer que a referida tese respalda-se na debilidade da estruturação egóica quando da passagem à forma contemporânea assumida pelo capitalismo, sobretudo no que diz respeito à obsolescência da família enquanto instituição da vida privada ou reserva de intimidade. Ao enfraquecimento do sujeito corresponderia a incapacidade do eu de avaliar situações concretas distinguindo-se delas de modo a proceder reflexivamente.

Mas é preciso ter presente que para Adorno (e também para Horkheimer) o sujeito em questão não é o "sujeito do inconsciente" lacaniano, e a tese relativa ao enfraquecimento desse sujeito atrela-se à noção freudiana do eu como uma unidade sintética auto-referente, cuja função cognitiva acha-se comprometida quando da passagem à "sociedade sem pai". Decorrem daí duas conseqüências que incidirão diretamente no debate acerca da configuração psíquica predominante na atualidade. Primeira: a idéia do eu compreendido como unidade sintética impede que se chegue a uma conclusão diagnóstica pautada na perversão como norma social. Isso porque, como visto, o mecanismo da denegação é o responsável pela instalação da estrutura perversa a partir da clivagem da instância egóica.

Segunda: as formas de socialização impostas pelo capitalismo tardio conduziriam, na perspectiva de Adorno, mutações tópicas do eu e do supereu. O primeiro se debilitaria, enquanto o segundo passaria às mãos da indústria cultural, pois: "Na época das grandes corporações e das guerras mundiais, a mediação do processo social através de inúmeras mônadas mostra-se retrógrada. A decisão que o indivíduo deve tomar em cada situação não precisa mais resultar de uma dolorosa dialética interna de consciência moral, da autopreservação e das pulsões. [...] As associações e as celebridades assumem as funções do ego e do superego, e as massas, despojadas até mesmo da aparência da personalidade, deixam-se modelar muito mais docilmente segundo os modelos e palavras de ordem dadas, do que os instintos pela censura interna"[16].

De outra parte, Adorno e colaboradores desenvolveram uma tipologia psicológica para expor a "síndrome fascista" como um conjunto de predisposições de caráter autoritário[17], auferíveis de acordo com as personalidades individuais. A esse respeito, comentou Adorno: "Uno de los descobrimientos más notables de la investigación es que el carácter 'alto' es esencialmente un síndrome único al que se contrapone una variedad de síndromes 'bajos'. Existe algo así como 'el' carácter fascista en potencia, el cual es en sí mismo una 'unidad estructural'"[18]. O que se pode extrair como base comum dos tipos prefigurados por um "caráter autoritário" é a predominância de uma psicodinâmica, engendrada por um "clima cultural geral", que motiva tais indivíduos à seleção de determinados aspectos ideológicos que compõem a realidade social.

Segundo Adorno, essa psicodinâmica resultaria de uma identificação sempre problemática com a autoridade paterna já corroída, de modo a comprometer as instâncias do eu e do supereu. Isso explicaria, por exemplo, o contraste freqüentemente presente na síndrome fascista entre uma suposta adesão aos valores sociais vigentes e tendências destrutivas inconscientes desses mesmos valores. Aceitação e negação da lei paterna, concomitantemente. Ademais, as experiências possíveis sob a égide da cultura processada em moldes industriais encontrar-se-iam já préformatadas a tal ponto com base em estereótipos e clichês, que restaria aos indivíduos apenas sucumbir àquela fachada discriminada pelo eu como o "princípio de realidade" atual. É aí que o diagnóstico adorniano se encaminhará no sentido da paranóia.

Não obstante as similaridades detectáveis entre ambas as diagnoses aqui expostas, a via lacaniana adotada por Melman apreende o fenômeno psicológico em tempos neoliberais sob a ótica de uma nova economia psíquica em total consonância com o ordenamento social vigente, enquanto Adorno mobiliza a psicanálise freudiana escancarando exatamente aquele aspecto utópico contido na ideologia liberal – a autonomia – como algo não realizado sob condições históricas e econômico-sociais cada vez mais repressivas. Nesses termos, sua diagnose se encaminhará para detectar mutações tópicas do "aparelho psíquico", como o concebera Freud, de modo a conferir inteligibilidade ao gigantesco processo de massificação em curso.

---

[16] T. W. Adorno e M. Horkheimer, *Dialética do esclarecimento* (Rio de Janeiro, Jorge Zahar, 1994), p. 189-90.
[17] As características identificadas como associadas à síndrome fascista são: convencionalismo, submissão autoritária, agressividade autoritária, anti-introspecção, superstição e estereotipia, obsessão com o poder, destrutividade e cinismo, projetividade e atitude obsessiva com relação ao sexo.
[18] T. W. Adorno, *La personalidad autoritária* (Buenos Aires, Proyección, 1965), p. 701.

Resta saber em que medida a estratégia teórica adotada por Adorno nos é suficiente para uma compreensão melhor matizada dos sintomas com os quais nos deparamos, hoje, nas mais diversificadas cenas da vida cotidiana. Noutras palavras: em que medida o desenvolvimento da teoria crítica pode prescindir da atividade clínica para acertar o passo com o novo mal-estar que se inscreve nas psicodinâmicas individuais? Por outro lado, poderíamos indagar, como o faz Melman, em que medida o *setting* clínico baseado no manejo da relação transferencial permanece ainda operante no estado cultural que presenciamos? E, para além dessas questões específicas circunscritas aos âmbitos da clínica e da crítica, situa-se um problema de natureza epistemológica: uma teoria clínica concebida em termos pós-estruturalistas estaria em condições de subsidiar a atividade de um pensamento crítico materialista que se autocompreende nos termos da "dialética negativa"[19]?

Penso que somente a partir de uma teoria crítica da linguagem o debate acerca dessas questões aqui esboçadas poderá seguir de modo profícuo. Para tanto, resumirei a seguir algumas das contribuições de C. Türcke de extrema relevância para o enfrentamento desse núcleo de problemas envolvendo tanto a questão da linguagem quanto os novos sintomas aos quais fizemos alusão, a partir de algumas concepções psicanalíticas revisadas de um ponto de vista materialista. No entanto, devemos ter presente que tais revisões efetuadas por este autor não implicam um novo posicionamento acerca de questões tópicas ou dinâmicas relativas ao arcabouço psicanalítico.

Os dizeres de Horkheimer e Adorno na *Dialética do esclarecimento*, segundo os quais todo processo do esclarecimento em marcha na história do Ocidente nada mais representaria que a simples *radicalização da angústia mítica*, processo esse em que os selvagens, uma vez atemorizados diante dos poderes naturais quando da diferenciação ocorrida no seio da natureza com o advento da consciência humana, procederam mediante o recurso à divindade, fazendo com que uma espécie de proto-linguagem já estabelecida de modo comunitário passasse da mera *tautologia à linguagem* articulada propriamente dita, ressurgem, acrescidos de novos desenvolvimentos teóricos, a partir das investigações de C. Türcke acerca do fenômeno da "sensação" na sociedade atual. Na esteira dos filósofos inauguradores da "teoria crítica da sociedade", e também de Nietzsche, Türcke focaliza o medo como aquele sentimento antropológico primordial que dá passagem à cultura.

De acordo com a chave interpretativa estabelecida por Türcke, baseando-se em estudos antropológicos, arqueológicos e neurofisiológicos mais recentes, a renúncia pulsional orientada para o apaziguamento sexual no interior da horda primitiva –

---

[19] Para uma discussão de fundo acerca desse problema remeto o leitor à tese de doutoramento de V. Safatle, publicada sob o título *A paixão do negativo: Lacan e a dialética* (São Paulo, Unesp, 2005), em que o autor interroga-se sobre os destinos do pensamento dialético na atualidade a partir de uma discussão renovada entre o pós-estruturalismo francês de J. Lacan e o pensamento dialético de T. W. Adorno.

como havia sugerido Freud em sua interpretação acerca do parricídio contida em *Totem e tabu* – já seria proveniente de um longo aprendizado cultural anterior: o da conversão do medo em prazer mediante o emprego de técnicas primitivas de produção do êxtase utilizadas nos rituais de oferendas. Os mecanismos envolvidos no controle daquele medo originário sentido pelo homem primitivo em face dos poderes enigmáticos e hostis da natureza, tal como essa fora apreendida já no alvorecer de sua atividade consciente, é que conteriam a chave para uma interpretação materialista do desenrolar cultural e, por conseguinte, da própria linguagem até os dias atuais.

A fim de expor o seu ponto de vista sobre o surgimento da linguagem, articulando-a às práticas ritualísticas exercidas em função do controle do medo, o autor atenta para o subtexto contido no "tode ti" aristotélico, expressão grega cuja tradução *ipsis litteris* significa "isso aí". Ato de designação de determinado ser aí, ou expressão genérica na qual toda e qualquer nomeação pode ser abreviada. Sem esse expediente, adverte Türcke, a linguagem como ato de nomeação não se fixaria em nada. Mas, em princípio, ressalta o autor, o "tode ti" deveria fazer referência apenas ao medo, ou melhor, à vivência do medo como o "isso aí" por excelência, e, portanto, ainda não se aplicaria como expressão abreviada aos objetos distinguíveis mediante o paulatino desenvolvimento histórico do processo de atenção. O subtexto do "tode ti" nos revelaria, então, algo sobre a gênese da linguagem: que, no início, essa expressão abreviada não se aplicou a nenhum objeto determinado e, portanto, a nenhum nome próprio, mas antes serviu para designar o próprio ato de nomear expressando apenas o caráter formal que contém o segredo de formação dos nomes.

O que é designado em princípio é exatamente aquilo que aterroriza, e isso faz da linguagem em sua gênese uma "prevenção acústica do medo". "Os deuses não podem livrar os homens do medo", nos lembraram Horkheimer e Adorno, "pois são as vozes petrificadas do medo que eles trazem como nome"[20]. Ainda assim, teria sido preciso nomeá-los para converter a proscrição do não-ser em abrigo por meio do nome, apenas balbuciado, para designar aquele que possui o poder arrebatador. Tratá-lo repetidas vezes por seu nome terminaria por engendrar o respeito pelo jugo da identidade, caso contrário, o medo em via de apaziguamento pelo ato de nomeação poderia retomar seus plenos poderes. Türcke observa que a linguagem em seus primórdios não deveria ter sido nada além de interjeições – altura da excitação e da afecção –, que se desenvolveram sob o impulso da repetição. É isso que, como alude o autor, ainda faz do tom de voz o mensageiro do prazer ou do desprazer para as crianças, muito antes dos sons virem a significar ou designar coisas estáveis para elas. Nomes, portanto, nada mais seriam que interjeições

---

[20] T. W. Adorno e M. Horkheimer, *Dialética do esclarecimento*, cit., p. 29.

articuladas, que se torceram "como uma bandagem" em redor do medo; da mesma forma que todo o sistema de linguagem o fez em redor dos nomes.

Como se sabe, o transcurso do esclarecimento pressupôs que explicações míticas cedessem lugar às metafísicas, e essas últimas às científicas. Hoje, graças a um inaudito desenvolvimento tecnológico, observa-se uma espantosa mutação cultural em que os textos matemático-científicos convertem-se em imagens cada vez mais refinadas. Noutras palavras: quanto maior a abstração textual capaz de decompor a natureza em forma, cor e movimento, tanto maior a concretude imagética cuja sensualidade depende agora apenas do grau de resolução alcançado pela reunião de inúmeros pontos infinitamente minúsculos. No entanto, observa Türcke, "abstração" e "concretude" tornam-se elas mesmas categorias abstraídas de um contexto de referência, alterando a relação entre significado e significante, pois ambos já não significam e representam um ao outro. No texto articulado por esse novo processo de linguagem, um é o outro na ausência de relação ou mediação simbólica.

A esse respeito, esclarece o autor em concordância com V. Flusser: "Quem desconsidera esse fato, toma as imagens como o real, pois o 'caráter aparentemente não simbólico e objetivo das imagens técnicas conduz o espectador para observá-las não como imagens, mas sim como janelas. Ele confia nas imagens como confia nos seus olhos'. Porém, 'elas não são como todas as imagens simbólicas, mas sim representam complexos simbólicos ainda mais abstratos do que as imagens tradicionais. Elas são metacódigos dos textos', 'as quais não significam o mundo exterior, mas sim são textos', sendo que, desta forma, enganam e produzem conclusões equivocadas[21]. Como se os meios de representação fossem, também e necessariamente, os objetos da representação, ou seja, como se as imagens, transformadas por meio de um aparelho abstrato, concebido conceitual e textualmente, por sua vez, também nada representassem e significassem à revelia deste aparelho. Isto seria como se os pintores tradicionais tivessem representado sempre, e apenas, seu pincel"[22].

Com a proliferação galopante desses novos textos *higt tech*, altera-se substancialmente a relação entre a percepção do sujeito e a coisa por ele percebida. Isto é, o processo orgânico de abstração que somente pode ocorrer mediante um "fundo imagético" subjetivo daquilo que fora percebido pelo próprio sujeito, é-lhe subtraído, fazendo com que ele adira, de modo cada vez mais implacável, àquelas imagens externas, cuja resolução tecnológica as impõe como um verdadeiro imperativo condicionador da formação dos novos hábitos. Pouco a pouco, toda educação calcada no solo da sensibilidade humana vai passando pelo filtro das aparelhagens multimídias de forma que os sentidos, como nos alerta Türcke,

---

[21] V. Flusser, *Für eine Philosophie der Fotografie* (Göttingen, 1994), p. 14, apud C. Türcke, *Erregte Gesellschaft* (München, C. H. Beck, 2002), p. 288.

[22] C. Türcke, *Erregte Gesellschaft*, cit. p. 288. Tradução para a língua portuguesa de A. A. S. Zuin, F. Durão e F. Fontanella, ainda em fase de revisão, com publicação prevista para 2009.

retrocedam aos reflexos condicionados, desaprendendo a reunir sensações. Obviamente, isso traz conseqüências diretas ao prazer.

Türcke desenvolve essa questão com base na noção freudiana de pré-prazer contida nos *Três Ensaios* de 1905, isto é, aquele "alentador estado de tensão" que deve conduzir o indivíduo em sua busca pelo prazer final maximizado. Türcke vê nessa noção a forma original do "prazer virtual" engendrado pela sociedade multimídia, aquele estágio inicial em que o prazer se fixa, obstando seu próprio desenvolvimento em direção ao prazer final. Quando toda uma gigantesca parafernália tecnológica captura os indivíduos de modo a aprisioná-los no pré-prazer[23], ela apenas os incita ao prazer para, concomitantemente, frustrá-los. A esse estado perpétuo de excitação–privação, Türcke denominou como a "forma clássica do estado de abstinência", cuja contraface é o "vício"[24]. Quando os choques audiovisuais chegam a tomar a feição de uma "necessidade" para os indivíduos, esses choques atuam – na qualidade de fetiche – de modo semelhante a qualquer outra substância viciadora. Assim, a "picada ótica" passaria a gerar satisfação apenas na medida em que adia o desprazer maior em virtude de sua ausência. E, uma vez refém dessa dinâmica, o gozo incitado pelos recursos tecnológicos termina por sucumbir à dimensão do pré-prazer.

Essa perspectiva de análise também conduz ao diagnóstico da perversão como sintoma ou *index* do desenvolvimento cultural contemporâneo. Mas com uma diferença: o objeto fetiche será, dessa vez, compreendido como "objeto transerótico", que nos reenvia a uma interpretação materialista da cultura. Nesse sentido, o choque audiovisual como expressão melhor acabada do fetichismo contemporâneo revelaria – mediante o mecanismo de "formação substitutiva" – exatamente aquilo que se perdeu quando da passagem à sociedade de mercado: aquele conjunto de coordenadas socioculturais mediante as quais os homens referenciavam suas identidades no Antigo Regime. E, se tomado de um ponto de vista histórico bem mais longínquo, o fetichismo audiovisual contemporâneo condensaria algo daquele choque primitivo diante da natureza amedrontadora e dos mecanismos arcaicos utilizados para conversão do pavor em formas rudimentares de prazer. O fetichismo audiovisual contemporâneo nos revelaria, portanto, o liame que interliga a reprodução da imagem ao vício.

---

[23] A esse respeito, assim se pronunciaram Horkheimer e Adorno, no célebre texto sobre a indústria cultural: "A indústria cultural não cessa de lograr seus consumidores quanto àquilo que está continuamente a lhes prometer. A promissória sobre o prazer, emitida pelo enredo e pela encenação, é prorrogada indefinidamente: maldosamente, a promessa a que afinal se reduz o espetáculo significa que jamais chegaremos à coisa mesma, que o convidado deve se contentar com a leitura do cardápio". *Dialética do esclarecimento*, cit., p. 130-1.

[24] O autor chama atenção para o fato de que "abstinência" e "vício" se referenciam mutuamente na medida em que o próprio vício já denota um sintoma de abstinência em relação àquela necessidade que, supostamente, ele vem suprir.

INDÚSTRIA CULTURAL, CONSUMISMO E A DINÂMICA DAS SATISFAÇÕES NO MUNDO ADMINISTRADO

Conrado Ramos

I. Consumismo, prazer e gozo

Ao observarmos com olhos da psicanálise o fenômeno do consumo, notamos que o ato de consumir reserva ao indivíduo duas possibilidades de satisfação. Uma delas, aparentemente mais imediata e material, encontra-se no prazer proporcionado pelo objeto, prazer que se confunde com as necessidade. A outra possibilidade de satisfação, por sua vez, não se encontra no objeto, mas na transcendência em relação a ele, isto é, no próprio ato, no que ele tem de proximidade com a vontade kantiana e sua conformação à lei. Segundo Safatle:

> [...] essa determinação transcendental do ato não pode ter apenas uma definição negativa como aquilo que *resiste* aos argumentos utilitaristas. Ela deve também ter uma definição positiva enquanto ato feito *por amor à Lei*. Dessa forma, Kant promete uma reconciliação através da determinação perfeita da vontade pela Lei. Momento no qual a vontade seria *Logos* puro. *Das Gute* se confunde aqui com o amor pela Lei, o que permite a Kant reintroduzir o conceito aristotélico de *Soberano Bem* enquanto síntese entre a virtude e a felicidade. Síntese que produziria um "agradável gozo da vida [*Lebensgenuss*] e que, no entanto, é puramente moral".[1]

Essa é a dimensão do que Lacan chamou de gozo, localizada além do princípio do prazer e, portanto, de modo transcendente em relação ao mundo patológico, qualquer que seja o objeto consumido. Desse modo, entendemos que há no consumir uma satisfação que não se limita ao objeto, que está além do deleite proporcionado

---

[1] Kant, *Die Metaphysik der Sitten*, apud V. Safatle, "O ato para além da lei: *Kant com Sade* como ponto de viragem do pensamento lacaniano", em *Um limite tenso: Lacan entre a filosofia e a psicanálise* (São Paulo, Unesp, 2003), p. 210.

por ele, apresentando no plano do próprio ato como expoente de uma vontade que atende aos imperativos sociais de consumo.

Ao associarmos o gozo consumista à vontade kantiana podemos entender que tomamos essa modalidade de satisfação como expressão da liberdade do sujeito, entendido por sua autonomia em relação ao mundo empírico. Porém, cumpre ressaltarmos o quanto, na verdade, esse gozo implica a liberdade da produção: quaisquer porcarias, inutilidades, besteiras, futilidades, superfluidades e coisas ruins poderão ser produzidas porque serão consumidas se oferecidas ao gozo. O indivíduo gozador, nesse caso, livre do mundo patológico, acaba submetido e aprisionado aos interesses da produção industrial.

No entanto, para Lacan, não podemos pensar no sujeito como manifestação autônoma da consciência, capaz de adequar seus atos aos juízos derivados unicamente da forma pura da lei, isto é, sem nenhuma inclinação para a natureza empírica do objeto, como encontramos em Kant. Para Lacan, a dimensão do inconsciente implica uma divisão do sujeito, o que nos remete ao fato de que o *eu* da consciência não é o *centro* da subjetividade, mas um lugar de alienação, por implicar o desconhecimento acerca do sujeito do inconsciente.

Essa compreensão da subjetividade leva Lacan a questionar o quanto os atos do indivíduo não respondem aos imperativos advindos do inconsciente que, pelo efeito da divisão do sujeito, são tomados como enunciações do *outro*. Assim é que Lacan (1989) denuncia em Kant uma negação da divisão do sujeito, utilizando-se da estrutura triádica dos romances sadianos para explicar a verdade ocultada por Kant.

Em *A filosofia na alcova*[2], por exemplo, Madame de Saint-Ange representa e enuncia a lei; Eugénie, enquanto vítima a ser assujeitada à lei, é o eu patológico, submetido às identificações e às dinâmicas próprias do mundo empírico; e Dolmancé é o agente executor da lei, apático ao mundo patológico, dominado pela vontade compreendida como *Logos* puro. Seus atos não respondem ao prazer, mas ao amor à lei. Dolmancé, em sua "feliz apatia"[3], responde como um instrumento do gozo *do outro da lei*[4].

Por analogia a essa estrutura triádica, na condição de instrumentos do gozo do outro – o qual enuncia o dever de consumir –, encontramo-nos destituídos de subjetividade, reduzidos a meios e afastados da possibilidade do prazer egóico, ou seja, do prazer mediado. Evidentemente não pretendemos "psicanalisar" a sociedade

---

[2] D. A. F. Sade, *A filosofia na alcova* (São Paulo, Círculo do Livro, s. d.)

[3] O conceito de *feliz apatia* entra na teoria crítica por meio das considerações feitas por Horkheimer e Adorno à seguinte fala da personagem Clairwil, de *História de Juliette*, do Marquês de Sade: "Minha alma é dura, e estou longe de achar a sensibilidade preferível à feliz apatia de que desfruto. Ó Juliette [...] tu te enganas talvez sobre essa sensibilidade perigosa de que se orgulham tantos imbecis" (*apud* M. Horkheimer; T. W. Adorno, *Dialética do esclarecimento: fragmentos filosóficos* (Rio de Janeiro, Jorge Zahar, 1991), p. 94.

[4] Cf. J. Lacan, "Kant con Sade", em *Escritos 2* (México, Siglo XXI, 1989) e V. Safatle, "O ato para além da lei...", cit.

de consumo, mas compreendemos que, se Freud pôde teorizar a subjetividade do capitalismo liberal, Lacan parece apresentar características próprias da subjetividade possível no mundo administrado[5], isto é, da "feliz apatia".

Nossa compreensão do conceito lacaniano de gozo, nesse contexto, não tem pretensões clínicas, mas o intuito crítico de esclarecer as mediações objetivas que se observam na transformação da subjetividade presente na teoria freudiana para aquela concebida na teoria lacaniana. A transformação principal diz respeito ao gozo, que passa de suspensão temporária do superego, como em geral aparece no pensamento freudiano, para algo imposto pelo próprio superego, como colocado na teoria lacaniana. O que antes significava um momento de exceção torna-se a regra, o que corrobora a afirmação de Horkheimer e Adorno[6] de que os vícios privados são em Sade a historiografia antecipada das virtudes públicas da era totalitária.

Se houve um tempo em que as paixões tiveram de ser excluídas, dominadas ou controladas, marcando de modo inegável a dimensão da contradição entre indivíduo e sociedade, contemporaneamente nos deparamos com as paixões desencantadas e, de modo operacional, colocadas a serviço da sociedade que as ameaçava. Entre indivíduo e sociedade paira agora uma ilusória reconciliação que só se sustenta sobre o sacrifício do indivíduo e a subjetividade deformada.

A indústria cultural se caracteriza, assim, sob a perspectiva da subjetividade do receptor, como o processo de manipulação e operacionalização das paixões desencantadas. Acentua-se o seu caráter industrial para além da produção de bens culturais, atingindo também a profundidade (agora não mais profunda) da vida pulsional do indivíduo. Desse modo, e como exemplo do que estamos falando, se o produto da TV, conforme nos aponta Maia[7], é a audiência, e não os programas, então sua matéria-prima é a satisfação alienada, manufaturada e transfigurada segundo os interesses dos consumidores reais das empresas emissoras dos sinais de televisão, potencializados em seus anunciantes. Cabe a uma teoria crítica investigar a industrialização das pulsões do particular e, nesse sentido, faz-se necessária, a nosso ver, a aproximação com conceito lacaniano de gozo.

---

[5] Para deixar clara a nossa compreensão do conceito de "mundo administrado", em sua articulação com a indústria cultural, remetemos às considerações de M. H. Ruschel, "Glossário", em T. W. Adorno, *Palavras e sinais: modelos críticos* (2. ed., Petrópolis, Vozes, 1995), p. 239-40: "Martin Jay considera o conceito adorniano de *mundo administrado* como paralelo ao de *sociedade disciplinar e carcerária* de Foucault. E, também, como o protótipo daquilo que mais tarde Marcuse chamaria de *sociedade unidimensional*. Este segundo paralelo é estabelecido pelo fato de que, através daquilo que Horkheimer e Adorno chamaram de *indústria cultural*, a consciência das massas foi tão manipulada e distorcida que o pensamento crítico ficou ameaçado de extinção. Todos os níveis da cultura foram virtualmente permeados pelo processo de coisificação, conceito já descrito por Marx, no século XIX, no contexto das relações de trabalho e produção, levando ao que Adorno denominaria de *mundo administrado*".

[6] Em *Dialética do esclarecimento*, cit., p. 111.

[7] A. F. Maia, "Televisão e barbárie: um estudo sobre a indústria cultural brasileira", tese de doutorado em psicologia, São Paulo, Instituto de Psicologia da Universidade de São Paulo, 2002, p. 117.

II. A dimensão política das satisfações

Para que haja prazer, a entrega em certa medida às satisfações prometidas pelo mundo empírico é necessária, alienando o desejo na lógica narcísica do imaginário. A efetivação do prazer precisa do ego e do retorno ao patológico. O gozo, por sua vez, ao implicar a transcendência de ambos, ego e mundo empírico, representa uma satisfação para além do prazer (enquanto inclinação para os objetos), adequando, dessa forma, o ato à lei, à forma da lei. O gozo com o ato adequado ao imperativo de consumo (que se apresenta como lei formal por aspirar universalidade e transcendência em relação aos objetos – afinal, desde que seja consumido, qualquer objeto serve) alia-se à dominação do indivíduo, uma vez que submete o particular cada vez mais impotente à força da totalidade que assim se consolida. O gozo com o consumo é uma satisfação repressiva.

Podemos perceber nas diferenças entre prazer e gozo o quanto o primeiro cede à dominação por sua particularização, plasticidade e imediaticidade, enquanto o segundo alia-se à falsa possibilidade de reconciliação com o todo por meio de imperativos universalizados que muitas vezes escondem interesses particulares da classe dominadora. Entre esses dois pólos opera a indústria cultural, ora sugerindo modelos egóicos de satisfação imediata e alienada, ora veiculando mensagens na forma de imperativos morais universalizados. Fica clara, no nosso entender, a falta de compreensão política das satisfações hegemônicas do mundo contemporâneo.

Compreender a história do homem como a história de sua repressão, conforme propõe Marcuse[8], nos leva a sustentar o alívio do sofrimento como o *télos* da sociedade, segundo propõe Adorno[9]. Na raiz desses dois princípios, podemos encontrar a negação e a dominação do corpo e das paixões como meios de atingir o controle do particular em sua realidade psíquica. Compreendida de modo materialista e associada ao corpo, a pulsão adquire um valor crítico e histórico, por remeter àquilo que do/ao homem foi negado para que a civilização pudesse surgir e se consolidar. Mas a promessa de satisfação da civilização não foi cumprida e, em seu lugar, encontramos uma opressão cada vez mais absurda e desnecessária, tendo em vista o avanço tecnológico alcançado pela produção industrial. Aliar-se às pulsões, contra a negação e a mutilação cotidianas do corpo, é uma das conseqüências éticas dessas considerações.

A fruição e o prazer, politicamente compreendidos, passam a ser a memória daquilo que é negado e deveria orientar o esclarecimento. Porém, não se trata da fruição e do prazer imediatos, movidos pela necessidade higiênica da catarse e do desafogo como meio apático de adaptação mimética à realidade totalitária. Trata-

---

[8] H. Marcuse, *Eros e civilização: uma introdução filosófica ao pensamento de Freud* (8. ed., Rio de Janeiro, Editora Guanabara, s. d.).

[9] T. W. Adorno, *Dialéctica negativa* (Madri, Taurus, 1992).

se, sim, da fruição e do prazer como a possibilidade do reencontro com o que a civilização negou, mas sem submetê-lo ao peso da identificação ao existente, ou seja, sem dominação. Essa é uma possibilidade de fruição e de prazer vinculada à experiência estética, distante, portanto, da imitação compulsiva característica da indústria cultural e reveladora de indivíduos subjetivamente esvaziados, que buscam no que lhes é oferecido pronto e facilitado a identificação narcísica com objetos manipulados ou a submissão passiva a falsos imperativos. Ao buscar no prazer com o mundo empírico uma substância para o ego e na transcendência do gozo um sentido para a vida, o indivíduo reproduz um mundo em que o prazer negado se tornou possível às custas de sua infantilização e em que as tensões entre particular e todo foram superadas às custas do sacrifício do particular. Nos dois casos, o sujeito se aliena na posição de objeto.

O gozo e o prazer compulsivos encontrados no consumismo devem, no entanto, ser compreendidos como defesa do particular diante do encontro insuportável com sua realidade material, qual seja, a reificação e a mutilação cotidianas. A identificação com o instrumento de gozo do outro ou a busca desesperada de substância egóica pelas vias narcísicas da indústria cultural não devem ser tomadas como decorrentes de um "vazio existencial" próprio da vida contemporânea. O "vazio" é apenas a dimensão imaginária, particularizada, que pela sedimentação psicológica do sofrimento cotidiano impede que o indivíduo perceba a materialidade da dominação no controle, na negação e na dominação cotidiana de seu corpo e de suas pulsões. Se o vazio é aquilo que a civilização devolve às pessoas em troca de seu sacrifício, é na dor provocada pelo sacrifício, no entanto, que devemos buscar os motivos materiais das defesas e resistências dos indivíduos e a compreensão de suas formas e conteúdos. Nesse sentido, podemos supor que as energias utilizadas por esses indivíduos para negar sua dor talvez sejam as mesmas necessárias para transformar as condições que a produzem[10].

III. O avesso das satisfações: medos e angústias

De modo engenhoso e perverso, a dominação parece ter transformado seus efeitos na fonte de sua manutenção. O medo, por exemplo, é ao mesmo tempo resultado da dominação e sua justificativa. Não à toa, o medo precisa ser sempre reposto e alimentado: o medo de perder o emprego, o medo de não cumprir as metas, o medo de sair de casa, o medo do outro, o medo de si mesmo, o medo do terrorista e do bandido, o medo do exército e da polícia, o medo de acabar inteiramente integrado e o medo de ficar à margem. As cicatrizes deixadas pelo

---

[10] T. W. Adorno; G. Simpson, "Sobre música popular", em Gabriel Cohn (org.), *Adorno* (São Paulo, Ática, 1994, col. Grandes Cientistas Sociais), p. 146.

medo precisam estar sempre à mostra para que o indivíduo se ocupe, constantemente, de recobri-las. Nem tanto feridas abertas para que o indivíduo morra, nem tanto "dodói sarado" para que o indivíduo viva: a cicatriz é a dor calculada e de efeito progressivo, pois em pele endurecida pode-se bater mais forte. A cicatriz, como marca da dor, é a memória dessa dor, e o indivíduo que esconde suas cicatrizes não o faz somente para protegê-las, mas para tentar esquecê-las. O organismo cicatrizado segue em frente, mas temeroso, porque já sabe identificar o perigo e não se arrisca mais diante dele: esconde-se ou fica paralisado. A paralisia provocada pelo medo é a mesma do *status quo*. Vivemos constantemente em calculados estados de sítio que não são meramente artificiais, mas bastante reais se considerarmos a opressão do todo e a impotência do particular. Em sua prisão monadológica, o indivíduo reproduz as condições da sociedade totalitária em que vive. Diante do medo, os indivíduos correm para as suas casas e não para as ruas. O isolamento e a solidão provocados pelo medo e pela pele endurecida impedem a identificação com o outro. Os bate-papos a distância e a comunicação por *e-mail* talvez ganhem sentido por oferecer uma forma de relação em que o olhar e quaisquer outras mediações corporais podem ser evitados, em que o anonimato pode estar garantido, em que a identificação e o rompimento da proteção do isolamento e da solidão não são necessários. O corpo, quanto mais negado pelos sacrifícios impostos pela sociedade opressora, mais aparece como aquele que conta verdades a ser evitadas; é necessário esconder o corpo, modificá-lo, moldá-lo, transformar o sinal denunciante da fraqueza, seja ele a ruga, a barriga, a voz, o olhar, a cor, o cheiro. Os contatos sem corpo, por retirarem da relação a materialidade sobre a qual incide a opressão, dificultam a identificação e a ruptura do isolamento protetor.

O medo das relações e o recolhimento decorrente parecem ter gerado novas formas de expressões narcísicas, como as pessoas que vivem sozinhas e expõem publicamente, por meio de *webcams*, suas monótonas existências privadas. Como contrapartida, as oportunidades de invadir as mônadas, transpor suas barreiras, sustentam um gozo *vouyerista* sem precedentes: o outro se tornou um completo estranho a ser desvendado, mesmo que seja, ilusoriamente, pelo acompanhamento cotidiano de seus monótonos afazeres domésticos. A "bigbrotherização" da vida contemporânea precisa ser pensada também como efeito do recolhimento monadológico dos indivíduos e a partir da necessidade do contato sem a entrega da identificação: o isolamento maior não está naquele que fica sob as câmeras, mas em quem o assiste. O temor das novas relações e a desconfiança das relações mais antigas traduzem sempre o risco de subjugar ou de ser subjugado. Em nossa sociedade, o abandono, a traição e o esquecimento são sempre iminências das relações cotidianas, por mais antigas e duradouras que sejam. Ninguém mais consegue escapar plenamente de descontar nos mais fracos – mesmo que sejam os filhos, ao chegar em casa – a opressão que sofreu ao longo do dia, seja por meio da irritação e da bronca gratuita, seja pelo isolamento defensivo ou pelo atendimento excessivo e compensatório de suas demandas. A criança, mesmo com sua ingenuidade, muitas vezes percebe a agressão que está por trás da sufocante atenção. Passamos adiante a opressão que sofremos: na relação com os filhos, com os subordinados, com os excluídos. E fechamos nossos ouvidos ao choro do outro, pois, senão, corremos o risco de nos identificar e, amolecidos, a opressão que pesa sobre nós se tornaria insuportável.

Por vezes, as angústias e sofrimentos vêm à tona, mas são prontamente desviados de suas origens objetivas e cristalizados como deficiências internas ou problemas de adaptação. Nesse sentido:

> O caráter particular do sofrimento de um indivíduo não justifica [...] a desresponsabilização das condições que lhe são exteriores, e o "sofrimento psíquico" não se reduz apenas ao efeito de um conflito no âmbito mais próprio e independente do sujeito, mas revela a própria falência e impossibilidade deste âmbito por fatores não meramente psíquicos. Antes de se reservar ao sujeito, o sofrimento psíquico aponta para o vazio que há no lugar deste, detrás da máscara da "frustração", que ao reduzir ao particular a origem de suas desgraças, perdoa a sociedade e lhe dá a ilusão de ser naturalmente o senhor de seu destino.[11]

Para a sociedade totalitária, o emburrecimento do indivíduo provocado pelo medo e pela "psicologização do sofrimento"[12] precisa alcançar um nível em que suas fontes objetivas não sejam mais identificadas. Nesse nível o indivíduo deve estar sempre atento, pois o golpe pode vir de qualquer lado. Não devem sobrar energias para refletir sobre a situação; é como nos videogames: "se você parar para pensar você morre"[13]. Mas, em compensação, qualquer coisa pode servir como remédio: não sabendo ao certo qual é o mal, tudo é tentativa de alívio ou de cura: de florais a frases repetidas de livros de auto-ajuda. Diante do desespero da doença e quando se nos diz que não há remédio, tomamos a promessa que primeiro aparecer, do chá da benzedeira ao pó de não se sabe o quê. É desse modo que funciona o consumismo, colocando-se e repetindo-se como remédio, sendo, porém, o veneno. E nesse caráter defensivo que é possível vislumbrar o quão

---

[11] C. Ramos, "A autodestruição da crítica e o gozo inconsciente na dialética do esclarecimento: uma articulação entre os pensamentos de Adorno e Lacan", dissertação de mestrado, São Paulo, Instituto de Psicologia da Universidade de São Paulo, 1997, p. 76.

[12] Estamos chamando de "psicologização do sofrimento" a atribuição de sua causa a fatores exclusivamente subjetivos, ocultando-se as razões objetivas desse sofrimento.

[13] L. G. C. Mola, "Se você parar para pensar você morre: eficiência e pragmatismo na prática de jogos de computador", em II Congresso Brasileiro – Psicologia: Ciência & Profissão, *Resumos*, São Paulo, Uninove, 2006. Disponível em: <http://www.cienciaeprofissao.com.br/anais/detalhe.cfm?idtrabalho=2937>. Acesso em: 26 out. 2007.

ilusório e desesperado é o prazer nele buscado. O prazer como remédio torna-se meio, e não fim; por isso, não pode mais ser prazer. Daí decorre um sentimento de falsidade experimentado em toda satisfação prometida pela indústria cultural.

IV. Transformações históricas da imago paterna

Num período de consolidação do capitalismo, momento em que a ameaça social, na forma da escassez, era objetivamente compreendida como tal, as justificativas da produção pautavam-se no atendimento das necessidades do todo. A coerção e o sacrifício do particular eram experimentados em sua realidade objetiva, e a dominação se apoiava ideologicamente com base na promessa de fartura e de divisão dos bens produzidos. Hoje em dia, internalizada e experimentada na forma do superego, a ameaça perde seus vínculos com a objetividade da qual se origina e, vivenciada subjetivamente, facilita a busca de soluções e justificativas subjetivas. Em vez de abolir o pai como imago necessária da autoridade e levar os homens a enfrentar a experiência do desamparo, a sociedade de massas virou do avesso sua função: o pai proibitivo – cujo modelo era dado pela religião – que impunha o sacrifício e prometia o gozo para outro mundo (e ao fazer isso sustentava, de modo conformista, o princípio de realidade), transforma-se no pai permissivo, que une sacrifício e gozo, dor e remédio, arrancados de sua origem objetiva e, por isso, confundidos, sem que se possa saber, do sacrifício e do gozo, qual é a dor e qual o remédio. Esse pai contemporâneo não precisa mais agir dentro do princípio de realidade, pois o conformismo foi estendido ao princípio do prazer:

> No atual *sistema*, o mundo do sacrifício coincide com o da satisfação, como também, cada vez mais, o sacrifício e a satisfação. O pai perde pouco a pouco sua face de proibição moral – expressamente repressiva – para vestir a nova máscara de regulador e conhecedor do gozo. O pai da igreja não quer que se goze, o pai do consumo não deixa ninguém parado; não é mais garantia de proteção, é garantia de satisfação; não ameaça com o castigo, mas com o vazio. [...] Os *shopping centers* são os templos contemporâneos, onde a fruição, o desejo e a compulsão são paixões surdas a quaisquer argumentos racionais. Comprar é um novo dogma que sustenta, pela satisfação infantilizada, o comportamento econômico racional: não mais se trabalha só para viver, mas para comprar, porque comprar, cada vez mais, é "viver".[14]

Pois bem, aqui voltamos ao início e reencontramos a busca da satisfação como imperativo social. Transformada em lei, a busca da satisfação subverte o princípio

---

[14] C. Ramos, *A dominação do corpo no mundo administrado* (São Paulo, Escuta/Fapesp, 2004), p. 66.

do prazer. Formalizado, o prazer é desencantado e tomado como transcendência, isto é, no ato e na forma, não importando o conteúdo e os objetos. Assimilado pela sociedade opressiva e expropriado do particular, o prazer torna-se um gozo cujo caráter administrado leva à suposição de uma imago paterna que impõe a satisfação em vez de proibi-la. Como outro da lei do gozo, esse pai subjetivamente sedimentado, mas cuja objetividade vamos encontrar diluída em todo o aparato de produção dominante[15], submete o particular ao sacrifício, mesmo que seja de si próprio, em nome da satisfação a qualquer custo. Como conseqüência, a dificuldade em diferenciar a dor da satisfação faz parte da alienação subjetiva do mundo administrado: cada vez mais se justifica a dor em nome da satisfação ou como critério para ela. Ao tomar a dor como satisfação o indivíduo cede, como subjetividade plenamente adaptada ao mundo administrado, na condição de "instrumento de gozo", aderindo à "feliz apatia" necessária à manutenção e ao desenvolvimento do *status quo*. Por meio de uma teoria social crítica podemos supor, desse modo, o outro da lei do gozo – tal como o estamos compreendendo em suas relações com o consumismo – como resultado do processo histórico de internalização da indústria cultural transformada em "segunda natureza"[16], por meio de sua sedimentação na forma da imago paterna[17] que atualmente encontramos no particular.

V. Indústria cultural *versus* experiência estética

Diante da profundidade da dominação subjetiva alcançada pela indústria cultural, é importante considerar o papel histórico da arte e da experiência estética, uma vez que esse papel também remete, como já dissemos, à dinâmica pulsional do particular e já que devemos compreender a dimensão do gozo em sua própria dialética, ou seja: enquanto encantamento o gozo responde como reconciliação e resistência, e não apenas como negação e sacrifício. Como possibilidade de encantamento, a arte se caracteriza como *mimesis* que tem consciência de seus limites de aproximação do objeto. A experiência estética pode aproximar o indivíduo do que é negado, sem negá-lo, mas também sem reproduzi-lo de maneira imediata. Desse modo, enquanto à indústria cultural cumpre a repressão direta e a falsa realização

---

[15] H. Marcuse, "A obsolescência da psicanálise", em *Cultura e sociedade* (Rio de Janeiro, Paz e Terra, 1998, v. 2).
[16] Adorno (1991) sustenta uma concepção de "história natural" dentro da qual o que é atribuído à natureza precisa ser compreendido historicamente, e o que é histórico, por outro lado, quando socialmente sedimentado, torna-se uma "segunda natureza".
[17] Estamos desenvolvendo, em nosso estágio de pós-doutorado no Núcleo de Pesquisa Psicanálise e Sociedade do Programa de Estudos Pós-Graduados em Psicologia Social da PUC–SP, uma investigação que visa demonstrar teoricamente que a atual imago paterna da sociedade de consumo assume a forma de uma "montagem perversa". Lamentamos não haver espaço, neste artigo, para o desenvolvimento desse tema.

imediata da promessa de felicidade da civilização diante da necessidade do sacrifício do indivíduo, à arte cabe ser a memória da promessa não cumprida.

Se considerarmos a experiência estética um esforço reconciliatório, a arte pode ser pensada, num mundo desencantado, como uma possibilidade da resistência pelo encantamento. Num mundo totalmente desencantado, a imaginação e a fantasia não são possíveis ou não passam de mentiras e idéias falsas, pura perda de tempo. Para haver imaginação é preciso haver encantamento. Ninguém, realmente em pleno desencanto, é capaz de investir tempo e energia em devaneios, sonhos e fantasias. No mundo totalmente desencantado, todas as coisas (incluindo as pessoas) não passam de massa e energia organizadas por leis universais (naturais ou naturalizadas). Mas isso não quer dizer que não haja encanto: o encantamento é deslocado para o mero fazer; os meios, a engrenagem, o sistema, a forma, o ato racionalizado, o cálculo, todas as possibilidades da razão formalizada e fetichizada parecem absorver o encantamento – e, nesse caso, preferimos chamar de gozo – que a própria racionalização retirou do mundo. No entanto, é necessário que o mundo recupere algum encantamento para que a poesia seja possível e faça a crítica e a resistência à ciência absoluta.

Para haver encantamento é preciso que o sujeito se deixe perder na experiência imediata com o objeto, sem perdê-lo submetido aos meios racionalizados ou esvaziado em sua própria formalização. A arte possibilita o contato mimético com o não-idêntico; permite o encontro com aquilo que do objeto está para além de suas identificações. A arte permite separar o encantamento da satisfação facilitada: no encantamento o objeto aparece como um fim em si mesmo, possui uma densidade que, embora carregada de magia, permite alguma alteridade; na satisfação facilitada ele é reduzido a meio, não passa de um recurso operacional formalizado, não tem densidade nem peso; desencantado, é sempre o mesmo apoio à satisfação que não pode ultrapassar a aparência e a forma. Na arte, o objeto é efêmero, mas remete à rememoração de uma grandeza negada e de uma eternidade não cumprida; na satisfação facilitada o objeto é fungível, mas age como o mofo sobre a memória e como cosmético sobre a velhice e a decadência da ideologia.

Nesse sentido, a arte não é só projeção, mas também *mimesis*. Não se trata apenas do encontrar-se no objeto, mas de encontrar o objeto para além de suas identificações. Resumidamente, como dissemos em outro trabalho:

> Se entregar-se momentaneamente ao encantamento pode ser um sacrifício do eu, e se este sacrifício permitir certa consciência da natureza negada (isto é, sacrificada por sua vez), a dialética que este processo implica, contrária à autoconservação burguesa, pode levar o homem não a um reencantamento mítico, mas à limitação da razão, pelo reconhecimento de seus aspectos dominadores e pelo resgate dos elementos dominados. [...] De outro modo, aliado à sacralização

do eu – abstrato, lógico e vazio – e não ao seu momentâneo auto-abandono, o encantamento inverte sua dialética, tornando-se aquilo que estivemos chamando de gozo: o encantamento desencantado.[18]

VI – A satisfação desencantada não ultrapassa a forma e a aparência

Revertido em gozo, o sacrifício do ego implicado no encantamento converte-se em auto-entrega à razão formalizada; na impossibilidade da experiência de um ego autônomo, a autoconservação burguesa promove a identificação imediata do particular ao sistema, no qual o ego, formalizado e negado em sua natureza, só pode aparecer sob a forma de instrumento. No encantamento, há ainda certa ruptura da existência monadológica imposta ao indivíduo; no gozo, apesar do apagamento do ego como mediação, a mônada é cristalizada: o indivíduo perde a possibilidade de comunicar-se com o outro e transforma a angústia de sua solidão em necessidade de pertencer ao sistema. Assimilado racionalmente ao sistema, o indivíduo adquire o *status* de unidade formal: ganha uma existência lógica, mas perde a singularidade. O "vazio existencial" de nossos dias é fruto da identificação com o objeto matemático. A ânsia por marcar o corpo a todo custo, cortá-lo, furá-lo, sangrá-lo, rasgá-lo nas automutilações, bem como o seu desaparecimento na anorexia, são sintomas que merecem ser pensados à luz dessa identificação com objetos definidos pela pureza lógica de sua essência, sem aparência necessária. Se o encantamento permite a memória do que deveria orientar o esclarecimento, o gozo submete o próprio esclarecimento à natureza por ele superada:

> A autoconservação do sistema, dada pela autonomização da mediação formalizada própria da racionalidade tecnológica, não é somente a expressão intelectual do modo de produção maquinal, é também a prótese mais artificial e vazia da natureza. No sistema, tanto quanto na natureza, o indivíduo deixa-se perder. Ao sistema ele se entrega como desejaria fazê-lo à natureza, com o mesmo gozo que seria necessário para isso, mas o faz como quem vence a natureza, inconsciente de ter sido vencido por ela. O sistema é a expressão intelectual contaminada pela vingança da natureza dominada e diante dele o homem tem as mesmas reações das quais foge com todo terror: entrega-se supersticiosamente, perde-se em gozo, sacraliza, demoniza, fetichiza etc.[19]

---

[18] C. Ramos, *A dominação do corpo no mundo administrado*, cit., p. 209.
[19] Ibidem, p. 210.

"Eu era um funcionário exemplar" foi a resposta comum dos nazistas quando questionados sobre a barbárie que sustentaram. Numa sociedade em que os indivíduos se tornam instrumentos do sistema, cabe à indústria cultural a administração das satisfações autorizadas. Ela é a voz que dita as regras e as derruba segundo a lógica da produção capitalista: "seja um consumidor exemplar". Segundo Marcuse[20], no mundo atual, a fruição só é possível se o objeto (o que inclui o homem) for tomado em sua aparência. Qualquer relação que ultrapasse a superfície do objeto depara-se com sua promessa, isto é, com aquilo que poderia ser, mas não é. A indústria cultural não pode apresentar seus objetos para além dessa aparência. Tudo o que produz deve estar, de certo modo, previamente estabelecido, deve ser esperado, reafirmando a experiência prévia, consolidando as percepções filtradas pelo sistema. A indústria cultural submete a dinâmica pulsional à mimese do sistema:

> [...] na era das grandes corporações e das guerras mundiais, a mediação do processo social através das inúmeras mônadas mostra-se retrógrada. Os sujeitos da economia pulsional são expropriados psicologicamente e essa economia é gerida mais racionalmente pela própria sociedade. A decisão que o indivíduo deve tomar em cada situação não precisa mais resultar de uma dolorosa dialética interna da consciência moral, da autoconservação e das pulsões. Para as pessoas na esfera profissional, as decisões são tomadas pela hierarquia que vai das associações até a administração nacional; na esfera privada, pelo esquema da cultura de massa, que desapropria seus consumidores forçados de seus últimos impulsos internos.[21]

O fato de a indústria cultural não poder ultrapassar a aparência não a impede de assimilar o choque que corresponde "ao movimento intenso das grandes cidades, das multidões, das imagens que se sucedem rapidamente no cinema, da existência cada vez maior de aparatos que, com um movimento dos dedos, desencadeiam uma série complexa de movimentos imediatos"[22].

O mundo contemporâneo exige da consciência cada vez mais condições para assimilar o choque à experiência cotidiana. A indústria cultural assimilou o choque no ritmo das imagens, do corte das cenas, da velocidade das falas. Conforme recorda Maia, "os homens foram desapropriados do tempo e da própria experiência pela produção industrial em série e pelo fetichismo das mercadorias"[23]. O ritmo de videoclipe da vida contemporânea impede a percepção e a compreensão paciente e reflexiva do todo, o que caracterizaria a experiência particular e mediada. Ao contrário, o indivíduo é submetido ao esforço de absorção de fragmentos, estímulos desconexos e sem sentido.

---

[20] H. Marcuse, "Para a crítica do hedonismo", em *Cultura e sociedade* (Rio de Janeiro, Paz e Terra, 1997, v. 1).
[21] M. Horkheimer; T. W. Adorno, *Dialética do esclarecimento*, cit., p. 190.
[22] A. F. Maia, "Televisão e barbárie...", cit., p. 71.
[23] Idem.

VII. Reificação da forma e da aparência: efeitos para o sistema percepção-consciência

Submetido ao fluxo dos choques, o indivíduo é forçado a manter toda a sua atenção aos estímulos, reduzindo-se a consciência ao sistema perceptivo; sem o relaxamento e o desprendimento necessários ao trato dos estímulos, a compreensão da realidade não consegue ultrapassar a superfície e o instantâneo da captação dessas incitações. Sem poder vincular-se à experiência, a velocidade dos estímulos só possibilita o seu consumo imediato: não há mais tempo para a mediação da memória e da tradição, o estímulo fica imediatamente velho após sua apreensão instantânea; a lembrança e as relações a que se permitem não são cultura, apenas informação. A organização do mundo se reduz ao processo superficial e limitado da ação perceptiva e se fragiliza, assim, às imposições de modelos administrados. Além disso, a violência do fluxo de choques de estímulos impede ao ego a realização de suas funções mediadoras. Como resultado, resta ao particular a mimese irrefletida do todo, bem como a ansiedade neurótica diante da realidade que invade de modo traumático um psiquismo com suas funções protetoras impedidas ou reduzidas: burrice e medo.

Esse conjunto de fatores talvez explique um fenômeno observado e comentado entre docentes de diversas universidades acerca de alunos que lêem, mas não compreendem um texto acadêmico. A organização do pensamento não parece dar-se a partir da compreensão e reflexão do texto, mas nos moldes de uma tentativa de articular conceitos e palavras como se fossem estímulos fragmentados. Lêem superficialmente: captação perceptiva e consciência imediata, sem o pensamento reflexivo e a assimilação à experiência. Essa leitura, que não consegue entrar no texto, parece decodificá-lo a partir de palavras-chave extraídas do contexto, como na montagem de anúncios publicitários. Isso resulta em outro texto em geral distante dos sentidos originais propostos pelos autores.

Supomos que esse outro texto, produzido por essa leitura operacional e codificada, possui uma lógica interna, cuja compreensão exigiria que fosse investigada a partir da comparação com a lógica própria à produção de textos publicitários, nos quais algumas palavras são tratadas como coisas e outras, como coadjuvantes, com significações fechadas e endurecidas ao esforço reflexivo e dialético; trata-se de ler as palavras como coisas ou imagens, e não como palavras; é a palavra que deve ser percebida mais do que pensada, captada, e não entendida; é o conceito reduzido e colado à sua função icônica. A leitura regredida retira-se da esfera da semântica para localizar-se inteiramente no âmbito da semiótica, dando já sinais de encaminhar-se à reflexologia; o entendimento e a construção de significações cede à mera habilidade para o reconhecimento de palavras e para as associações automáticas.

A aceleração da vida moderna e a redução da experiência à necessária e eficiente captação e organização de estímulos, sem a qual o indivíduo capitula diante do ritmo que lhe é imposto, promovem a operacionalização do mundo, de seus objetos e de si mesmo. A racionalidade tecnológica emerge como a única capaz de articular e dar coerência às coisas reduzidas às suas funções. Os trancos, solavancos e ruídos, a "bateção" de latas e o estrondo de metais, o corte, o furo, todos os movimentos violentos das grandes máquinas das esteiras industriais são tolerados se as funções de cada uma de suas peças estiverem sendo articuladamente cumpridas. Assim também opera a consciência diante dos choques cotidianos. Para colaborar com o treino das consciências, a indústria cultural, da música ao cinema, da organização dos espaços à produção e destituição de ídolos, cada vez mais se assemelha aos ritmos, aos choques, aos solavancos da maquinaria. A captação e organização do mundo pela consciência se assemelham ao gesto fabril: é o tempo do estímulo e da informação que dita o ritmo da percepção e do pensamento; o tempo da satisfação possível é, do mesmo modo, submetido ao ritmo do consumo. O desejo, enquanto tal, precisa da história do particular e de suas mediações com a cultura para preencher-se, expressar-se e realizar-se. O encantamento não existe sem o tempo da rememoração.

O gozo, por sua vez, reduzido ao gesto, ao ato, consome-se instantaneamente, de modo formal, como energia calculada que se desprende do sistema. Como já dissemos, a satisfação desencantada não pode ultrapassar o plano da aparência e da forma e, assim, imediata, só pode dar-se no âmbito reduzido dos órgãos dos sentidos. Essa regressão abre espaços novos à indústria cultural e a todas as manipulações do prazer virtual: já não é necessário estar com uma mulher, goza-se com a audição de seus gemidos ou com a visão de sua imagem; já não é necessário assistir TV, goza-se com o ver e com o ouvir, cada vez menos importando o conteúdo do que se vê e se ouve. Há pessoas que, sozinhas, precisam da televisão ligada para se sentirem acompanhadas; outras não conseguem dormir sem estar na frente de uma TV ligada; é o estímulo que conta, como se houvesse uma dependência orgânica, um vício. O vício de ficar à frente da TV pede outros prazeres automáticos e repetitivos como o gesto de ficar pondo algo à boca. Anestesiados pela imagem e pelo som, somos capazes de comer pacotes inteiros de porcarias sem perceber. São estímulos e gestos ritualizados e fragmentários de satisfação instantânea.

Com o ego enfraquecido, o indivíduo obtém satisfações próximas àquelas de seu fragmentário auto-erotismo pré-narcísico. De modo perverso e polimorfo, a busca do prazer imediato dispensa a necessidade do outro e de si mesmo integrado. As fontes de estímulos prazerosos agem em contato direto com o id, num fluxo cujo ritmo não pode dar tempo à reflexão, ao afastamento, à integração egóica: se a máquina parar, os indivíduos acordam; se perder aceleração, descobrem que a satisfação é ilusória.

Deixamos aqui uma questão final: a regressão imposta ao particular pela totalidade nos remete a uma personalidade narcísica ou a uma experiência subjetiva na qual as pulsões parciais, em sua característica polimorfa, conduzem o indivíduo à adesão social por uma via que o aproxima da perversão? Acreditamos que a diferença esteja entre abordar a questão a partir da noção de *personalidade* ou pela via do *laço social*. Mas deixemos isso para outro momento.

III. COMUNICAÇÃO

INDÚSTRIA CULTURAL HOJE

Rodrigo Duarte

Retomo, neste texto, uma discussão que tem me ocupado nos últimos dez anos e que já rendeu, além de uma dúzia de artigos, o livro *Teoria crítica da indústria cultural*[1]. Sua publicação se deu em dezembro de 2003, embora sua finalização ocorrera já em julho de 2001; eu me lembro claramente de minha aflição para vê-lo logo publicado, pois era um texto à época de seu término tão *up to date*, que algumas informações nele contidas sobre novos desenvolvimentos e tendências da cultura de massa contemporânea soavam quase como "previsões".

Após mais de cinco anos, fatos como a fusão dos meios televisivo e computacional, consolidada pela rapidíssima difusão mundial do DVD e da popularização da transmissão de conteúdos audiovisuais pela internet, soam banais; mas, à época, de modo algum o eram. O meu prazer em retornar a esse tema se liga, portanto, à possibilidade de realizar um balanço, mais de cinco anos depois, sobre uma investigação que, então, se pretendia o mais atualizada possível. A exemplo do meu procedimento no supramencionado livro, iniciarei com uma comparação da chamada "indústria cultural global" com o modelo "clássico", examinado criticamente por Horkheimer e Adorno no início da década de 1940. Em seguida, procurarei mostrar em que medida essa crítica continua valendo num contexto tão específico como o atual. Finalmente, a partir de uma necessidade criada pela discussão do segundo tópico, retomo alguns aspectos da chamada "expropriação do esquematismo", por parte da indústria cultural, principalmente em relação às suas repercussões estéticas.

---

[1] Rodrigo Duarte, *Teoria crítica da indústria cultural* (Belo Horizonte, Editora UFMG, 2003).

Comparação da "indústria cultural global" com o modelo "clássico"

Uma das constatações mais evidentes no tocante à comparação entre a indústria cultural de hoje e a de setenta anos atrás é que a nova mundialização do capitalismo internacional, iniciada a partir da virada dos anos 1980 para os 1990 e consolidada após o fim do bloco soviético, tornou a "aldeia global", que na época de sua concepção por McLuhan era uma possibilidade abstrata, uma realidade concreta. No entanto, essa globalização dos meios de comunicação não se dá em termos recíprocos entre os participantes do mercado mundial de comunicações, já que representa, na verdade, um reforço na "estadunização" da cultura de massas em todo o planeta, o que pode ser demonstrado por fatos como os que se seguem: em 1991, 30% da transmissão televisiva na Europa eram de produtos estadunidenses; na Alemanha o índice chegava a 67%. Por outro lado, a esmagadora maioria de toda produção européia de televisão dessa época – cerca de 90% – nunca deixou seus países de origem, não havendo, no presente, dados que desmintam esse quadro do início da globalização.

Se a situação é essa em relação a países ricos, como os mais desenvolvidos da Europa, pode-se imaginar o que ocorre no resto do mundo: a consolidação dos Estados Unidos como o grande produtor mundial e todos os outros países majoritariamente como meros consumidores dessa produção. Mesmo considerando o grande crescimento da produção cinematográfica de vários países asiáticos ou mesmo da América Latina, o quadro permanece de inquestionável hegemonia norte-americana.

Outro fenômeno por mim analisado no livro publicado em 2003, que hoje está ainda mais consolidado, é a tendência, desde o início da globalização, ao predomínio de oligopólios de *hardware* (muitos deles de origem japonesa) na aquisição dos antigos estúdios, que se estabeleceram em Hollywood, no início da década de 1910, e se tornaram, ao longo do século XX, megaprodutores do cinema. A Sony, por exemplo, que já em 1988 comprara a CBS, adquiriu, no início da década de 1990, a Columbia Pictures e possui, desde 1996, o seu próprio canal de televisão (Sony Television). A Matsushita, proprietária de marcas como a Panasonic e a JVC, assumiu à mesma época o controle da MCA Universal. A Toshiba se associou em meados da década de 1990 à Time-Warner, sobre a qual ainda direi algo adiante, para desenvolverem conjuntamente o hoje tão popular DVD.

Além desses conglomerados de indústria eletrônica, destaca-se o papel que companhias telefônicas norte-americanas tiveram no surgimento da "indústria cultural global, como, por exemplo, a AT&T, que desenvolveu videogames juntamente com a Silicon Graphics – autora dos efeitos especiais de *O parque dos dinossauros*. A Bell Atlantic (atualmente Verizon Communications) foi, a partir de

1995, uma das primeiras empresas norte-americanas de telefonia a atuar no mercado de TV a cabo (até 1994, elas eram proibidas de atuar nesse ramo, sob a alegação de que isso facilitaria a formação de monopólios. Nesse ano foi aprovada nos EUA uma lei que revogou o impedimento legal).

Além das aquisições de alguns antigos estúdios de Hollywood por firmas de *hardware* (eletrônico e companhias telefônicas), há também a compra de outros deles por empresas de comunicação que haviam rapidamente se adaptado ao mercado da comunicação globalizada: a supramencionada Time-Life adquiriu, em 1989, a Warner e em 2001 encerrou o processo de fusão com a AOL – provedor mundial de internet –, criando o maior conglomerado do mundo nesse setor. A Viacom, que já se consolidara como maior empresa licenciadora de direitos de produtos audiovisuais do mundo e havia comprado a MTV da Warner em 1985, criando, logo após, o canal infantil Nickelodeon, comprou em 1994 o legendário estúdio Paramount.

Além desses dois casos, há outro que merece menção especial: o do magnata australiano das comunicações Rupert Murdoch. Em 1983, ele adquiriu o canal por satélite britânico SATV e, posteriormente, realizou várias tentativas – nenhuma delas bem-sucedida – de aquisição de megaempresas de comunicação norte-americanas, como a Warner e a Disney. Em 1985, ele comprou a Twentieth Century Fox e, após a superação de muitas barreiras legais e comerciais, criou, em 1988, a Fox TV, que hoje divide espaço no mercado estadunidense com redes tradicionais como a ABC, a NBC e a CBS. Em 1993, Murdoch criou em Hong Kong a Star TV, que até hoje detém uma fatia significativa do mercado de TV por satélite em toda a Ásia. O referido canal SATV foi posteriormente rebatizado de Sky TV e passou a atuar em todo o mundo (inclusive no Brasil, associado às Organizações Globo), dividindo esse mercado com a DirecTV, até que, em 2005, houve a "fusão" de ambas (ao que consta, foi apenas a compra da DirecTV pelo conglomerado de Murdoch). É importante observar que, para além da ascensão econômica meteórica desse magnata das comunicações, sua influência no estabelecimento de um "formato" característico na televisão globalizada da última década foi decisiva: com o objetivo de produzir programas a baixo custo, a FOX TV ajudou a consolidar mundialmente os *talk shows* e foi pioneira na introdução dos *reality shows*, hoje tão populares em todo o mundo.

É interessante observar que, após esse processo de aquisições e "fusões" que ocorreu ao longo de toda a década de 1990, todos os seis estúdios pioneiros de Hollywood (Metro Goldwin Mayer, Universal/MCA, Warner Brothers, Columbia Pictures, Paramount e Fox) têm, por razões comerciais e/ou estratégicas, seus nomes ligados a canais televisivos de alcance global, que, ou são transmitidos via satélite, ou constam de pacotes oferecidos pelas operadoras de TV a cabo ao redor de todo o mundo.

Deixando um pouco de lado a composição do capital dessas megaempresas da comunicação mundializada, do ponto de vista do perfil tecnológico, é muito característico da indústria cultural global a introdução e consolidação dos meios digitais, por oposição aos analógicos – típicos da cultura de massa no sentido tradicional. Com a tecnologia digital, os custos de transmissão são muito mais baixos e, além disso, é ampliada a possibilidade de oferta direta via satélite de programas pelos próprios produtores (normalmente sediados nos EUA), que embolsam diretamente o pagamento dos patrocinadores e têm um controle mais direto sobre a oferta da programação.

Além de todos esses recursos que passaram a ser ofertados pela indústria cultural, merece atenção a internet como um caminho paralelo da digitalização dos meios de comunicação. Suas origens remontam à ARPANET, uma rede criada com fins militares e estratégicos, em meados dos anos 1970 (no auge da Guerra Fria), composta, a princípio, por poucos computadores instalados apenas nos Estados Unidos. A partir da década de 1980, essa rede se ampliou e proporcionou o acesso para uso científico de instituições de pesquisa, agora também em "países amigos", sendo liberada para pleno uso civil e fins comerciais somente a partir do início dos anos 1990.

Considerando que as interfaces gráficas, como a do sistema operacional Macintosh e – posteriormente – do Windows, surgiram apenas nos anos 1980, anteriormente a operação dos computadores pessoais era feita por comandos que exigiam conhecimentos quase específicos de programação, o que determinou um longo divórcio entre os PCs e os há muito tempo populares televisores. Depois de as referidas interfaces gráficas se tornarem predominantes nos computadores pessoais, esse hiato foi paulatinamente superado. Em 1995, por exemplo, houve uma tentativa de lançamento de um aparelho – chamado "WebTV" – que, ligado a uma televisão comum e a uma linha telefônica, poderia dar acesso à internet, mas não houve nenhum sucesso comercial, e o dispositivo deixou de ser fabricado.

Apenas mais recentemente, a fusão entre os meios "computador pessoal" (conectado à internet) e "televisão" se consolidou plenamente, sendo um forte indício o fato de que empresas de TV a cabo cada vez mais se consolidam como ofertantes de acesso "banda larga" à internet (exemplos, no Brasil, são o NET Vírtua e a WayTV). Outro exemplo interessante da "invasão digital" – agora não necessariamente *on line* – foi a criação e a popularização do DVD, o qual introduziu importantes recursos, ainda inexistentes nos aparelhos analógicos de vídeo doméstico, os VCRs, difundidos em todo o mundo a partir de meados da década de 1970.

Todo esse processo de digitalização dos *media* da indústria cultural deve obter um enorme impulso com a transmissão televisiva digital, uma realidade em vários países e com início no Brasil previsto para o final de 2007. Esse tipo de transmissão cria a possibilidade concreta de introduzir o uso de um aparelho sobre o qual se fala há muitas décadas, o chamado "televisor inteligente", que não é apenas um receptor de programas transmitidos pelas estações de TV, mas também capaz de transmitir a elas mensagens oriundas de interações diretas dos telespectadores. É interessante observar que, com grande probabilidade, a chamada "interatividade local" (como alternativa à possibilidade de acesso à internet pelo televisor) da TV digital comercial dirá muito mais respeito à possibilidade de realizar compras de mercadorias exibidas nos anúncios e até mesmo nos programas (por exemplo, o vestido ou o brinco da heroína da novela das oito, apresentados através de *merchandising*), do que de intervir substancialmente no conteúdo transmitido.

Em relação ao que pude introduzir no meu livro sobre a indústria cultural, a grande novidade dos próximos anos, a partir da implantação completa da transmissão e recepção digital de TV, será a possível "redução" de tudo isso que é prometido para o televisor ao telefone celular: a empresa japonesa Panasonic anunciou em 2005 seu primeiro celular que capta sinais de TV, e o início das transmissões no Japão estava previsto para o primeiro semestre de 2006. No Brasil, há desenvolvimentos nesse sentido: a Telemig Celular promoveu um "concurso" para curtas-metragem de 1 minuto para ser vistos no celular, mas transmitidos pela operadora. Entretanto, diferentemente dessa possibilidade que já começa a se realizar entre nós, o sistema de TV digital escolhido para o Brasil, o japonês ISDB-T, possibilita a recepção de sinal aberto nos celulares, sem a dependência das operadoras (muito mais econômico para o usuário, pois o contato com as centrais de celulares é quase sempre tarifado).

Vigência da crítica à indústria cultural no mundo globalizado

Diante de todas essas mudanças, não apenas tecnológicas, mas também geopolíticas – já que a globalização introduziu uma nova fase no capitalismo monopolista internacional –, e levando em consideração que a própria Teoria Crítica da Sociedade concebia seu objeto como essencialmente histórico e, portanto, sujeito a transformações substanciais, é o caso de perguntar até que ponto as colocações feitas por Horkheimer e Adorno no início da década de 1940 seriam válidas no contexto atual. Para o desenvolvimento dessa averiguação, dividi o objeto nos seus aspectos econômico, ideológico e estético.

No que concerne ao aspecto econômico, pode-se constatar uma transformação importante na posição ocupada pela indústria cultural no contexto do capitalismo tardio. Enquanto, no "modelo clássico", Horkheimer e Adorno constataram sua dependência das indústrias de *hardware* (especialmente siderúrgica, eletroeletrônica e química), ainda que as empresas de comunicação de massa fossem organizadas no mesmo modelo dos conglomerados da economia convencional, na indústria cultural global, observa-se uma clara tendência de elas se tornarem independentes e até mesmo de predominarem sobre os setores líderes do passado. Um indício disso é o supramencionado fato de que muitas empresas transnacionais de *hardware* eletrônico tenham se tornado proprietárias de firmas tradicionais de produção de conteúdo para a cultura de massas. Outro indício, talvez menos evidente, mas não menos importante, é o fato de que os elementos imagéticos e imateriais envolvidos nos processos produtivos – altamente informatizados – tendem até mesmo a se tornar preponderantes na relação homem/máquina, como o exemplificam as interfaces gráficas, que se valem fortemente de elementos imagéticos, para a operação de máquinas pesadas. Num outro plano, isto é, na relação produção/consumo, ocorre algo semelhante, guardadas as devidas proporções, uma vez que a "marca", o logotipo, hoje importa mais do que o produto propriamente dito, como o atesta o fenômeno das franquias internacionais, "regionalizadas" mediante os gostos locais, porém conservando a mesma bandeira de suas matrizes, estabelecidas nos capitalismos centrais.

No que diz respeito aos aspectos ideológicos da indústria cultural, costumo dividi-los em "objetivos" e "subjetivos". No que tange aos primeiros, pode-se dizer que eles se constituem nos expedientes empregados pelos agentes da indústria cultural para a realização dos seus propósitos, que são também econômicos, mas principalmente ideológicos. Dentre as diversas estratégias utilizadas, destacam-se os que Horkheimer e Adorno chamaram de "manipulação retroativa" e "expropriação do esquematismo". O primeiro consiste num mecanismo, de acordo com o qual os consumidores se convencem de que estão escolhendo o que verdadeiramente desejam, quando, na verdade, recebem o que "pensam" que querem, de acordo com resultados de pesquisas de opinião previamente realizadas, a partir dos quais são detectadas tendências psicossociais latentes que norteiam a elaboração da oferta de mercadorias culturais de uma temporada.

O outro expediente, a "expropriação do esquematismo", tem sua origem na concepção gnosiológica da *Crítica da razão pura*, de Kant. De acordo com ele, o esquematismo é uma capacidade residente nos meandros do sujeito transcendental e tem a função de relacionar suas percepções à sua capacidade de raciocínio, de modo a possibilitar o estabelecimento de leis que propiciem um conhecimento preciso da natureza. A necessidade de promover esse relacionamento se liga ao fato de que, para Kant, nosso intelecto se divide em duas faculdades complementares e irredutíveis uma à outra: a sensibilidade e o entendimento. A primeira é responsável pelo acolhimento das "intuições empíricas" (algo próximo de nossas percepções), mediante suas formas *a priori*, as intuições puras, espaço e tempo, e se constitui, como se disse, num âmbito totalmente desvinculado da faculdade de raciocínio, o entendimento. Esse último, no ato de conhecimento *stricto sensu*, "impõe" ao mundo exterior suas "formas" (também "puras") específicas que são as categorias (ou conceitos puros do entendimento). Numa experiência que leve à possibilidade de conhecimento válido sobre a natureza, as intuições, oriundas da sensibilidade, têm de ser referidas às categorias e, dentro do arcabouço concebido por Kant, o único modo de isso se tornar possível é através do procedimento, realizado pela imaginação, no sentido de estabelecer *esquemas* capazes de associar, pela referência ao tempo (simultaneamente forma do sentido interno e núcleo da unidade sintética originária da apercepção), aquelas intuições aos conceitos puros do entendimento. Sempre que isso ocorre, está-se próximo de estabelecer uma "lei" de compreensão de um fenômeno natural.

O que Horkheimer e Adorno fazem em sua crítica é uma apropriação livre do conceito de esquematismo, sugerindo que, na medida em que a indústria cultural dirige a percepção dos seus clientes, fornecendo-lhes "chaves" de interpretação para o que eles percebem, ela "expropria" uma capacidade que, originariamente, estava circunscrita à subjetividade dos indivíduos[2]. O ponto de vista de Horkheimer e Adorno fica claramente expresso na seguinte afirmação:

> A função que o esquematismo kantiano ainda atribuía ao sujeito, a saber, referir de antemão a multiplicidade sensível aos conceitos fundamentais, é tomada ao sujeito pela indústria. Ela executa o esquematismo como primeiro serviço a seus clientes. Na alma deveria funcionar um mecanismo secreto, o qual já prepara os dados imediatos de modo que eles se adaptem ao sistema da razão pura. O segredo foi hoje decifrado. Se também o planejamento do mecanismo por parte daqueles que agrupam os dados é a indústria cultural e ela própria é coagida pela força gravitacional da sociedade irracional – apesar de toda racionalização –, então a maléfica tendência é transformada por sua disseminação pelas agências do negócio em sua própria intencionalidade tênue. Para os consumidores nada há mais para classificar, que não tenha sido antecipado no esquematismo da produção.[3]

As implicações não apenas ideológicas, mas propriamente estéticas, da expropriação do esquematismo serão objeto de uma discussão mais detalhada adiante.

No que concerne aos "aspectos ideológicos subjetivos", pode-se dizer que se dividem em dois tipos: o "defensivo" e o "agressivo". No âmbito do aspecto ideológico

---

[2] Naturalmente, os autores da *Dialética do esclarecimento* estão cientes que não é cabível – não seria sequer pensável – no âmbito da epistemologia kantiana nem um esquematismo sem o controle do sujeito cognoscente, nem um sujeito cognoscente, no sentido transcendental estrito, que não fosse capaz de realizar o esquematismo. A sugestão de Horkheimer e Adorno é de que o enfraquecimento factual do sujeito pelas instâncias de manipulação ideológica do capitalismo tardio (dentre as quais se destaca a própria indústria cultural) facilita a transferência desse procedimento essencial subjetivo para uma instância factualmente exterior aos indivíduos.

[3] T. W. Adorno e M. Horkheimer, *Dialektik der Aufklärung* (Frankfurt am Main, Suhrkamp, 1981), p. 145-6.

defensivo, considera-se que, como sugerem Horkheimer e Adorno logo no início do texto sobre a cultura de massas na *Dialética do esclarecimento*, a indústria cultural tomou o lugar tradicionalmente ocupado pela religião na formação de um cimento social, de modo que as pessoas dela se valem intuitivamente como meio de socialização: conversar sobre os filmes, as novelas, os *reality shows* é sempre um meio eficiente de quebrar um silêncio insuportável numa situação social. Desse modo, o "aspecto ideológico subjetivo defensivo" da indústria cultural se constitui num meio de sobrevivência na selva das relações sociais do capitalismo tardio globalizado e, exatamente por seu caráter de "legítima defesa", se, por um lado, não estimula, por outro, não chega a excluir a esperança na possibilidade de superação da alienação que a indústria cultural semeia como método de controle social.

Chamo, por outro lado, "aspecto ideológico subjetivo agressivo" a introjeção tão completa do ponto de vista do dominador no psiquismo de certas pessoas comuns, que elas se entregam totalmente aos ditames da indústria cultural, desenvolvendo também traços sadomasoquistas. Esse tipo de pessoa é a "presa" perfeita do sistema da cultura de massas, sendo tão identificada com ele que se torna irada quando alguém, diante dela, esboça uma crítica contundente a esse sistema. Ao contrário daqueles que se envolvem de algum modo com o "aspecto ideológico subjetivo defensivo", as pessoas-exemplo do "aspecto ideológico subjetivo agressivo" apresentam grande potencial de adesão a projetos políticos autoritários (ou até mesmo totalitários), tornando plausível a possibilidade de uma regressão total da consciência, a ponto de não admitir a esperança de que haja mudança de curso no processo de reificação. Tendo a crer que essas pessoas não são a maioria, o que significa a continuidade de alguma esperança para a espécie humana.

O "aspecto estético" da indústria cultural é muito amplo e perfaz boa parte da crítica empreendida por Horkheimer e Adorno na *Dialética do esclarecimento*. Ela se liga principalmente ao estágio de desenvolvimento da cultura de massas nos Estados Unidos, até o início da década de 1940, e compreende discussões iluminadoras, tais como aquelas sobre seu "estilo" em confronto com o conceito tradicional, sobre o "fim do trágico" (incluindo o posicionamento sobre o destino da catarse), sobre o "fetichismo nas mercadorias culturais" etc.

Mesmo considerando que tais discussões não se encontram de modo algum superadas, sugiro que as transformações tecnológicas e sociopolíticas pelas quais passou a indústria cultural levaram a uma espécie de metadiscurso, que, por um lado, admite pretensas "autocríticas"[4] mas, por outro, de modo correlativo, parece

---

[4] Os anos 1990 foram pródigos em filmes que comentam a possibilidade de que "a realidade" não exista, sendo produto de uma construção que vise deliberadamente iludir um indivíduo (no *Show de Truman*, por exemplo) ou mesmo uma coletividade (como em *Matrix*).

ter um enorme sucesso na subordinação das consciências. Tal fato se liga, a meu ver, a uma hipertrofia no supramencionado recurso da "expropriação do esquematismo", fazendo com que ele deixe de ser um aspecto apenas ideológico da indústria cultural e assuma um caráter cada vez mais "estético": primeiramente, no sentido de que a percepção das massas possa, segundo uma tendência, ser guiada por ele; em segundo lugar, na medida em que o "estilo" das produções recentes da indústria cultural passa a ser cada vez mais determinado por esse recurso. O detalhamento desse processo será abordado a seguir.

Desdobramentos estéticos da expropriação do esquematismo

Do ponto de vista institucional, a importância da expropriação do esquematismo se liga ao fato de que o fim do socialismo real ocasionou uma intensificação do discurso democrático, mesmo que as práticas políticas – inclusive dos países ocidentais mais civilizados – tenham se tornado cada vez mais autoritárias e truculentas, o que se intensificou e se tornou mais visível depois dos atentados de 11 de Setembro de 2001, em Nova York. Nesse quadro, a expropriação do esquematismo proporciona uma espécie de garantia mínima aos poderosos de que, mesmo havendo eleições diretas em todas as esferas, tudo continua como está, seja quem for o eleito (acidentes de percurso como a permanência de Hugo Chávez no poder e a eleição de Evo Morales não chegam a ameaçar o predomínio norte-americano em todo o mundo).

Sob o aspecto do "estilo" das produções atuais da indústria cultural, a expropriação do esquematismo implica também a possibilidade de que ela escancare seus procedimentos, sem que haja uma reação contrária da opinião pública em relação a esse fato: por alguma razão, o grande público não percebe que os agentes dessa pseudotransparência são aqueles a quem interessaria menos que as massas se inteirassem dos seus métodos de controle social e de indução nas vendas de mercadorias encalhadas.

Para abordar a idéia da expropriação do esquematismo a partir de um ponto de vista também estético e não apenas ideológico, deve-se estar ciente de algumas dificuldades teóricas, sendo a primeira e mais fundamental a contida na seguinte questão: é lícito empregar o termo "esquematismo" no sentido da percepção habitual – âmbito em que ocorre o consumo dos produtos da indústria cultural –, uma vez que ele foi concebido por Kant como procedimento gnosiológico, por meio do qual são estabelecidas leis matemáticas sobre o funcionamento da natureza inanimada? A resposta a essa pergunta depende da escola de interpretação da *Crítica da razão pura* à qual se filia. Eu, pessoalmente, corroboro a interpretação de Béatrice

Longuenesse[5], amplamente sustentada pelo texto de Kant, segundo a qual, na mais tênue percepção, as intuições sensíveis têm de "estar sob as categorias", mesmo que nenhuma dessas seja "aplicada" ao fenômeno. Desse modo, se isso está correto, então o esquematismo, tal como leram Horkheimer e Adorno, é um procedimento psíquico importante também para a percepção comum (âmbito em que se dá o consumo das mercadorias culturais), e não apenas para o conhecimento científico da natureza.

Outra questão é: a expropriação do esquematismo não se limitaria a uma gnosiologia muito estrita, sendo inaplicável a um âmbito muito dependente de uma percepção no sentido estético, como é a crítica à indústria cultural? Colocada de outra forma: o procedimento "clássico" do esquematismo, de associar intuições a conceitos, não seria supérfluo – inadequado ou até mesmo prejudicial – no caso da apreciação "estética" de um produto da indústria cultural? Essa questão se torna ainda mais urgente quando se recorda que Kant descreveu, na *Crítica da faculdade do juízo*, o juízo estético reflexionante – o juízo de gosto – como obedecendo a critérios totalmente diferentes dos do juízo de conhecimento, ao qual se liga originariamente o procedimento do esquematismo[6].

A esse respeito, pode-se acrescentar que a concepção-chave da estética kantiana, o "livre jogo" da imaginação e do entendimento, no âmbito do qual só pode ocorrer uma "esquematização sem conceito"[7], pressupõe a presença de um objeto (pelo menos) candidato a belo, enquanto as mercadorias culturais oscilam entre ser (apenas) agradáveis e (presumivelmente) boas. Em ambos os casos há uma espécie de percepção e, com isso, a possibilidade da presença do esquematismo (embora no caso do agradável, de acordo com Kant, não haja conceito, por se tratar de uma satisfação apenas sensorial). A solução dessa dificuldade pode ser encontrada no fato de que as percepções das mercadorias culturais não são suficientemente estéticas para ocasionar o "livre jogo", recaindo no caso de uma percepção comum, freqüentemente mesclada a um agrado sensorial imediato (exatamente por isso elas tendem mais a ser juízos sobre o agradável – juízos estéticos empíricos –, introduzidos por Kant na *Crítica da faculdade do juízo*). Desse modo, pode-se dizer que as percepções – eivadas de (pré-)juízos – dos produtos da indústria cultural são essencialmente diferentes dos juízos de gosto (destinados apenas a objetos belos, no sentido kantiano), o que, a meu ver, confirma sua aplicabilidade à concepção kantiana de esquematismo e, conseqüentemente, a possibilidade de "expropriação" desse último.

---

[5] Béatrice Longuenesse, *Kant and the Capacity to Judge* (Princeton, Princeton University Press, 2000).

[6] Cf. Immanuel Kant, *Kritik der Urteilskraft* (Frankfurt am Main, Surhrkamp, 1987), p. 115ss; B3ss. Naturalmente, estou cônscio do fato de que a argumentação de Kant refere-se antes de tudo ao belo natural e que a transposição do juízo de gosto para a apreciação das belas artes é um caminho tortuoso e repleto de armadilhas. No entanto, tomo como pressuposta a possibilidade de juízos de gosto relativamente a obras de arte apenas para não desviar do objetivo principal dessa discussão.

[7] Ibidem, p. 217.

Respondidas, mesmo que de modo preliminar, essas indagações fundamentais, podemos avançar no sentido de abordar uma questão mais essencialmente estética: até que ponto a expropriação do esquematismo é mais completa com o realismo do meio? Horkheimer e Adorno sugerem em sua argumentação que a introdução do filme sonoro na década de 1920 deu novo alento ao projeto da indústria cultural de emular a realidade vivida a ponto de, eventualmente, chegar a substituí-la. Isso parece indicar a existência de um processo contínuo de aperfeiçoamento dos meios que culminaria com o advento da "realidade virtual", em que a distinção para com o real fica quase impossível, concretizando-se um mundo de (literalmente) meras aparências, de pura "superficialidade" (que não merece "elogio"), no sentido da palavra empregado por Flusser[8]. É interessante observar que, nesse caso, a "expropriação" do esquematismo nem é mais necessária, pois o sistema de dominação adquiriu um poder "físico" de orientar as percepções. Pode-se talvez concluir daí que apenas um realismo "relativo" do meio é o âmbito em que a expropriação do esquematismo se torna mais adequada e, provavelmente, mais necessária.

Ao lado da questão do realismo do meio, encontra-se o problema da dimensão do exibidor: nesse caso, o que está em questão não é o "realismo" do meio no sentido estrito, mas o *poder*, a *potência*, associados às imagens e aos sons das mercadorias culturais. Adorno percebeu isso muito bem na sua discussão sobre o tamanho da tela em que os produtos da indústria cultural são exibidos. Para ele, parte do poder de sedução do cinema, desde seus primórdios, se deveu ao tamanho da tela: os protagonistas do filme se tornavam nela semideuses, por suas dimensões descomunais. Em virtude disso, surgiu a dúvida em relação à capacidade da televisão de realizar tão bem o que o cinema já fazia, pois, à época, as telas de 29" ou maiores e os telões eram um sonho tecnologicamente ainda não realizável no âmbito da transmissão televisiva[9].

A exemplo do que se constatou no tocante à capacidade física de envolvimento, no caso da realidade virtual, pode-se perguntar até que ponto é relevante a dimensão do exibidor, assim como a potência do som, para a efetividade do poder manipulador da indústria cultural sobre as pessoas. Posto de outro modo: os que possuem *home theater* com telão estão mais sujeitos à manipulação do que os que possuem um televisor de 14"? Essa indagação leva a outra questão interessante: a supramencionada transmissão digital de TV aberta para celulares (da próxima geração) com telas de 2,5" será menos efetiva na sua manipulação do que a convencional?

Todas essas questões prévias levam ao que é, na verdade, o núcleo da discussão sobre a dimensão propriamente estética da expropriação do esquematismo, a saber,

---

[8] Refiro-me ao título dado pelo editor alemão à coletânea de textos de Vilém Flusser sobre as tecnoimagens, pós-história etc.: *Lob der Oberflächlichkeit* (Bensheim/Dusseldorf, Bollmann, 1993).
[9] T.W. Adorno, "Prolog zum Fernsehen", em *Gesammelte Schriften 10.2* (Frankfurt am Main, Surhkamp, 1996), p. 507ss.

sua relação com conceitos como o de sublimação e de alegoria. Em "Prólogo sobre a televisão"[10], após iniciar uma discussão semelhante à que introduzi acima sobre o progressivo "realismo" dos *media* e sua efetividade em função da dimensão do exibidor, Adorno lembra que as críticas ao seu posicionamento sob a alegação de que a arte sempre lidou com estereótipos não procedem, exatamente porque esses, quando ocorrem, sempre estão ligados a um elemento alegórico, no sentido que Benjamin usou no seu livro *Origem do drama barroco alemão*[11]. Um pouco antes disso, Adorno aponta novamente para o esquematismo, ao afirmar que:

> De fato, a cultura de massa se refere aos esquemas do consciente e do inconsciente, os quais ela com razão pressupõe como difundidos nos consumidores. Esse *fundus* se constitui sobretudo das excitações pulsionais – seja das recalcadas ou das simplesmente não-satisfeitas – das massas, ao encontro das quais as mercadorias culturais vão mediata ou imediatamente.[12]

Na mesma linguagem psicanalítica na qual se dá essa discussão em Adorno, poderíamos sugerir que a alegoria, da qual ele fala, não deixa de estar ligada a um elemento de sublimação estética, que necessariamente falta aos produtos da indústria cultural. De acordo com Adorno e Horkheimer, enquanto neles a pulsão é "humilhada", nas obras de arte, a sublimação a transpõe para um plano em que sua potencial destrutividade fica neutralizada: "Mesmo as obras de arte não consistiam em exibições sexuais. Mas, figurando o recalque como algo negativo, elas, por outro lado, faziam retroceder a humilhação da pulsão e salvavam o recalcado como algo mediatizado. Esse é o segredo da sublimação estética: apresentar a satisfação como interrompida"[13]. Segundo esse ponto de vista, a sublimação torna a apreciação estética compatível com o modelo kantiano do juízo de gosto, com o seu "prazer desinteressado". Evidentemente, o procedimento alegórico não é o único expediente advindo da sublimação, ou capaz de suscitá-la no contemplador da obra, mas deve ser levado a sério como a contrapartida verdadeiramente estética do mero estereótipo, que é tão característico da linguagem dos meios de comunicação de massa.

Tendo em vista essa relevância da alegoria e de sua relação com a sublimação estética, é interessante retomar a discussão sobre o "realismo do meio" por outro ângulo. De acordo com Arthur Danto, a evolução das artes plásticas desde seus primórdios (até finais do século XIX) se deu no sentido de aproximar ao máximo a representação do objeto representado – o que ele chamou de "equivalência pictórica",

---

[10] Ibidem.
[11] W. Benjamin, "Ursprung des deutschen Trauerspiels", em *Gesammelte Schriften I-1* (Frankfurt am Main, Suhrkamp, 1991), p. 515.
[12] T. W. Adorno, "Prolog zum Fernsehen", cit., p. 513.
[13] T. W. Adorno e M. Horkheimer, *Dialektik der Aufklärung*, cit., p. 161-2.

na qual a mera "inferência", por parte dos espectadores, sobre as características espaço-temporais do meio foi sendo paulatinamente substituída por percepções reais. Um exemplo desse "progresso" na equivalência pictórica é a comparação do movimento enquanto sugerido numa pintura ou desenho e "realizado" num filme. Uma conseqüência interessante disso é que, embora, do ponto de vista de sua produção social, aquilo que Benjamin chamou de "arte reprodutível" seja essencialmente diferente da arte no sentido convencional (arte "autêntica", segundo Adorno), a idéia da "equivalência pictórica" possibilita compreender uma forma de continuidade entre as artes plásticas e a fotografia e/ou o cinema, já que, antes do advento desses últimos, cabia à pintura e à escultura a tarefa social de afigurar a realidade com o maior realismo possível, até o momento da revolução antifigurativa que representou a arte moderna. De acordo com o que sugere Danto, depois da superação da mímesis pela vanguarda do início do século XX, a tarefa de afiguração continuou a ser desempenhada pelos meios mecânicos de produção da "equivalência pictórica", tais como a fotografia, depois o cinema e atualmente todos os meios digitais de produção, reprodução e tratamento da imagem.

Embora esse texto – na verdade uma apropriação do tema hegeliano do fim da arte – seja de meados da década de 1980, quando a realidade virtual era ainda apenas um sonho, Danto intuiu uma questão importante ao discutir a possibilidade de que os filmes, depois que todas as barreiras do realismo visual e sonoro tivessem sido rompidas, se tornassem "táteis", como os *feelies* descritos no *Admirável mundo novo*, de Aldous Huxley. Segundo ele, a limitação para a manifestação propriamente artística não é de ordem tecnológica (que pode ser apenas uma questão de tempo), mas se encontra no plano da expressão estética, representado, por exemplo, pela narratividade:

> E há ainda uma séria questão sobre se a palpabilidade poderia um dia se tornar suficientemente integrada à narrativa para supor um desenvolvimento artístico para além daquele técnico. Se os filmes, por exemplo, não tivessem se tornado narrativos, nosso interesse na mera exibição do movimento se empalideceria – afinal de contas, podemos ver as coisas reais quantas vezes quisermos. E eu penso que é geralmente o caso, que, a menos que a mímesis seja transformada em diegese, ou narrativa, uma forma de arte morre por diminuição do entusiasmo.[14]

Apesar de a narratividade não ser um diferencial definitivo entre uma obra de arte e uma mercadoria cultural (todos os *blockbusters* são narrativos e, muitas vezes, o valor artístico de um filme autoral reside exatamente na implosão da narratividade), diante da tendência contemporânea à hipóstase dos meios em detrimento do teor propriamente estético, a observação de Danto parece bastante acertada, ajudando,

---

[14] Arthur Danto, *The Philosophical Disenfranchisement of Art* (Nova York, Columbia U. P., 2005).

sem que essa seja uma problemática que lhe interesse, a esclarecer por que a expropriação do esquematismo depende apenas relativamente do realismo do meio. No espírito da declaração de Adorno a favor da alegoria – e contra os estereótipos –, poderíamos dizer que, exatamente onde a narratividade de uma obra contemporânea ameaça rebaixá-la à condição de mercadoria cultural, o procedimento alegórico pode atuar de modo decisivo no revigoramento de sua linguagem.

E tal revigoramento é especialmente relevante, pois, no tocante à experiência estética, tendo em vista que o que está em questão não é a subsunção de intuições a conceitos, mas o "livre jogo da imaginação e do entendimento", não há a possibilidade de expropriação do esquematismo, pois, se é que ele ocorre, isso se dá "sem conceitos", como dizia Kant. Desse modo, a apreciação muito especialmente da arte contemporânea, cuja concepção está visceralmente ligada à característica do inusitado e daquilo que desafia a percepção comum, parece conter um antídoto eficaz contra esse – normalmente – bem-sucedido procedimento da indústria cultural, o que a torna um elemento estratégico na luta pelo desembotamento dos sentidos e contra a alienação em geral.

A TELEVISÃO SEGUNDO ADORNO:
o planejamento industrial do "espírito objetivo"

Renato Franco

Após elaborar o conceito de indústria cultural, juntamente com M. Horkheimer, em um capítulo do livro *Dialética do esclarecimento*, escrito durante parte da década de 1940, Adorno passou a investigar de que maneira os novos meios de comunicação desenvolvidos após o fim da Segunda Guerra – como a televisão –, em vez de restringir tal tipo de indústria ou de provocar nela abalos sensíveis, serviram para expandi-la e fortalecê-la de modo considerável. Se o ensaio "Notas sobre o filme" pôde apenas parcialmente ser incluído entre os que efetivamente se inserem nesse campo, "Prólogo à televisão" e "A televisão como ideologia" constituem quiçá o núcleo dessa vertente da obra do pesquisador durante os anos 1960.

I.

Em Prólogo à televisão[1] Adorno inicia a reflexão chamando a atenção para o fato de que a televisão, tanto por suas características próprias como por estar completamente enredada na indústria cultural, não pode ser estudada de modo conseqüente se forem isolados os diferentes aspectos que a constituem, tais como o técnico, o estético e o social. Essa formulação é poderosa. Ela rompe o véu ideológico que costumeiramente recobre o meio, o qual aparece, para o estudioso ofuscado por seu poder, como mero meio de comunicação, como espécie de suporte neutro das mais diferentes mensagens. A televisão, porém, não está para a comunicação como o cobre está para o calor. Se a considerarmos desse modo seremos inapelavelmente vítimas do engodo que ela geralmente costuma suscitar: o de que as imagens

---

[1] "Prólogo à televisão", em *Intervenciones: nuevo modelo de crítica* (Caracas, Monte Ávila, 1969). Publicado no Brasil com o título "TV, consciência e indústria cultural" em coletânea organizada por Gabriel Cohn com o título *Meios de comunicação de massa e indústria cultural* (São Paulo, Cultrix, 1981).

televisivas transmitem o real, a realidade "efetiva" e "verdadeira", sem nenhum tipo de mediação ou intervenção. Seus advogados obviamente propalam aos quatro ventos essa versão.

A análise adorniana investe contra tal maneira de concebê-la. Começa por circunscrever sua origem material, a qual resulta de forte tendência, verificável em todos os principais setores de atividade do capitalismo tardio, para a fusão de capitais de origens diversas, que concretiza dessa forma seu movimento rumo à concentração, fenômeno também verificável no terreno da tecnologia ou no campo relativo às atividades de poder. Nessa perspectiva, a televisão pode ser entendida como "síntese do rádio e do cinema": um objeto tecnológico destinado ao consumo doméstico. Sua configuração material não deixa dúvidas acerca de sua natureza: ela foi concebida, segundo Adorno, para "preencher a lacuna que, no campo do visível, ainda restava para a existência privada" e assim "cercar e capturar a consciência do público por todos os lados"[2]. Ela é, nesse aspecto, bem mais eficiente do que o rádio ou mesmo o cinema, visto que, enquanto "cinema doméstico", está permanentemente à disposição do usuário, além de não se dirigir apenas a um de nossos sentidos. Adorno parece mesmo sugerir ser ela fruto de um planejamento estratégico por parte desse tipo de indústria, que, conectado de modos vários à totalidade social, daria concretude à administração centralizada da sociedade, inclusive provocando a contenção social da atividade reflexiva:

> Assim como mal podemos dar um passo fora do período de trabalho sem tropeçar em uma manifestação da indústria cultural, os seus veículos se articulam de tal forma que não há espaço entre eles para que qualquer reflexão possa tomar ar e perceber que o seu mundo não é o mundo.[3]

A análise desfaz assim, como bem podemos notar, as finas teias constitutivas do véu ideológico que recobre a televisão, fazendo desmoronar as ilusões mais comuns que o meio costuma gerar. Ponto decisivo nessa operação é também o reconhecimento de que a

> [...] televisão permite aproximar-se da meta, que é ter de novo a totalidade do mundo sensível em uma imagem que alcança todos os órgãos, o sonho sem sonho; ao mesmo tempo, permite introduzir, furtivamente na duplicata do mundo aquilo que se considera adequado ao real.[4]

Com tal sorte de formulação, Adorno não deixa nenhum tipo de margem para insistirmos em afirmar o caráter supostamente neutro do meio. Ao contrário, sua

---

[2] T. W. Adorno, "Televisão, consciência e indústria cultural", cit., p. 346.
[3] Ibidem, p. 346-7.
[4] Ibidem, p. 346.

análise incide exatamente no caráter fundante dele. A televisão aparece desse modo como uma espécie de progresso técnico no interior da própria indústria cultural, capaz inclusive de permitir a produção deliberada de uma imagem do mundo, destinada a ser tomada como se fosse o mundo mesmo. Concebida dessa forma, ela é diretamente conectada com a lógica social da dominação e se reveste de caráter político.

Antes, porém, de avançar a análise rumo ao exame do que é veiculado pela televisão a fim de desvendar como ela introduz "[...] furtivamente na duplicata do mundo aquilo que se considera adequado ao real", o autor busca mostrar como seus poderosos efeitos são reforçados pela totalidade do sistema da indústria cultural. Nesse sentido, podemos entender que o meio serve decididamente não para veicular algo novo, um tipo original de linguagem ou de material, mas, ao contrário, oferecer fluxos de imagens e sons completamente harmonizados com a necessidade, advinda da totalidade do sistema, de reforçar as formas de consciência socialmente predominantes:

> É mais fácil constrangerem-se as pessoas ao inevitável do que se a modificarem. É de se supor que a televisão faz delas mais uma vez aquilo que de qualquer forma já são, só que ainda mais do que já o são. Isso corresponderia à tendência global, de base econômica, da sociedade contemporânea, no sentido de não ir mais além de si própria em suas formas de consciência, mas sim de reforçar tenazmente o *status quo* e, sempre que ele pareça ameaçado, reconstruí-lo.[5]

A configuração do alcance e da natureza social da televisão adquire, dessa maneira, contornos nítidos. Ela se insere no universo da diversão e, nessa medida, parece se oferecer ao espectador com a promessa de que irá arrancá-lo do sofrimento imposto diariamente pelas penosas exigências do processo de trabalho, quer sejam estas físicas ou psicofísicas. Essa oferta ilusória, segundo o autor, além de reforçar a tendência antiintelectualista da sociedade, de fato ludibria as expectativas de quem busca a diversão, já que objetivamente a televisão oferece o repouso físico e psíquico necessário para a recuperação da força de trabalho. A diversão, sustenta Adorno, implica a resignação.

Talvez fosse possível fazer uma ponderação a respeito desse raciocínio: tanto o processo de trabalho mecânico das linhas de produção fordista quanto a diversão – extensão do tempo da produção – não requerem a atividade do pensamento. Ambos podem ser considerados modos interligados da moderna destruição da experiência. A televisão, nessa perspectiva, antes de reprimir a atividade do pensamento, simplesmente não o exige. De qualquer forma, Adorno extrai da tese acima conseqüência bastante esclarecedora: trabalho e diversão se articulam em

[5] Ibidem, p. 347.

processo extremamente dinâmico, o qual poderia ser denominado dialético. De fato, embora os dois termos se oponham, visto que suas exigências internas apontam para direções diversas e opostas, eles também se articulam num tipo de relação complementar, suscitando assim a ocasião para cada um introjetar aspectos do ser de seu oponente. Essa ocasião, elevada a momento decisivo e prolongado do processo, no âmago mesmo da diversão, de algumas das facetas fundamentais do trabalho. Visto em seu dinamismo interno, o processo deixa entrever o quanto a diversão ampara e confere chão histórico ao trabalho: ela tenazmente tece as teias da adaptação do indivíduo a ele. Entretanto, nessa tarefa, ela nunca logra êxito completo ou definitivo, de modo que a adaptação está permanentemente sujeita a flutuações e abalos de toda parte. Sua precariedade requer sempre novos reforços. Nesse sentido, a televisão parece também destinada a prestar enormes serviços ao funcionamento sem solavancos da totalidade social, ao assumir essa tarefa de ajudar a reforçar a adaptação, evitando que as insuficiências desta possa ter conseqüências explosivas. Entretanto, nessa configuração, a diversão mesma obedece à totalidade social renunciando ao momento potencialmente liberador:

> A tensão sob a qual as pessoas vivem cresceu a tal ponto que elas não a suportariam se as realizações adaptativas que uma vez conseguiram não lhes fossem exigidas e não se repetissem nelas sempre de novo... Esse trabalho de Sísifo da economia psíquica individual parece estar hoje "socializado", tomado a seu cargo pelas instituições da indústria cultural, para benefício das instituições e dos poderosos interesses que lhe estão por detrás. Para isso contribui a televisão, tal como é.[6]

Adorno prossegue a análise identificando na televisão o reforço acentuado de outra das tendências fundamentais da indústria cultural, a saber, "a diminuição da distância entre o produto e o espectador"[7]. Esse problema já havia sido objeto da reflexão de Adorno por ocasião de suas investigações tanto sobre a natureza da música popular quanto sobre o impacto da reprodução mecânica da música nos ouvintes. No ensaio de 1938, intitulado "O fetichismo da música e a regressão da audição", Adorno procurou refutar as teses formuladas dois anos antes por W. Benjamin, que sustentavam ser o traço mais marcante da cultura, no século das massas, exatamente a proximidade entre a obra e o público, fato que a revestiria de original valor de uso. Adorno, ao contrário, procurou mostrar como a reprodução mecânica da música só aparentemente democratizava o acesso a ela. Com efeito, a gravação transforma a experiência musical, afetando-a irremediavelmente em sua qualidade, inclusive por aprofundar ainda mais a rígida separação entre produtor e consumidor musical. Esse fenômeno atinge até a própria estrutura musical, visto

---

[6] Idem.
[7] T. W. Adorno, "Televisão, consciência e indústria cultural", cit., p. 349.

que, doravante, a linguagem da música deveria não mais exigir a concentração e a atenção por parte do ouvinte, mas apenas produzir certos efeitos que facilitassem a memorização. No caso da imagem televisiva, Adorno identifica uma espécie de intensificação desse processo, a ponto de ele poder ser registrado como "tendência geral" da indústria cultural.

Esse encadeamento da análise traz para o primeiro plano uma questão decisiva, a qual freqüentemente lhe rendeu muitas críticas acirradas: a indústria cultural não impõe arbitrariamente ao consumidor passivo, desprovido de qualquer tipo de expectativa cultural, um tipo de linguagem ou uma determinada configuração cultural, mas a produz de forma planejada, de modo a satisfazer o que esse indivíduo, esgotado e culturalmente atrofiado pela truculência do processo de trabalho – além de previamente transformado em consumidor –, pode almejar a fim de, repousando, esquecer as agruras experimentadas no dia-a-dia. A relação entre a indústria cultural e o público pressupõe determinada figuração do indivíduo enquanto consumidor: este deve desenvolver passividade, mas conquanto esta seja sua forma específica de atividade. Isso permite a Adorno afirmar:

> [...] o consumidor é tratado como aquilo para o que tende por si próprio, ou seja, não experimenta a imagem como algo em si, ao qual deve atenção, concentração, esforço e compreensão, mas sim como um favor que lhe é concedido e que lhe é dado avaliar em termos que lhe agrade o suficiente.[8]

Adorno sugere, portanto, não exatamente que a reprodução técnica de sons e imagens suscita objetiva regressão dos nossos sentidos, mas, antes, que nesse universo sons e imagens se prestam a ser completamente enredados pela indústria cultural, a qual os molda a fim de capacitá-los para tal coisa:

> [...] o que de há muito aconteceu à sinfonia... ocorre também com as imagens. Elas devem dar brilho ao... cotidiano cinzento, a se lhe assemelharem no essencial... o que fosse diferente seria insuportável, porque recordaria aquilo que... é vedado.[9]

A falta de distância entre o produto tecnológico – cuja natureza, segundo outro membro do Instituto de Pesquisas Sociais, H. Marcuse, determina seus usos e seus efeitos sociais – e o espectador revela, enfim, segundo o autor, seu sentido social: "[...] esta paródia à solidariedade e à fraternidade seguramente ajudou o novo meio de comunicação a alcançar uma popularidade indescritível"[10]. Nessa direção, parece considerar o uso do aparelho de televisão como algo meticulosamente planejado tanto para reforçar os laços familiares e sociais, que de fato se atenuavam em toda

[8] Idem.
[9] Idem.
[10] Idem.

parte, quanto para oferecer a sensação de que enfim os homens reconquistavam os liames solidários e fraternos, os quais, porém, eram inapelavelmente minados na aspereza do processo de trabalho:

> Aquela proximidade fatal da televisão, que também é causa do efeito supostamente comunitário do aparelho, em torno do qual os membros da família e os amigos... se reúnem em mutismo... obscurece a distância real entre as pessoas e entre as pessoas e as coisas. Ela se torna o sucedâneo de uma imediação social que é vedada aos homens. Eles confundem aquilo que é mediatizado e ilusoriamente planejado com a solidariedade, pela qual anseiam.[11]

Ainda segundo essa perspectiva, Adorno sugere que o uso doméstico da televisão oferece várias sensações positivas que, porém, destinam-se a tornar tolerável o intolerável isolamento a que os homens são submetidos na organização industrial. A socialização artificial, por ela promovida, faz os homens se resignarem com as exigências do mundo hostil. Conseqüentemente, essa situação afeta a consciência: "A fronteira entre a realidade e a imagem torna-se atenuada para a consciência. A imagem é tomada como uma parcela da realidade, um acessório da casa que se adquiriu junto com o aparelho [...]"[12].

A televisão, nessas circunstâncias materiais, pode oferecer as lentes pelas quais vemos a realidade por ela produzida como se fosse a realidade mesma. Adorno pode concluir então que "a televisão comercial faz retroceder a consciência"[13].

Essa regressão da consciência não é produzida, contrariamente ao que estamos acostumados a pensar, apenas pelo suposto baixo nível cultural impingido pela televisão comercial a seus consumidores, mas sobretudo pelo conjunto dos aspectos implicados no consumo doméstico desse aparato tecnológico. A transformação do espectador em objeto da televisão começa com o desejo de ligar o aparelho: desprovido da formação cultural, ele espera que ela ofereça algo espiritualmente recompensador, assim como a julga superior ao rádio, simplesmente porque ela se dirige simultaneamente à visão e à audição. A regressão é intensificada e, pode-se afirmar, realiza seu trabalho mediante o fato de a televisão mobilizar uma linguagem própria, uma "linguagem-imagem". Embora Adorno não pareça partilhar do veredicto hegeliano, que decreta a superioridade do conceito ante a imagem, ele sustenta que, no âmbito da indústria cultural, parece se cristalizar uma tendência fortalecedora da linguagem de imagens, em detrimento da linguagem verbal e conceitual. Nesse universo, a imagem funciona como regressão, isto é, como obliteração do conceitual, do elemento propiciador da reflexão. A linguagem

---

[11] T. W. Adorno, "Televisão, consciência e indústria cultural", cit., p. 358.
[12] Ibidem, p. 349.
[13] Idem.

televisiva obviamente também utiliza o material verbal; entretanto, de modo diverso do que pode ocorrer no cinema: nela, as palavras não podem exprimir algo além do que mostram as imagens, não podem entrar em conflito com essas, reduzindo-se "a meros acessórios dela". A televisão limita socialmente o desenvolvimento de sua linguagem e de seus aspectos técnicos – entre o visual e o verbal não pode haver senão a harmonia ditada pelo óptico. O efeito social dessa limitação é claro: "[...] as pessoas são ainda mais desacostumadas à palavra através da televisão do que já o são em todo o mundo, atualmente"[14].

A reflexão adorniana sobre o caráter regressivo da televisão comercial prossegue com o enfrentamento quase pioneiro da natureza da linguagem imagética por ela utilizada, a qual, mais propriamente, poderia ser denominada de "escrita hieroglífica", até porque ela recorre a elementos capazes de mobilizar o material inconsciente dos espectadores: "Na medida em que nesses é despertado e representado em imagens aquilo que neles dormitava ao nível pré-conceitual, lhes é também demonstrado como eles devem comportar-se"[15]. A imagem na televisão é diferente da imagem na pintura, visto que esta quase sempre almeja exprimir algo, enquanto na televisão ela se articula com as precedentes e as que se seguem a ela, configurando assim uma espécie de frase, ou, antes, de escritura. Nesse meio, articuladas sem solavancos, elas não são destinadas à fruição prolongada, à contemplação que requer concentração e esforço interpretativo, capaz de dirigir a atenção para suas mais diversas nuances, como ocorre com as imagens das artes plásticas: elas são destinadas à captação imediata, ao olhar aparentado à experiência de choque – à vivência: "A vista é levada pela fita como se esta fosse a sentença, e no suave solavanco da mudança de cena vira-se a página. Enquanto figura, a linguagem-imagem é meio de uma regressão [...], enquanto escrita, ela põe as imagens arcaicas à disposição dos modernos"[16].

Adorno conclui esse aspecto da análise da linguagem da televisão destacando que as imagens "não transmitem qualquer segredo, mas são modelos de um comportamento que corresponde tanto à gravitação do sistema total quanto à vontade dos controladores"[17]. Como se pode notar, a análise da televisão desemboca no desvendamento do seu significado político.

A análise adorniana da televisão introduz ainda uma novidade metodológica: de modo diverso do praticado pela pesquisa social empírica de extração norte-americana, Adorno entende ser impossível o esclarecimento tanto do caráter da televisão quanto de seu impacto junto aos consumidores se não recorrermos ao

---

[14] T. W. Adorno, "Televisão, consciência e indústria cultural", cit., p. 351.
[15] Ibidem, p. 352.
[16] Idem.
[17] Idem.

auxílio da psicanálise. Essa postura do autor tem origem com a realização de pesquisas empíricas com os ouvintes de rádio nos EUA no final dos anos 1930, antes, portanto, da formulação do conceito de indústria cultural – no âmbito da discussão com os sociólogos que, para pesquisar o alcance e os efeitos do rádio, recorriam à aplicação de questionários, os quais exigem respostas conscientes dos entrevistados. No caso da televisão, Adorno enfatiza a fraqueza de tal procedimento metodológico, não só em virtude dos problemas apontados, mas também pelo fato de a linguagem dela ser uma espécie de "linguagem-imagem" que "desperta e representa aquilo que dormitava ao nível pré-conceitual"[18] em seu público. O uso da psicanálise como ferramenta destinada a esclarecer os modos com que ela penetra no indivíduo ficará claro no segundo ensaio de Adorno dedicado ao estudo da televisão.

II.

No segundo ensaio, intitulado "A televisão como ideologia", ainda inédito no Brasil, Adorno retoma a análise efetuada no ensaio anterior com o propósito de aprofundá-la e de esclarecer a natureza do material veiculado pela televisão. Para tanto, examina o roteiro de 34 obras escritas para ela, de diversos tipos e níveis, sem perder de vista, contudo, que o roteiro textual pode não coincidir com o programa pronto, transformado em imagens, enquanto parte da programação exibida. Realça, no entanto, a validade e pertinência da análise, visto que esses roteiros explicitamente planejam provocar um conjunto de efeitos no espectador, capaz de mobilizar nele o material inconsciente. Além disso, essa característica não é encontrável em um ou outro caso, mas, ao contrário, "se repete inúmeras vezes", o que comprovaria o caráter planejado deles. Pode, desse modo, constatar que tais peças não implicam formas elaboradas nem temas ou argumentos complexos ou polêmicos, fato também característico das produções dos outros segmentos da indústria cultural, como o cinematográfico, que se especializa em produzir o que Adorno denomina de "cinema do papai". Segundo Adorno, "[...] a semelhança com os filmes é prova da unidade da indústria da cultura: é quase indiferente por onde se a aborde"[19].

A análise retoma o exame da natureza da linguagem da televisão comercial. Dessa forma, nos roteiros investigados, Adorno pode identificar os procedimentos básicos da televisão, os quais aparecem constantemente nos diversos tipos de programas impingidos ao espectador. Dentre esses, aponta tanto o permanente

---

[18] Idem.
[19] T. W. Adorno, "La televisión como ideologia", em *Intervenciones: nuevo modelo de crítica* (Caracas, Monte Ávila, 1969), p. 76.

recurso à reiteração quanto a elaboração de mensagens "latentes" sobrepostas às imagens "manifestas". A televisão, com isso, não só reafirma permanentemente o existente, como pretende induzir o comportamento do espectador. É certo que, ao assistir a um filme violento, o espectador não se torna necessariamente violento: porém, isso põe em movimento um longo processo de aceitação da banalização da coisa mesma, cujo resultado é a perda da capacidade do espanto e da indignação do espectador, que passa a aceitar a violência como algo natural, não resultante de determinadas forças sociais e históricas. Para obter tal resultado, a televisão sabe que o espectador deve assistir não a um programa violento, mas a uma série infindável deles.

Para não excluir parte dos espectadores – exigência emanada de seus interesses econômicos subterrâneos –, a televisão recorre a imagens capazes de reproduzir de modo minucioso o mundo social do espectador. Ela, nesse sentido, opera com imagens naturalistas, sem profundidade, carregada de estereótipos, sempre reforçada com o uso de clichês morais, espécie de ruína degradada das antigas formas de sabedoria popular. Além disso, tende a infantilizar as questões políticas e a fomentar a identificação crítica com o herói, cuja figura é planejada com o auxílio de pesquisas de opinião. Essa indução ao conformismo encontra ainda um aliado no recurso ao tom moralizante, que sugere o cultivo "dos valores do espírito" e o desprezo para com as condições materiais de existência.

No tocante à construção de personagens, a televisão tende a apresentar a figura feminina como a "mulher fatal", bem-sucedida por explorar a atitude socialmente parasitária, ou a cruamente explorar os dotes físicos da atriz. Ao mesmo tempo, tende a construir personagens masculinos que valorizem o homem de ação em detrimento do intelectual ou do artista. Por odiar a diferença e a personalidade autônoma, trata sempre de lançar contra tais tipos toda sorte de preconceitos, identificando-os a tipos perversos, neuróticos ou homossexuais. Relacionada a essa tendência, pode-se apontar ainda a constante representação das relações entre homens e mulheres como feliz, desde que o homem sujeite a mulher, que, derrotada, abandona seus desejos como se fossem meros caprichos.

Nessa análise ocupa lugar central o conceito de "múltiplos estratos estéticos", que caracterizaria o modo amplo e aberto de as obras de arte incidirem em seus fruidores. Isso significa que toda obra artística possui densa camada de significações, o que impede sempre sua apreensão unívoca. Ao contrário, ela é sempre capaz de provocar níveis de interpretação e de apreensão variáveis, os quais, em sua maioria, só se revelam com o transcorrer do tempo, compondo assim a história de sua recepção. Tal fato não ocorreria, porém, com as obras da indústria cultural e esse aspecto se presta adequadamente, segundo ainda o autor, para distinguir as obras dos dois campos distintos. Para chegar a tal conclusão, Adorno se vale das pesquisas elaboradas em Viena por Hans Weigel acerca do cinema comercial: como a televisão, ele resulta de uma planificação comercial e desconhece essa riqueza significativa.

Alguém mais desinformado a respeito do novo meio poderia supor ser tal contenção da ambigüidade estética necessária em função da conquista de mais vasta eficácia informativa. Adorno, porém, imediatamente mostra o caráter ilusório dessa suposição apontando a serviço do que ela está: aumentar a taxa de conformismo do espectador e, desse modo, obter a reafirmação fortalecida do *status quo*. A televisão, enquanto meio tecnológico enredado na indústria cultural, incessantemente lança sobre o espectador "[...] mensagens abertas e encobertas. Possivelmente, por serem psicologicamente mais eficazes, estas tenham preeminência na planificação"[20].

A meta de Adorno, nesse ensaio, é demonstrar em que medida a televisão comercial "[...] é um produto do antiespírito objetivo [...]"[21] e, ao mesmo tempo, sugerir uma fecunda discussão pública sobre a adoção de normas reguladoras, as quais, por sua vez, poderiam "[...] funcionar como uma espécie de vacinação do público contra a ideologia propagada pela televisão e suas formas aparentadas"[22]. O autor reconhece o quanto pode parecer inócua ou utópica tal proposta, mas a justifica argumentando que hoje "[...] a ideologia está tão habilmente integrada ao funcionamento de seu mecanismo, que qualquer proposta pode ser posta de lado como utópica, tecnicamente inaceitável e pouco prática"[23]. Se examinarmos com atenção a proposta adorniana, notaremos que ela não é inócua: muito teríamos a ganhar se pudéssemos, por exemplo, estabelecer critérios racionais capazes de proteger social e psicologicamente as crianças, espectadoras desamparadas, desde cedo treinadas a aderir sem recuo às exigências do "antiespírito objetivo", o qual não hesita em utilizar nenhum meio para conquistar seus objetivos. E, de quebra, veríamos como são infundadas as críticas lançadas contra Adorno, que o acusam de ser elitista, apolítico e pessimista. O estudo sobre a televisão, nesse aspecto, articula-se perfeitamente com as constantes preocupações do autor, tão bem explicitadas em ensaios como "Educação após Auchwitz", para citar um exemplo.

III.

Não pretendo, porém, levar adiante a análise das concepções de Adorno a respeito da televisão neste trabalho. Obviamente, não por considerar imprópria ou descabida tal análise, mas, simplesmente, por supor ser mais adequado empreender aqui uma reflexão introdutória sobre o caráter e o alcance da televisão no cenário

---

[20] Ibidem, p. 77.
[21] Ibidem, p. 88.
[22] Idem.
[23] T. W. Adorno, "La televisión como ideología", cit., p. 87.

cultural brasileiro, sem perder de vista as particularidades, os contrastes e os antagonismos da estrutural social no Brasil. Penso ser essa análise bastante propícia para verificar a atualidade e a eficácia das idéias de Adorno sobre tal meio tecnológico.

Talvez pudéssemos, despidos das exigências do rigor acadêmico, considerar a história da TV no Brasil como composta – até agora – por dois grandes períodos: o primeiro seria o de sua implantação; o segundo, o de sua consolidação e expansão. O marco divisório entre os dois, à falta de data mais precisa, poderia ser fornecida pela história: mais precisamente, dezembro de 1968, quando foi editado o Ato Institucional V (AI-5) pela ditadura militar. Nessa época, os militares decretaram o estado de exceção e implantaram a mais truculenta e inapelável forma de censura a todo tipo de produção cultural. Cuidaram, porém, não apenas de calar a voz da sociedade ou das formas então vigentes de cultura, mas, ao mesmo tempo, de alterar as bases materiais tanto da produção cultural quanto da circulação das obras, mediante a modernização autoritária e conservadora – configurando um efetivo ato de contra-revolução, se é que posso falar assim – da indústria cultural no país. Essa política, que almejava superar a produção artesanal da cultura, favoreceu de maneira desmedida a formação de poderosa(s) rede(s) de televisão.

Para concretizar agora nosso objetivo será melhor concentrar a atenção no período da consolidação da TV, enfocando mais de perto os anos 1970, visto que muito do que ocorreu nas décadas posteriores decorreu da ação da ditadura militar na década apontada. Talvez até pudéssemos iniciar a análise identificando um fato capital para a vida do país e para a produção daquilo que poderíamos chamar de "sociabilidade postiça". Se, de fato, como observou Adorno, o alcance e a influência da televisão é inseparável da forma em que ela é consumida, então ela exige a absoluta submissão do espectador: no ambiente doméstico, geralmente na penumbra – que incentiva o relaxamento físico e psíquico –, ele se entrega ao aparelho com docilidade. Esse fato objetivamente reduz a apreensão crítica, ou, antes, a impede, configurando assim aquela atmosfera imprópria à atividade intelectual, tão destacada por Adorno.

O caráter regressivo da TV é reforçado ainda tanto pelo fato de o espectador buscar nela escapar do sofrimento diário imposto pelo processo social – "divertir-se é estar de acordo" – quanto pelo fato de ela oferecer a ele uma linguagem-imagem regulada por mecanismos e fluxos que "mobilizam o pré-conceitual", a qual, tanto quanto a busca da diversão, dispensa ou impede o pensamento e a reflexão.

Além disso, a destinação da TV ao uso doméstico objetivamente a transforma em poderosa máquina de produção do isolamento. Com efeito, ao ligar o aparelho, nos retiramos do convívio social: somos inapelavelmente arrancados do contexto vivo das relações reais. Forçados a recuperar a energia dispendida no processo de trabalho ou, mais recentemente, a buscar, enquanto espectadores, a inclusão social – objetivamente impedida pelo processo econômico –, somos isolados, atomizados. Quebra-se assim a socialização real e instaura-se outra bem diversa, postiça, autoritária, planejada.

A constelação formada pela gravitação desses diversos aspectos ao redor da TV ganha maior nitidez se percebermos, em seu modo de brilhar, imagens que remetem a um evento novo e decisivo: a destruição do espaço público pela televisão, que o recria como privado. Nova imagem-relâmpago: o clarão deixa entrever a formação da administração total no Brasil, forma enviesada do entrarmos no concerto das nações.

Acrescentamos agora novos pólos nessa constelação. (Esse procedimento não é arbitrário. As novas estrelas devem cristalizar forças sociais poderosas e atuantes decisivamente, de modo a iluminar o céu da história. Só assim podem ser reconhecidas pelo olho treinado do observador.) A expansão avassaladora da televisão comercial no Brasil durante os anos 1970, patrocinada pela ditadura militar, por um lado, parece ter ajudado a erradicar com velocidade sem precedentes a mentalidade agrária então predominante na maior parte das regiões brasileiras. Ela ajudou assim, de modo formidável, a produzir uma espécie de efetiva integração dessas regiões, auxiliando a soterrar ou a desintegrar as várias culturas regionais. Ela também forçou a uniformização dos espectadores, transformando-os em consumidores. Simultaneamente, tornou próximo o distante e distante o que é próximo. Ela, nesse aspecto, ofereceu ao usuário a sensação ilusória de que ele integra ativamente a comunidade mundial enquanto, de fato, o distancia dos acontecimentos nos quais poderia interferir. A TV torna desinteressante exatamente aquilo que, socialmente, é do interesse imediato do cidadão. Por outro lado, vista no conjunto dessa complexa rede de relações, ela também pode ter sido um dos mais decisivos instrumentos postos a serviço da erradicação das eventuais conseqüências explosivas de nossa história cultural e política mais recente. Se a censura, predominante no auge da ditadura militar, serviu para suprimir a produção cultural local e criar uma reserva de mercado destinado à produção cultural originária dos EUA – poderoso interesse presente na tessitura do período –, foi a televisão que ajudou a estabelecer as condições propícias à sua supressão, visto que ela cria enormes dificuldades para a sobrevivência da produção cultural autônoma, inclusive por forçar a produção de um tipo de amnésia histórica. Conseqüentemente, um crítico mais afoito poderia concluir que a televisão no Brasil criou um campo de concentração do espírito e, nessa medida, as condições materiais necessárias para o estabelecimento de um modelo de organização política que chamamos de democracia, já que efetivamente não conseguimos nomeá-lo. Sem o auxílio das lentes fornecidas por Adorno, talvez não notaríamos isso.

IV. LITERATURA

COMUNICAÇÃO NUM MUNDO DISTÓPICO:
Small talk – conversas vazias

Newton Ramos-de-Oliveira

As relações entre linguagem e política são cada vez mais importantes.
Douglas Kellner

Guerra é paz, liberdade é escravidão, ignorância é força.
George Orwell

Utopias

Entende-se por utopia ou eutopia a descrição de uma sociedade imaginária, ideal, na qual sociedade civil e Estado convivem em perfeita harmonia. Platão, aproximadamente em 360 a.C., foi o autor da primeira "utopia", de título *A república*. Esse termo, no entanto, só foi cunhado em 1516 por Thomas More (1478-1516), que o utilizou no título de seu livro *De Optimo Reipublicae Statu deque Nova Insula Utopia*. Nele, Thomas More descreve uma sociedade organizada racionalmente como república, na qual vigora uma total comunhão de bens – inspiração dos jesuítas na fundação das "reduções", ou "missões", para cristianizar e civilizar nossos vizinhos guaranis do Paraguai. A importância desse gênero é assim defendida por Oscar Wilde ao afirmar que "[u]m mapa que não traga o país da Utopia não merece sequer um olhar, porque desconhece o único país a que a humanidade aporta constantemente. E, sempre que a sentinela lança a âncora [...] a humanidade novamente abre as velas"[1].

---

[1] Oscar Wilde, *A alma do homen sob o socialismo* (Porto Alegre, L&PM, 2005), p. 9.

O conceito de utopia é amplamente discutido em vários campos do saber, em especial na literatura e na sociologia. Na sociologia basta citar as concepções de Karl Mannheim, que diferencia o pensamento ideológico, referente a uma versão idealizada da realidade corrente, e o pensamento utópico, que deseja um novo tipo de sociedade. A esse respeito, assim comenta Aldo Maffey no *Dicionário de política*, de Bobbio, Matteucci e Pasquino:

> A mentalidade utópica pressupõe não somente estar em contradição com a realidade presente, mas também romper os liames da ordem existente. [...] Transcende a situação histórica enquanto orienta a conduta para elementos que a realidade presente não contém: portanto não é ideologia na medida em que consegue transformar a ordem existente numa forma mais de acordo com as próprias concepções. Utopia é, isto sim, inatuável somente do ponto de vista de uma determinada ordem social já sedimentada.[2]

Para Herbert Marcuse[3] a utopia é um conceito ultrapassado, porque hoje qualquer transformação do presente técnico e natural é uma possibilidade real. A utopia como força cinética orienta-se pela convicção de que não se pode contestar a efetiva possibilidade de eliminar a fome e a miséria com as forças produtivas materiais e intelectuais já existentes.

Já o conceito de uma antiutopia recebeu a designação de "cacotopia" pelo filósofo Jeremy Bentham (1748-1832) e de "distopia" pelo também filósofo John Stuart Mill (1806-1873) para indicar o oposto exato de utopia, ou seja, designar uma sociedade fictícia totalmente indesejável.

Indecisões: utopias ou distopias?

Além dessa multiplicidade de sentidos atuais, deve-se recordar que, desde os tempos gregos clássicos, há certa indecisão sobre as sociedades completas: são utópicas ou distópicas? Esparta foi concebida e constituída por Licurgo como utopia, mas aos olhos de Atenas era uma distopia.

O cientista estadunidense Skinner é autor de um livro denominado *Walden Two*[4], no qual cria uma comunidade utópica em que, por meio de uma tecnologia do comportamento, todos os cidadãos são felizes e consideram sua sociedade perfeita (bem aparentada com o *Brave New World/ Admirável mundo novo*, como se vê...) O antagonismo entre as duas concepções demonstra a amplitude dos desencontros teóricos a esse respeito.

---

[2] Norberto Bobbio; Nicola Matteucci e Gianfranco Pasquino, *Dicionário de política* (Brasília, Editora da Universidade de Brasília, 1991), p. 1285.
[3] Herbert Marcuse, *O fim da utopia* (trad. Carlos Nelson Coutinho, Rio de Janeiro, Paz e Terra, 1969).
[4] O título indica uma seqüência ao original *Walden*, de Henry David Thoreau.

Ficção científica: do diabo à ciência

Na verdade, a distopia indica uma crítica, advertência ou sátira de tendências que já se fazem presentes para as pessoas mais sensíveis, pessoas com abertura para percepções *avant la réalité*. Nesse sentido, as distopias são imagens do presente embora ainda como presságios. Nos tempos modernos, com o imenso desenvolvimento da tecnologia e de certo mal-estar quanto a suas possíveis conseqüências à sociedade e a seus indivíduos, surgem romances de ficção científica freqüentemente designados pelo termo inglês "Sci Fi". Esse termo inicia-se como expressão inglesa possivelmente pelo fato de o impulso por criações científicas em todos os campos de atividade ser um traço que caracteriza a sociedade norte-americana através dos tempos. Hoje "Sci Fi" ingressa no que já está sendo designado como palavras universais, esse imenso patrimônio mundial que acolhe termos oriundos de vários países, como as palavras "alô", "ciao", "avant la lettre", "bye-bye" e tantas outras que, para o mundo cultural, começa-se a criar um moderno e natural esperanto.

A produção de uma ficção que desdobra e unifica o sonho e o pesadelo sob a regência do diabo cresce paralelamente à expansão da ciência e da tecnologia. Não é dessa época que cresce o impulso do capitalismo? De certa maneira, diretamente dos pactos faustianos medievais, esse mito revigora-se pelo *Dr. Fausto*, obra-prima de Goethe (1749-1832), e moderniza-se por Oscar Wilde (1854-1900), no romance *O retrato de Dorian Gray*. O maravilhoso e o demoníaco cedem seus poderes à ciência e às suas aplicações. Trata-se de uma coincidência simbólica essa passagem do instrumento diabólico ao instrumento científico, mas, no símbolo, muitas verdades mais profundas existem. Também deve-se notar que tais romances iniciam-se no estilo de época do romantismo e sob a hegemonia de um capitalismo que vai se tornando mais agressivo. No sentido moderno da expressão, a ficção científica inicia-se em 1818 com o romance *Frankenstein*, de Mary Shelley (1797-1851), bem como as obras de H. G. Wells, como *A guerra dos mundos* e *A máquina do tempo*. No cinema, são muitas as obras de grande sucesso econômico chamadas de *blockbusters*, como *Uma odisséia no espaço*, que hoje pretende constituir-se como filme *cult*, uma espécie de Harry Potter um pouco mais adulto[5]. Como vemos, o cinema apresenta uma indústria cultural bem agressiva.

A Inglaterra – berço da distopia?

Há certa interrogação quanto ao seguinte fato: a composição de romances distópicos é prática corrente na Inglaterra, onde se destacam *As viagens de Guliver*, de Jonathan Swift (1667-1745); *Alice no país das maravilhas*, de Lewis Carroll

---

[5] Deixamos de citar outras obras de ficção científica por não constituírem tema central deste ensaio.

(1832-1898); *Admirável mundo novo*, de Aldous Huxley (1894-1963); *1984*, de George Orwell (1903-1950); *Laranja mecânica*, de Anthony Burgess (1917-1993), e *The children of men*, de P. D. James (1920-). Há, nessa abundância de distopias no solo britânico, algo a ser investigado. Por que, desde Shakespeare, os autores ingleses ou sob domínio inglês, em vez de criticar diretamente a sociedade e o tempo em que vivem, refugiam-se ou no tempo (*Henrique IV* e *Henrique V*, *Ricardo II* etc.) ou no espaço (*Macbeth*, *Hamlet*, *Othelo* etc.) ou, ainda, em ambos (*Julio César*, *Romeu e Julieta* etc.)? Com certeza, repetiria o dramaturgo: "Há algo de podre no reino da Dinamarca"[6].

Sabemos bem que essa Dinamarca não era a Dinamarca. Após Shakespeare, os autores de críticas ao sistema social hegemônico em seu país usam artifícios para ocultar que suas previsões sombrias já estão presentes na sociedade inglesa. Não que inexistam distopias em outros países: nos Estados Unidos, por exemplo, destaca-se *Fahrenheit 451*, de Ray Bradbury[7]. Mas a tradição distópica inglesa ultrapassa a de outros países do primeiro mundo. Se somarmos esse grande número de distopias inglesas ao fato de que obras importantes e estilisticamente avançadas sofreram freqüentemente a ação inflexível da censura, poderemos apontar a onipresença do Estado e da sociedade civil no campo das idéias. Obras de James Joyce sofreram com grande freqüência a ação da censura e a proibição de ser editadas. Os contos de *Os dublinenses* demoraram dez anos para poder ser publicados. Quanto ao *Ulisses*, James Joyce iniciara sua publicação seriada em 1918 na revista *The Little Review*, mas, em 1920, a revista teve de interromper a edição dos capítulos. Somente em 1922, o autor consegue publicar o romance na França. No Reino Unido é liberada a publicação dessa obra revolucionária apenas em 1936. Outro exemplo, apenas para levantar a beira do tapete, é dado pelos autores ingleses que se auto-exilam, como Oscar Wilde e Samuel Beckett ou os americanos cunhados por Gertrude Stein como "geração perdida" – dos quais se destacam Ernest Hemingway e F. Scott Fitzgerald. Esses fatos – opção pela forma distópica e auto-exílio – desmentem a visão dos países anglo-americanos como berços da democracia e da tolerância nos tempos modernos. Eis justificada a metáfora irônica com que Huxley denominou o Reino Unido: a "Pista de Pouso nº 1", simples ponto intermediário numa viagem aos Estados Unidos.

Os romances distópicos costumam desenvolver temas como a divisão da sociedade em classes sociais hierárquicas e intransponíveis, um sistema opressivo de coletar informações a respeito dos indivíduos; a predominância da resignação entre os cidadãos. Com certeza esses são alguns dos temas que conformam a vida de nossos contemporâneos.

---

[6] Frase de Shakespeare em *Hamlet*.
[7] Romance transformado em filme por François Truffaut.

Leituras marxistas, não marxianas

No marxismo ocorreu, nos seus redutos ortodoxos, uma desvalorização da palavra utopia, o que a colocou em desvantagem perante o chamado socialismo utópico. Na imensa obra marxiana, há todo um percurso de investigação a respeito da utopia. Os marxistas ortodoxos basearam-se, sobretudo, em dois textos: *Manifesto Comunista*, de Marx e Engels, e *Socialismo utópico e socialismo científico*, escrito por Engels. Na obra de Marx, não se trata de uma incrustação positivista, mas de uma formulação que convive com outra totalmente oposta, antagônica – esse tema é tratado exaustivamente por Miguel Abensour em seu livro *O novo espírito utópico*. Sem o princípio esperança, para tomar emprestado o termo de Ernst Bloch, sem um espírito utópico, como lutar por um mundo melhor? Por que os meios conservadores agarram-se com todas as forças ao combate contra o que não é agora? Por que Margareth Thatcher cunhou a expressão "Tina", "There is no alternative"? Por que a mídia exalta um mundo imutável? Por que o sonho por uma humanidade mais... humana e a denúncia da barbárie são combatidos pelos setores hegemônicos? Os setores dominantes preferem um futuro como repetição do mesmo, por isso rejeitam e resistem às utopias e até às distopias. Querem que a utopia, como "sonho diurno" ou "o ainda não consciente" não os ameace; nem os denunciem as distopias. Quais as fronteiras entre utopia e distopia?

Tempos de Shakespeare e tempos de Huxley

Adorno analisou o *Admirável mundo novo*, de Aldous Huxley, num ensaio que integra o livro *Prismas*. Bastam-nos alguns breves comentários. Huxley publicou seu livro em 1932, enquanto George Orwell terminou o *1984* em 1948, mas só o teve publicado em 1949.

O título *Admirável mundo novo* é um uso intertextual, cujo sentido foi ironicamente alterado. Admirável por quê? No texto de Shakespeare, que cunhou a expressão e a empregou na peça novelesca *A tempestade*, o sentido é literal. O dramaturgo inglês tinha motivos para ufanar-se, pois o mundo crescia e se ampliava profundamente com as descobertas marítimas e as novas invenções. Para Huxley, no entanto, o mundo já é visto como um pesadelo. O autor poderia ter usado outra expressão, também de Shakespeare, agora em Hamlet: "O mundo está fora dos eixos, ah, maldita sorte!". Huxley visava ainda elaborar uma crítica à utopia escrita por H. G. Wells em seu livro *Men like gods, Homens que se assemelham a deuses*.

O *Admirável mundo novo* era originalmente uma denúncia da falsa felicidade que Huxley via nos Estados Unidos e Adorno bem caracteriza no ensaio como "campo de concentração que se toma por paraíso". Seus prisioneiros, no entanto, não se revoltam, mas se adaptam, se integram, anulando-se como seres autônomos.

Essa distopia que se quer utopia foi antevista pelo autor "a partir do estado atual da técnica"[8]. Por seu desenvolvimento e sua liderança no processo de globalização, o "american way of living" atinge todos os países. Comparando essa sociedade integrada com os ideais da Revolução Francesa, vemos que Huxley substitui os lemas libertários "igualdade, liberdade e fraternidade" para "comunidade, identidade e fraternidade", que correspondem, grosso modo, a seres estandardizados que passivamente se sujeitam a uma sociedade administrada, na qual "a coletivização total corresponde à dominação total"[9].

Nessa fantasia de enredo elementar (a expressão é de Adorno), a existência de seres humanos envolvidos em relações mercantis vazias de conteúdo existencial faz a comunicação restringir-se aos pensamentos e formulações do tipo *small talk*, conversas vazias. Nessas não-falas o não-entender transforma-se em virtude. Homens e mulheres perdem seus tempos com assuntos banais e acríticos. Como as relações deixam de ser humanas e adotam formas mercantis, comerciais, tais falas vazias ocorrem não entre cidadãos ou seres autônomos, mas entre simples consumidores. Observemos que, hoje em dia, esse caráter de insignificância já se dissemina pelo mundo todo, dado o crescente predomínio da indústria cultural fortalecida pelos movimentos conflitantes de uma globalização que é, ao mesmo tempo, inclusiva e exclusiva.

A ignorância como arma de resistência?

No Brasil (e parece que também em outros países), certo tipo de camada social exibe em seus carros e calhambeques frases grosseiramente erradas[10] de propósito; tais pessoas tentam – em acontecimentos de massa, como as partidas de esporte – atrair as filmadoras das estações de televisão para cartazes desse tipo. Se a televisão passa por segundos pelas suas imagens, está realizada a glória antevista como "quinze minutos de fama" por Andy Warhol. A cultura e a escolarização eram prometidas como instrumentos de ascensão social; hoje o neoliberalismo abandonou tal engodo, porque a realidade que o contradiz está aos olhos de todos. Resta, então, a tais pessoas consolar-se com a afronta e a desvalorização da cultura. Forma-se nos subterrâneos sociais uma língua própria dos vencidos que, destituídos de forças reais para o protesto, espalham a inutilidade da escola e do patrimônio cultural da língua materna.

---

[8] T. W. Adorno, *Prismas: crítica cultural e sociedade* (trad. Augustin Wernet e Jorge M. B. de Almeida, São Paulo, Ática, 1998, Série Temas – 64), p. 92.
[9] Ibidem, p. 94.
[10] Como exemplo: "Xike no úrtimo!".

Também na internet (*blogs, chats* etc.), os que escrevem adotam a grafia que lhes parece mais descuidada num movimento que demonstra um mecanismo de defesa preventiva. Parece que o "netspeak", com sua eliminação das vogais (como vc = você) ou emprego de qualquer letra sem respeitar a ortografia (como "kda koiza ecitante"), firma-se em todo o mundo. O que interessa é comunicar. Quem assim procede acaba analisado não como ignorante ou analfabeto, mas como rebelde e indiferente aos fatos e convenções da cultura oficial. A incultura muda os sinais algébricos. Alguns lingüistas desorientados acharão tal atitude até interessante e indiferente.

Sorria, você está sendo filmado

Huxley concentrou suas críticas ao modelo norte-americano de vida, enquanto George Orwell descreveu uma sociedade totalitária. Surgido em pleno período de "guerra fria" exacerbada pelo macarthismo[11] – que aceitava acusações sem prova para condenar "suspeitos" e cassar-lhes os direitos civis –, o romance distópico de Orwell foi imediatamente simplificado como uma crítica e um alerta apenas contra o estalinismo. Descreve ele uma sociedade opressora, na qual todos são ininterruptamente observados pelas chamadas "teletelas" que, ao mesmo tempo em que transmitem imagem e som, filmam e arquivam dados sobre as pessoas. Por enquanto a tecnologia não construiu um aparelho com essas duas funções, mas recebemos imagens e sons via satélite num sistema que cada vez mais se universaliza e já reúne condições técnicas para efetivar essa peça terrível. Somos todos filmados nos mais variados ambientes. Obedecemos ao mandamento "sorria, você está sendo filmado" nas casas comerciais, bancárias e de diversão, nas fábricas – em suma, em todos os lugares. Há cidades em que a internet filma os transeuntes em um momento exato em pontos específicos. Os radares também. O "searcher" Google Earth está bem próximo de tais realizações.

Se observarmos bem, nossos computadores gravam dados de cujo destino possível não temos a menor idéia. Pairam como ameaças implacáveis. Cada computador tem um registro (como nosso R.G.), denominado I.P., que permite recolher informações sobre ações e pensamentos do usuário do aparelho. Estabelecimentos e instituições, como as universidades, colocam esses tipos de espiões nos corredores e salas de aula. Já nos anos 1950, algumas escolas Senac tinham aparelhos que tanto gravavam as aulas quanto podiam transmitir aos alunos as vozes das autoridades. Um programa rotineiramente usado como o Word registra variadas propriedades dos documentos – alguns que conhecemos, outros que desconhecemos.

---

[11] Referência à prática política obscurantista liderada nos anos 1950 pelo senador estadunidense Joseph Raymond McCarthy.

Orwell destaca também a manipulação de informações, que vão tecendo e destecendo diferentes versões para os mesmos fatos ou para fatos forjados. É de conhecimento geral que as fotos iniciais da Revolução Soviética foram sendo, com o passar dos anos e permanência de Stalin, pouco a pouco reduzidas: personagens, como Trótski, foram apagados. Confiar não é mais possível numa sociedade assim totalitária. Sabemos todas as dezenas de guerras feitas pelos EUA após a Segunda Guerra Mundial?

Não é apenas na dimensão global que o ocultamento da história acontece. Ocorre a todos os instantes em que há uma opressão, um preconceito. Um caso ilustra o gênero: o tardio reconhecimento do pioneirismo de Vivien T. Thomas, Supervisor dos Laboratórios de Pesquisa Cirúrgica da Universidade Johns Hopkins, nos Estados Unidos. A primeira operação cardíaca em bebês cianóticos foi realizada por uma equipe na qual se sobressaía Vivien. Mas Vivien era um afro-estadunidense: a universidade, ao comemorar a conquista médica, homenageou apenas o cirurgião Blalock e outros membros (todos brancos) da equipe médica. O reconhecimento do pioneirismo de Vivien só ocorreu anos depois. Em seu livro, Vivien narra a cerimônia da qual participou como garçon e em que sequer foi citado. Ao retirar-se do salão onde ocorria a homenagem aos cirurgiões brancos, Vivien comentou: "eu estava invisível"[12]. No cotidiano, muitos são os seres humanos "invisíveis".

A internet sem fronteiras?

O que muitos saúdam como um instrumento extraordinário para firmar relações democráticas sem fronteiras não parece manter-se. Acordos das grandes corporações de tecnologia da informação, Google e Yahoo, com o governo chinês impressionam as pessoas mais alertas. A Google pré-censura qualquer artigo que tenha ligações com relatos e análises sobre o massacre da Praça da Paz Celestial. Tais informações estão no espaço cibernético chinês apenas se favoráveis à interpretação governamental. São de conhecimento público no Ocidente os casos em que a Yahoo forneceu informações para que o jornalista Shi Tao e o ex-funcionário público Li Zhi pegassem respectivamente oito e dez anos de cadeia. Orwell pressentiu acontecimentos desse tipo, dando-lhes o nome de "crimidéia". Eis a internet usada para vigiar e punir. Os PCs brasileiros "começaram a receber uma atualização automática do Windows que instala um programa capaz de identificar o registro do sistema operacional, o modelo do computador e o número do disco rígido"[13].

---

[12] O filme *Something the Lord made / Quase deuses* (2004), dirigido por Joseph Sargent, apresenta esse caso histórico.

[13] Demétrio Magnoli, "Ele está entre nós", *Folha de S.Paulo*, 10/8/2006, p. A2.

Um instrumento manipulador

Um dos instrumentos que nem Huxley, nem Orwell, conseguiram localizar foi detectado por Adorno e Horkheimer. Trata-se da indústria cultural. Os programas de televisão denunciados por Orwell como também gravadores transmitem notícias com sabor e corpo semelhantes às leituras de órgãos da imprensa oficial. Já a indústria cultural tem ares de grandes revelações e de agradável peça de arte. Atrai, conquista, adultera, emburrece, anestesia, destrói – mas, numa atmosfera psicológica de algo que faz bem, eleva. Como dizia Adolf Hitler; "nunca fomos tão informados!"; hoje ouvimos dizer "nunca fomos tão autônomos!". A informação vazia e a arte vulgarizada são instrumentos da semiformação vencedora. Lá, era deixar de sentir; agora, é ter a ilusão de sentir.

O problema lingüístico

O século XX foi o século do confronto triangular entre o estalinismo, o fascismo e a sociedade administrada pelo regime que se denomina democracia. A comunicação se tornou, ao mesmo tempo, urgente e deformada. As palavras foram tomadas por campos semânticos flutuantes. "A arte de narrar tende para o fim porque o lado épico da verdade, a sabedoria, está agonizando"[14], dizia Benjamin ao contrapor que toda narração só é real quando apresenta amplitude de oscilação[15], ao que Hans Robert Jauss completaria: "quando se abre ao receptor". Uma nova variável tem se firmado desde os tempos de Descartes: o mundo se mundifica. Torna-se um admirável mundo novo shakespeareano, no sentido aparente, e distópico, no sentido real. As relações humanas decrescentes e as crescentes relações mercantis colocam em xeque a narrativa, o indivíduo e a própria linguagem.

Grandes artistas como James Joyce cunham novos vocábulos e expressões para fugir ao vazio semântico e os aplicam em contextos constituídos por *streams of consciousness*, discursos interiores. Uma língua artificial é criada por Schleyer em 1880 e recebe o nome de Volapük/Volapuque. Em 1887, L. L. Zamenhof cria um projeto que encontra maior aceitação, o esperanto. Movimentos desse tipo evidenciam que há no ar, impreciso em suas conseqüências, um grande mal-estar e certa ânsia por uma solução definitiva. Pretende-se disseminar uma língua-ponte que sirva para a compreensão entre povos e pessoas de diferentes línguas, pois a transmissão de conhecimentos só se realiza plenamente quando os parceiros estão em igualdade lingüística, ambos usando a língua materna ou a língua ponte, neutra.

---

[14] W. Benjamin, "O narrador", em *Textos escolhidos – Walter Benjamin, Max Horkheimer, Theodor W. Adorno, Jürgen Habermas* (trad. José Lino Grünnewald et al., São Paulo, Abril Cultural, 1980, Os pensadores), p. 59.
[15] Ibidem, p. 61.

A língua nacional hegemônica eleva seus falantes por nascimento, porque é seu proprietário, e o outro é o adventício, o estrangeiro, o *outsider*. Um indevido *jus sanguinis*. O natural daquele país lingüisticamente hegemônico tem o conhecimento fundamental da língua, o certificado de propriedade, mesmo quando emprega "erradamente" seus vocábulos e sua estrutura. Apenas uma língua planejada poderia abrir uma brecha, pequena, mas importante, nesse diálogo desigual.

O patrimônio lingüístico de um país é um dos seus maiores bens. Com sua transmissão intergeracional são dados e conservados milhares de características, fatores e costumes especiais e únicos daquele país ou de uma de suas comunidades lingüísticas. A morte de um idioma representa, portanto, uma perda inestimável a uma nação e à humanidade. A Constituição Federal brasileira tutela nosso patrimônio lingüístico pelos artigos 215 e 216. Temos 234 idiomas falados aqui; outros 41 idiomas já estão extintos e alguns em processo urgente de extinção, como a língua kuruaya, hoje falada por meia dúzia de índios; a língua xypaia, falada por duas senhoras; a língua arikapu, falada por seis pessoas, a puruborá, falada por duas pessoas; a língua maku, falada por um indígena de 75 anos. Esses dados e outros igualmente impressionantes estão recolhidos pela ONG Ethnologue – languages of the world[16].

No entreguerras do século XX, a difusão do esperanto dava-se com certa força, o que possibilitou uma proposta na Sociedade das Nações para que essa língua planejada fosse usada como língua neutra entre os estados-membros. A proposta foi rejeitada em especial por pressão do governo francês, que lutava para que sua língua continuasse com o *status* de língua diplomática.

Línguas nacionais empobrecidas

Nos anos finais dessa mesma década, o inglês Charles Kay Ogden propôs um projeto alternativo ao esperanto, o "basic english". Grande foi a recepção dessa nova língua nas áreas conservadoras por suas conseqüências imediatas de evitar uma solução lingüisticamente determinada e acelerar a internacionalização da língua inglesa. Um de seus entusiastas foi I. A. Richards, expoente da corrente crítica literária chamada New Criticism. Logo outros países, que financiam a exportação de seus idiomas, lançaram projetos, dos quais basta destacar apenas os seguintes: nos Estados Unidos, o Toito Spike (1923), na Alemanha, o Wede (1915), na França, o Patoisglob (1898). Charles Kay Ogden lança em 1930 um projeto para permitir a comunicação por um inglês simplificado em seu vocabulário e em sua gramática. Ogden é claríssimo:

---

[16] http://www.ethnologue.com. Acesso em: agosto de 2006.

Se alguém pegar os 25.000 vocábulos do Oxford Pocket English Dictionary e as redundâncias de nossa rica língua para eliminar palavras descobrirá que os conceitos daquele dicionário podem ser atingidos com 850 palavras. [...] BASIC como instrumento de pensamento: é uma garantia de que as palavras mais necessárias à estrutura serão trabalhadas tantas vezes que o usuário as terá sob controle de tal modo que as idéias mais complexas virão à sua mente como partes de um sistema e não como ficção solta no ar.[17]

Como podemos ver, simplifica-se a língua para tornar simples ou simplórias a expressão e a comunicação. O esperanto pretende, como língua ponte, permitir a comunicação integral entre falantes de idiomas diferentes e a conservação das línguas existentes. O "basic", segundo seu criador, foi difundido na esperança de que as línguas menores sejam eliminadas e um inglês capenga faça a ponte entre povos de expressão diferente. Ogden continua firme em suas declarações ao dizer, em 1991, segundo Baily: "O mundo precisa de aproximadamente mil línguas mortas e mais uma viva"[18].

O projeto basic fracassou. Hoje outras tentativas são feitas, como o "globish"[19] e o "europanto"[20]. O globish é simples: trata-se de aceitar o inglês com sotaque e com erros sintático-estruturais. Dizem: basta que a comunicação aconteça. Não interessa a correção gramatical ou vocabular. Ou seja, a quem não é falante do inglês, basta um pensamento tosco. Já acontece nas trocas econômicas, políticas ou simplesmente coloquiais. O fato de que essa comunicação é considerada secundária aos países de fala inglesa... O "Europanto" iniciou-se como uma brincadeira criada por Diego Marani, um intérprete da União Européia. Consiste no uso da estrutura lingüística do inglês com palavras das línguas dominantes (alemão, francês, italiano, espanhol e o próprio inglês). O que começou como uma piada, hoje chega a ser aplaudido pelos que combatem para manter e intensificar a supremacia da língua inglesa. Globalizando uma expressão do sociólogo Gilberto Freyre, a linguagem da senzala não deve ser a linguagem da casa-grande...

Como se vê, é objetivo da união anglo-americana que o inglês se torne língua internacional em sua forma natural ou abreviada, com vocabulário reduzido, com regras gramaticais maleáveis. Também os regimes totalitários perseguiram o esperanto, como documentam vários livros, dentre os quais, por sua farta documentação, os de Ulrich Lins, que demonstram que tanto Hitler quanto Stalin

---

[17] Charles Kay Ogden, *Basic English: A General Introduction with Rules and Grammar* (Londres, Paul Treber, 1930).
[18] Idem.
[19] Cf. "One language for all", *Speak Up*, n. 232, p. 36-7.
[20] Cf. "The failure of artificial languages", *Speak Up*, n. 234, p. 14-5.

consideravam essa uma "língua perigosa". Outros países de regimes diversos também perseguiram e até assassinaram esperantistas.

Tempos de guerra fria, tempos de macarthismo

George Orwell foi cuidadoso leitor do *Admirável mundo novo*, de Huxley, publicado em 1932, e publicou seu romance 17 anos mais tarde, em plena Guerra Fria e, mais ainda, na vigência do período macarthista. Seu currículo indica que participou da Revolução Espanhola lutando pelas brigadas democráticas; findo esse conflito, passou anos de pobreza em Paris e Londres, exercendo a função de jornalista. Esse percurso lhe deu a percepção de que a década de 1930 havia trazido dois autoritarismos, o nazifascista e o estalinista, mas também que, no pós-guerra e na democracia, o homem tendia a ser monitorado e a perder a emissão e recepção de conteúdos significativos. Compreendeu bem a importância fundamental da língua, motivo pelo qual elaborou na distopia uma língua em extinção provocada pela sociedade administrada e a formação de uma língua especial para restringir a possibilidade de pensar e refletir: respectivamente o oldspeak e o newspeak. O oldspeak é o inglês como língua natural que cumpre eliminar, e o newspeak, a nova língua, o novo estilo de não-pensar e não-refletir. O newspeak seria gradativamente implantado, calculando-se que estaria completamente em vigor por volta do ano 2050. O cálculo de Orwell combina bem com a estimativa de ONGs como a Ethnologue. Alguns pesquisadores calculam que, por volta de 2100, metade das atuais línguas estarão extintas, em grande parte pela supremacia política, cultural e econômica dos Estados Unidos[21].

Newspeak ou basic-2

Na Oceania de 1984, o autor afirma a permanência provisória do Standard British, agora denominado oldspeak, e a progressiva emergência de uma língua oficial do Ingsoc, o newspeak. Orwell descreve longamente o newspeak, mas teria sido mais claro se houvesse denominado esse idioma oficial como "basic-2", pois o vocabulário inglês é em parte mantido, em parte simplificado e, em parte, eliminado; quanto à gramática, esta continua a mesma, mas eliminadas as exceções (traço de todas as línguas planejadas). O propósito do newspeak não é a expressão e a comunicação, mas cumprir os objetivos do Ingsoc e, acima de tudo, impedir o exercício de outros estilos de pensamento. De ano a ano, o dicionário oficial da Oceania traria um número menor de palavras.

---

[21] Raymond G. Gordon (Ed.), *Ethnologue: languages of the world*. (15. ed., Academic Bookstore, 2005).

Para nossos propósitos, os aspectos abaixo devem bastar para explicar as três camadas do newspeak, a saber, A, B e C. Poderia, portanto, afirmar que o newspeak eliminaria redundâncias, a polissemia conotativa, declarações que não estivessem inseridas numa doutrina total(itária), ou seja, nas palavras de Ogden, impediria a "ficção solta no ar" – ou seja, implantaria um pensar inescapável: o neopositivismo newspeak.

O vocabulário A teria constantemente o expurgo de palavras até reduzir-se apenas a ações rotineiras e a objetos: comer, dormir, respirar; mesa, bola, sapato. Às vezes, a palavra não seria extinta, mas livrada de sentidos perigosos. Exemplo: a palavra "free/livre" serviria apenas para frases que demonstrassem carências, como "Este campo está livre de ervas daninhas" ou "os cães estão livres de piolhos". Jamais, portanto, em sentidos "no ar", com sentido político, existencial ou intelectual. Contribuiria para limitar as dimensões semânticas do pensamento.

O vocabulário B seria construído claramente por propósitos políticos, uma espécie de taquigrafia com o intuito de eliminar sua trajetória histórica – em especial se essa "ficção no ar" tivesse encaminhado o vocábulo para integrar um ramo do conhecimento. Elimina-se, desse modo, o pensamento do processo e da dialética denominada "duplopensar" e confundida com antônimos, paradoxos e contradições lógicas. "Filosofia", por exemplo, seria substituída pela expressão "pensar bem"; os filósofos seriam "oldthinkers"/velhos pensadores. Eliminar-se-iam completamente algumas palavras, por serem "oldthoughts"/velhos pensamentos, como *honra, justiça, moralidade, democracia, ciência* etc.

O vocabulário C iria se referir a palavras empregadas por determinados setores da atividade humana, e cada conjunto de palavras C poderia ser visto apenas por seus especialistas. Assim, um médico conheceria só palavras técnicas como "anidrose, estomative, carcinoma" etc., enquanto um engenheiro em eletricidade conheceria palavras como "ohm, amplificador, indutância, díodo etc.". O técnico fica, portanto, limitado a seu próprio campo de atividade, desconhecendo profundamente as demais áreas do saber. O ideal da Oceania e do Ingsoc é formar o homem superespecializado, a quem não se permite a inter-relação entre saberes.

A realidade ultrapassa a distopia?

Os aspectos do newspeak ocorrem no dia-a-dia sem que seja necessário alterar a língua usada pelas pessoas e povos. Quem não se lembra das "democracias populares"? O jornal da cidade de São Carlos, *Primeira página*, demonstra saber empregar tanto o oldspeak quanto o newspeak: na página A5 da edição de 22 de agosto de 2006, publica a manchete "Tecumseh anuncia reformulação de quadro funcional" e, na página A1 da mesma edição, a manchete "Tecumseh demitirá até o final de setembro" com a submanchete "as demissões oscilarão entre 700 e 1.000 trabalhadores". O neoliberalismo é um dos motores atuais do newspeak. E quem domina o significado de várias siglas e abreviaturas?

O empobrecimento vocabular e expressional não se restringe a países periféricos. Pesquisas empreendidas por especialistas ingleses apontaram que centenas dos textos de Shakespeare desapareceram mesmo para pessoas cultas. De nova em nova geração, alteram-se os campos semânticos.

A sociedade de *1984*, como dissemos, tem apenas a repetição monótona de índices econômicos e políticos pelas teletelas. Diante da repetição constante, o receptor se cansa e desvaloriza o significado primeiro. Hoje a indústria cultural é muito mais eficaz e colorida. A imagem é sua máxima expressão. Gradativamente a escrita é substituída pela imagem e pela oralidade. Seus instrumentos são coloridos, atraentes, sedutores, variados. As mensagens são as mesmas, mas os nomes dos personagens e dos locais se alteram com tal multiplicidade ("o múltiplo é um", poderia dizer o habitante da Oceania numa frase do duplipensar), que atingem com impacto rápido e fulminante todas as mentes; pior, as configuram.

O pior é que os receptores esquecem de seus antigos critérios para aceitar afirmativas e fruir uma obra de arte. A indústria cultural mata o conhecimento e a arte, sem necessidade de novos artefatos. Há inúmeros setores deformados pela comunicação que não comunica. É também o grande enigma, desafio e obstáculo à literatura e à dramaturgia que, em seus melhores momentos, giram em torno dessa problemática. O grande dramaturgo de nossos tempos Samuel Beckett, autor de peças como *Fim de jogo* e *Esperando Godot* e, ainda, de peças minimalistas, como *Come and go*[22], demonstram bem essa centralidade, a incomunicabilidade não por razões ontológicas, mas por razões sociais que nos sufocam e esvaziam. As comunicações tornam-se *small talks*, conversas vazias num mundo distópico.

---

[22] Cuja tradução deveria ser invertida: "Ir e vir"...

THEODOR ADORNO, LEITOR DE ALDOUS HUXLEY:
tempo livre e indústria cultural

Jorge de Almeida

Todo leitor interessado nas discussões a respeito da "indústria cultural" deve se lembrar de uma interessante passagem do ensaio *O fetichismo na música e a regressão da audição*, na qual, ao criticar a música de entretenimento e suas conseqüências, Adorno escreve: "Aldous Huxley levantou em um de seus ensaios a seguinte pergunta: quem ainda se diverte realmente hoje num lugar de diversão?"[1]. Como de hábito, no espírito do ensaio como forma, Adorno não fornece indicações precisas de sua fonte, o que, se por um lado dificulta o acesso ao texto citado, por outro recupera a questão em um novo contexto, preservando a sua originalidade e alcance. O leitor curioso, que resolvesse buscar as fontes do texto mencionado, enfrentaria um grande problema, pois Huxley foi um dos ensaístas mais prolíficos de sua geração, escrevendo durante mais de quarenta anos centenas de ensaios sobre os mais diversos assuntos. Felizmente, a publicação, entre 2000 e 2002, dos *Complete Essays* do autor, em seis volumes[2], tornou possível uma visão geral dessa importante produção ensaística, trazendo de novo ao debate reflexões surpreendentemente argutas e instigantes sobre a situação da arte e da cultura na sociedade de massas.

Ensaístas críticos como Adorno e Huxley não são meros "observadores" ou juízes da produção artística e da cultura de sua época; eles também são delimitados, em seus pontos de vista e nos conceitos que criam ou utilizam, pela história, ou seja, pela constelação de problemas que, em determinada época, se impõem à reflexão, tanto dos escritores quanto dos filósofos[3].

---

[1] T. W. Adorno, "O fetichismo na música e a regressão da audição", em *Os pensadores* (São Paulo, Abril, 1983, vol. Escola de Frankfurt), p. 166.

[2] Editado e organizado por Robert S. Baker e James Sexton (Chicago, Ivan Dee, 2000-2002).

[3] Questão que tratei em minha tese de doutoramento, defendida em 2000 e publicada posteriormente com o título *Crítica dialética em Theodor Adorno: música e verdade nos anos vinte* (São Paulo, Ateliê, 2007).

Nesse sentido, para além da abordagem biográfica ou genealógica, o interesse da aproximação entre Adorno e Huxley fica evidente já pelo muito que une os dois autores, formados em tradições intelectuais tão diferentes: a atividade profissional como crítico de música (Huxley, assim como Adorno, assinou colunas como crítico de música em revistas especializadas por toda a década de 1920, acompanhando com interesse o confronto entre progresso e reação no âmbito musical); a desconfiança em relação aos propósitos da vanguarda mais radical, que gostaria de dissolver na práxis vital os pressupostos contemplativos da experiência estética clássica (tema fundamental do debate entre Adorno e Benjamin, do qual faz parte o texto sobre o fetichismo na música); uma sensível autoconsciência do próprio papel enquanto crítico e intelectual (irônica ou trágica, conforme o contexto); a tentativa de pensar as conseqüências políticas da nova sociedade de massas, marcada pelo olhar atento ao fenômeno da mercantilização e estandardização da arte e da cultura; e finalmente o exílio nos Estados Unidos, acompanhado da crítica ao potencial totalitário presente na sociedade americana.

Sabemos, além disso, que Adorno era um atento leitor de Huxley, chegando a recomendar vivamente a Horkheimer e Marcuse a leitura dos romances do escritor inglês. Em 1942, o grupo do Instituto de Pesquisa Social, já no exílio americano, dedicou um seminário à análise de *Brave New World* (1932), que deu origem a um belo ensaio de Adorno, "Aldous Huxley e a utopia", publicado posteriormente em *Prismas*[4]. Como Huxley não lia alemão, e os textos de Adorno não haviam sido traduzidos até a data de sua morte, é difícil imaginar uma contrapartida nesse interesse, embora ambos tenham certamente se encontrado na agitada vida cultural e social dos exilados europeus em Los Angeles[5].

Adorno e Horkheimer consideravam Huxley um nome importante no conjunto de autores que praticaram, na primeira metade do século XX, uma crítica não-dialética da cultura[6], justamente por estabelecerem uma oposição, de modo abstrato e idealista, entre o sentido tradicional da "cultura" e os avanços, já historicamente visíveis, da "massa", da "barbárie", ou mesmo da "vulgaridade" (como prefere Huxley). No ensaio sobre crítica cultural e sociedade, Adorno ressalta a importância de uma compreensão materialista (e dialética) desse problema, capaz de "suspender" [*aufheben*] o próprio conceito de cultura, evitando o lamento da "decadência", que gira em falso por ser incapaz de reconhecer que "a própria cultura surge da separação radical entre trabalho intelectual e trabalho braçal"[7].

---

[4] T. W. Adorno, "Aldous Huxley e a utopia", em *Prismas* (trad. Jorge de Almeida e Augustin Wernet, São Paulo, Ática, 1998), p. 91-116.
[5] Sobre esse tema, ver o interessante estudo de Anthony Heilbut, *Exiled in Paradise* (Los Angeles, University of California Press, 1983).
[6] Cf. T. W. Adorno e M. Horkheimer, *Dialektik der Aufklärung*, GS 3 (Frankfurt am Main, Suhrkamp, 1984), p. 15.
[7] T. W. Adorno, "Crítica cultural e sociedade", em *Prismas*, cit., p. 16.

É justamente a questão do "trabalho", e sua relação antagônica ou complementar com o "prazer", que norteia um importante ensaio de Huxley, cujos argumentos reverberam em vários dos textos fundamentais da crítica adorniana à indústria cultural:

> As horas de trabalho de um dia já são, para a enorme maioria dos seres humanos, ocupadas no desempenho de tarefas puramente mecânicas, nas quais nenhum esforço mental, nenhuma individualidade, nenhuma iniciativa é requerida. E agora, em nossas "horas de lazer", nos voltamos para distrações tão mecanicamente estereotipadas, e que demandam tão pouca inteligência e iniciativa, quanto nosso trabalho.[8]

A reflexão sobre o "tempo livre", que Adorno irá acompanhar em textos posteriores, parte também da crítica ao trabalho alienado. O reconhecimento da divisão entre trabalho intelectual e braçal é, em Huxley, baseado menos em uma análise da base econômica do que em uma observação (a partir de cima) do caráter "mecânico e repetitivo" do "desempenho de tarefas", que afeta inclusive o trabalho intelectual (tema presente em vários de seus contos e romances, principalmente em *Contraponto*, de 1928). A mesma lógica rege, na sociedade industrial, o tempo de trabalho e as horas de lazer; por isso as "distrações", longe de ter o aspecto político positivo vislumbrado por Benjamin, também seriam irremediavelmente "estereotipadas", o que as aproxima da esfera da produção de mercadorias em massa. Huxley está interessado nas conseqüências humanas, para a "civilização", dessa nova configuração do lazer, analisadas na questão (mais ética do que psicológica) dos "prazeres":

> De todos os diversos venenos que a civilização moderna, em um processo de auto-intoxicação, fermenta secretamente em suas próprias entranhas, poucos, a meu ver, são mais letais (embora nenhum pareça tão inofensivo), quanto essa coisa curiosa e assustadora, conhecida tecnicamente como "prazeres" (*pleasure*). "*Pleasure*" (coloco a palavra entre aspas para mostrar que estou me referindo, não ao prazer real, mas às atividades organizadas, conhecidas oficialmente pelo mesmo nome). "Pleasure", que pesadelo de imagens a palavra evoca! Como todo homem razoável e sensível, eu abomino o trabalho. Mas preferiria perder oito horas por dia em um escritório do governo a ser condenado a viver uma vida de "*pleasure*".[9]

Como bom escritor, Huxley percebe (antes mesmo da manipulação da linguagem realizada pelos estados totalitários, tema constante das críticas de Adorno e Horkheimer) que o aparato industrial recria "tecnicamente" o sentido de determi-

---

[8] Aldous Huxley, "Pleasures", em *Collected Essays*, v. I, 1923, p. 356.
[9] Ibidem, p. 355.

nadas palavras. No caso de "prazer", a distorção afeta tanto o termo quanto seu conteúdo, substituindo a promessa de real satisfação (necessariamente individual e criativa) com a reprodução, em forma de pesadelo, das "atividades organizadas". Antes de reconhecer o sentido pleno da "sociedade totalmente administrada", concebida por extrapolação no romance *Brave New World* (1932), Huxley já analisava, na década de 1920, o processo histórico, pensado em termos da "auto-intoxicação da civilização moderna", que fundamenta o caráter estereotipado da nova sociedade de massas. O fato de ver isso como "pesadelo" próprio à sociedade industrial, observando com desconfiança extrema qualquer possibilidade de solução política, o aproxima das teses posteriores de Marcuse, expostas em *Eros e civilização* e na análise do homem unidimensional.

Mas também o aspecto econômico desse novo estágio das "diversões" é percebido por Huxley, preocupado com o sentido dessas modificações no âmbito da própria arte: "A oferta de diversões *ready made* tornou-se uma indústria lucrativa"[10]. O caráter estereotipado da mercadoria afeta tanto a forma da distração quanto seu próprio conteúdo. Na busca de lucros, a nova indústria cria produtos cada vez mais simples, manipulando o consumo também esterotipado dessas mercadorias, em um processo de "progressiva imbecilização"[11]. Não estamos longe da reflexão sobre o fetichismo na produção de bens culturais para consumo, mas esse viés marxista, presente nas análises de Adorno, está ausente das reflexões de Huxley, que tem ainda uma atitude algo moralista, colocando a "culpa" desse processo tanto na "civilização" como um todo quanto nas próprias pessoas, que se deixam levar pelo vazio de sentido de suas vidas, consumindo com avidez as "distrações" que, industrialmente, lhes são oferecidas. Esse é o tema de outro artigo, escrito em 1925, intitulado "The Spread of Bad Art":

> Milhões e milhões de pessoas, aterrorizadas de tédio e apreciando um ócio que elas não podem preencher por si mesmas, estão suplicando por distração, implorando para ser livradas de sua própria e intolerável companhia, ansiando para que lhes sejam dados substitutos para o pensamento.[12]

O melhor "substituto para o pensamento" seria, como vemos no texto sobre o fetichismo, a música industrializada, em cuja crítica se aproximam novamente Adorno e Huxley. Cabe lembrar que a década de 1920 é o período de expansão do *jazz* na Europa. Incorporado por grandes nomes da música moderna e de vanguarda (como por exemplo Stravinsky, Milhaud, Hindemith e Ravel), o ritmo norte-americano, em suas variadas formas, torna-se o principal representante da

---

[10] Ibidem, p. 356.
[11] Ibidem, p. 355.
[12] Aldous Huxley, "The Spread of Bad Art", em *Collected Essays*, v. I, 1925, p. 168.

moderna indústria da diversão, sendo por isso exaltado por alguns e duramente criticado por outros. Huxley não disfarça o caráter elitista, e por vezes até mesmo racista, de sua crítica (que vê como bárbara inclusive a corrente russa representada por Stravinsky, curiosamente o principal defensor do neoclassicismo musical na década de 1920), mas é capaz de observações precisas, como a exposta no texto "Recreations", de 1927:

> As bandas de jazz atacam, com sua música melancolicamente bárbara, por horas a fio. Os *good timers* dançam. Nos abençoados intervalos de silêncio, eles sentam e fumam e batem papo e bebem. Os guinchos reiniciam. *His master's voice*, e obedientemente os *good timers* se põem de pé e começam novamente a dançar. E o ar se torna cada vez mais pesado, cheio de fumaça, quente e fétido, até que, por volta da uma ou duas da madrugada, a *good time* chega ao fim. E por todo o mundo, em milhares e milhares de hotéis e cabarés, cassinos e restaurantes e *night clubs*, uma *good time* exatamente similar está sendo oferecida, *ready made* e estandardizada, por aqueles cujo *business* é vendê-la.[13]

Novamente podemos notar a atenção de Huxley à manipulação publicitária da linguagem. Os *"good timers"* do texto são aqueles que "curtem sua diversão", obedecendo estereotipadamente aos impulsos estereotipados da própria música. Huxley chama atenção para um aspecto que hoje está na ordem do dia: administrada e "globalizada", transformada em *business*, a diversão *ready made* não conhece fronteiras, políticas ou culturais, espalhando-se pelo mundo na forma de diversas modalidades de "entretenimento", diversas apenas na aparência. O *slogan* da empresa Columbia, "*His master's voice*", é reproduzido de forma irônica, remetendo o leitor à imagem que forma o logotipo da empresa, um dócil cachorrinho ouvindo, obediente, a um gramofone. A mesma imagem é analisada por Adorno, em um de seus textos de crítica musical[14]. A mensagem é tão clara que quase não demanda interpretação, o que sem dúvida contribui para a tese de uma "servidão voluntária" dos consumidores da indústria cultural, cujos esquemas psicológicos foram analisados por Adorno em seus trabalhos de pesquisa nos Estados Unidos.

Mas a questão da liberdade pode ser relacionada ao problema da divisão social do trabalho, e assim voltamos à nossa primeira questão. Em seu segundo romance, *Antic Hay*, publicado em 1923, Huxley acompanha um grupo de jovens "modernos", representantes da "geração perdida" do pós-guerra, que vagam por Londres em busca de um sentido para a vida, a deles próprios e a dos outros. Em determinada passagem, o protagonista, Theodore Gumbril, bacharel em artes por Oxford, tenta desenvolver uma invenção que o fará rico: um calça "pneumática", capaz de se inflar

---

[13] Aldous Huxley, "Recreations", em *Collected Essays*, v. II, 1927, p. 86.
[14] T. W. Adorno, "Nadelkurven", em *Gesammelte Schriften* 19 (Frankfurt am Main, Suhrkamp, 1996), p. 528.

para proporcionar maior conforto. Aliás, a obsessão moderna pelo "conforto" é criticada por Huxley em vários de seus romances, antes mesmo de sua configuração utópica no *Admirável Mundo Novo*. Na conversa de Gumbril com um alfaiate culto e perspicaz, Mr. Bojanus, vemos o ponto de partida (e ao mesmo tempo, segundo Adorno, o ponto fraco) da crítica de Huxley às causas e efeitos da diversão administrada:

> Um homem sem ocupação definida seria livre? Eu digo que não. Não, a não ser que fosse um homem como o senhor ou eu, Sr. Gumbril, um homem sensato, um homem de idéias independentes. Um homem qualquer não seria livre, porque não saberia como preencher o tempo, a não ser em alguma coisa que lhe fosse imposta por outrem. Hoje em dia, ninguém sabe divertir-se por si; todos permitem que os outros o façam por eles. Ingerem o que lhes é oferecido. E têm que ingerir, quer gostem ou não. Cinemas, jornais, revistas, gramofones, jogos de futebol, telefone sem fios – fora disso não há diversão. O homem comum não consegue viver sem essas coisas. Aceita-as. E isso o que é senão pura escravidão?[15]

Adorno ao mesmo tempo reconhece o interesse e vê os pontos cegos dessa argumentação, típica da crítica não-dialética da cultura, como podemos ler em seu ensaio sobre *Brave New World*. Atento às modificações no âmbito da cultura, Huxley percebe a questão a partir de um conjunto de oposições: civilização contra barbárie; elite contra massa; prazer real contra prazer administrado; liberdade contra submissão à diversão industrializada. Nunca, entretanto, assume o caráter histórico, fundamentado pelo modo de produção econômico, dessas oposições. Elas são, de alguma forma, "naturalizadas", transformadas em "destino", sem que haja nenhum modo de reação que não seja o puramente individual, na resistência consciente e solitária ao poder do estado de coisas – como se vê no destino dos personagens principais de *Brave New World*. A saída política está ausente, assim como a econômica, já que o julgamento moral se sobrepõe a tudo, ainda que muitas vezes ironicamente. Já Adorno, por mais negativo que seja, não pode prescindir do "otimismo prático", tanto na tarefa do esclarecimento quanto na defesa, mesmo que teórica, da possibilidade de mudança no estado de coisas (que aliás é tomada como pressuposto fundamental por seus colegas Benjamin, Horkheimer e principalmente Marcuse). Nesse sentido, ele critica Huxley por "fetichizar o fetichismo da mercadoria", ao separar as relações de produção de seu modo de produção específico. E essa especificidade, no contexto da crítica cultural dialética, decorre justamente do caráter humano e histórico das relações sociais.

---

[15] Aldous Huxley, *Antic Hay* (Londres, Chatto & Windus, 1949), p. 33. Tradução brasileira de Eduardo Fonseca, com o título *Geração devassa* (São Paulo, Hemus, 1974), p. 37. Há outra tradução, de Moacyr Werneck de Castro, com o título *Ronda grotesca* (Porto Alegre, Globo, 1948).

Mas Huxley fetichiza o fetichismo da mercadoria. O caráter mercadoria torna-se para ele algo de ôntico, existente em si mesmo, diante do qual ele capitula, em vez de desmascarar esse sortilégio como mera forma de reflexão, como falsa consciência que os homens têm de si mesmos, uma falsa consciência que deveria desaparecer junto com seu fundamento econômico.[16]

Justamente porque o momento de sua superação histórica ainda não foi alcançado (uma proposição de quem compartilha o otimismo utópico, mesmo quando abandona o tradicional etapismo marxista, já por demais contraditado pela própria história), o fundamento econômico presente no capitalismo tardio (com novos problemas advindos da sociedade da informação) ainda exige a crítica cultural, único modo de não capitular e, desvelando a falsa consciência, contribuir para a futura superação do estado de coisas. Ou seja, há um elemento de utopia, regressiva ou futura, presente em toda crítica da cultura, tanto na tradicional quanto na dialética.

Diante da indústria cultural contemporânea, Huxley parece não ter envelhecido, já que não se percebe no futuro próximo a possibilidade de uma mudança radical do sistema de produção de cultura para além da mercadoria (apenas novas formas de transformar "cultura", agora em sentido ampliado, em mercadoria, palpável ou não). O contraponto dialético, entretanto, é o alerta de Adorno, em insuspeito otimismo, sobre as dificuldades de se "naturalizar" o fetichismo como fundamento último de qualquer produção de cultura para o mercado. Paradoxalmente, essa atitude abre espaço para a valorização da prática na crítica, para além da "contracultura" inspirada em Marcuse. Ou seja, seria possível combater a "falsa consciência" com algo do próprio veneno imposto cotidianamente pela indústria cultural, sem abrir mão da perspectiva mais ampla que justifica, sem dúvida, o "pessimismo teórico" de Adorno. Resta ver o quanto o mundo do século XXI vai se aproximar ou distanciar da concretização de um eventual "admirável mundo novo", visto como sonho ou pesadelo pelos herdeiros da crítica cultural do século XX.

---

[16] T. W. Adorno, "Aldous Huxley e a utopia", em *Prismas*, cit., p. 110.

A "ALEGORIA DA ESPERANÇA" NO *DOUTOR FAUSTO*, A QUATRO MÃOS

Bruno Pucci

Thomas Mann e Theodor Adorno se conheceram em 1943, na Califórnia, EUA, na casa de Max Horkheimer, diretor do Instituto de Pesquisa Social da Escola de Frankfurt. Os três, intelectuais alemães, tiveram de deixar a pátria em 1933, quando o nacional-socialismo assumiu o controle político da Alemanha. Mann, na ocasião com 68 anos de idade, estava compondo o capítulo IV do romance *Doutor Fausto*, mas já havia se destacado na literatura mundial por sua novela *Morte em Veneza* (1912) e pelo romance *Montanha mágica* (1924), bem como pelo prêmio Nobel em Literatura (1929). Adorno, musicólogo e filósofo, em 1943 com quarenta anos de idade, estava no momento escrevendo com Horkheimer o livro *Dialética do esclarecimento* e já tinha publicado alguns ensaios sobre música e filosofia.

Doutor Fausto tem como subtítulo "a vida do compositor alemão Adrian Leverkühn narrada por um amigo", e Mann, mesmo entendendo de música literária e de aplicação da técnica da trama musical no romance, julgava que, para escrever um romance de músicos ou, antes, um romance de música, seu conhecimento de iniciado na arte das musas era-lhe insuficiente. Precisava ir além em seus estudos e conhecimentos, e o encontro com Adorno, no exílio norte-americano, foi-lhe providencial na continuidade de seu propósito. Assim se expressava o literato:

> De fato o senhor deu a mim, cuja formação mal chegou a ir além do romantismo tardio, o conceito da música mais moderna, do qual carecia para um livro que tem por objeto, entre outros, e junto com vários outros, a situação da arte. Minha ignorância "iniciada" necessitava [...] de precisões, e agora é questão de amabilidade sua intervir, corrigindo, onde essas precisões, que servem à ilusão e à composição (e que eu não devo exclusivamente ao senhor), resultam oblíquas, equívocas, incitando o riso do especialista.[1]

---

[1] T. Mann, "Carta a Adorno de 30 de setembro de 1945", em *Folha de S.Paulo*, 10/11/2002. Caderno Mais!, p. 7.

Adorno, por sua vez, tinha na música uma de suas paixões primeiras. A outra era a filosofia. Cresceu em uma atmosfera permeada por interesses artísticos e teóricos. Como ele mesmo diz: "Estudei filosofia e música. Em vez de me decidir por uma, sempre tive a impressão de que perseguia a mesma coisa em ambas"[2]. Estudou composição em Viena durante quase dois anos, com Alban Berg, expoente da revolução musical do início do século XX. Ingressou no círculo vanguardista de Arnold Schoenberg, defendeu junto com o mestre o atonalismo e o rigor na construção musical como solução de problemas concretos colocados pelas obras. Compôs músicas de câmera no espírito da Escola de Viena. De 1922 a 1933, acompanhou, como crítico, a vida musical (*Konzertleben*) de Frankfurt. Escreveu, na ocasião, uma centena de pequenos artigos, hoje reunidos sob o título de *Críticas das óperas e concertos de Frankfurt*[3]. Como investigador do Instituto de Pesquisa Social e participante do "The Princeton Radio Research Project", de 1938 a 1941, escreveu ensaios musicais sobre a deterioração da música e a regressão da audição[4], além de, nesse período, elaborar outros ensaios sobre a nova música[5] "[...] Estava definindo, de maneira ainda não realizada por ninguém até então, uma esfera na qual as pesquisas sobre o significado e a epistemologia da música eram apresentadas conjuntamente com análises do contexto social da composição e apresentação"[6].

A parceria de Mann e Adorno na composição do *Doutor Fausto*, particularmente nos capítulos referentes às questões da arte e da música, é um desses acontecimentos que engrandecem a literatura e a filosofia universal. Adorno contribuiu com Mann não apenas nos detalhes técnicos referentes à composição, mas também com observações críticas sobre o que é compor sob a pressão da história musical anterior e à luz das novas técnicas dodecafônicas. Mann teve acesso a diversos textos de Adorno: à versão manuscrita da primeira parte do livro *Filosofia da nova música*, ao "Ensaio sobre Wagner", às anotações sobre a produção tardia de Beethowen. Rascunhos foram trocados, discutidos, modificados, conversas prolongadas e muitas cartas trocadas. Mann lia para Adorno sua obra *in progress*. Essa aliança foi documentada no diário de Mann e em suas memórias sobre o desenvolvimento do romance, em que o autor registrou os fatos políticos, históricos e pessoais

---

[2] T. W. Adorno, "Carta a Thomas Mann de 5 de julho de 1948", em *Folha de S.Paulo*, 10/11/2002. Caderno Mais!, p. 9.

[3] J. M. B. de Almeida, "Música e verdade: a estética crítica de Theodor Adorno", tese de doutorado, Universidade de São Paulo, 2000.

[4] T. W. Adorno, "O fetichismo da música e a regressão da audição", em *Horkheimer/Adorno: textos escolhidos* (trad. Luiz João Baraúna, São Paulo, Nova Cultural, 1991, Coleção Os Pensadores), p. 79-106; "Sobre música popular", em G. Cohn, *Theodor W. Adorno* (trad. Flávio R. Kothe, São Paulo, Ática, 1986), p. 115-46.

[5] T. W. Adorno, *Filosofia da nova música* (2. ed., trad Magda França, São Paulo, Perspectiva, 1989 – publicado em 1949, contém, além da "Introdução", dois ensaios: "Schoenberg e o progresso" e "Stravinski e a restauração"); *Versuch über Wagner* (Frankfurt am Main: Suhrkamp Verlag, 1952 – escrito em 1937-1938); "Spätstil Beethovens", *Der Auftakt* 17, 5/6, Praga, 1937.

[6] G. Steiner, "Deus e o Diabo na terra do Sol", em *Folha de S.Paulo*, 10/11/2002. Caderno Mais!, p. 4.

da época (1943-1947); um ano e meio após a conclusão do livro, começou a escrever *A gênese do Doutor Fausto*, com base naqueles apontamentos[7].

Um trecho de *A gênese do Doutor Fausto* merece destaque neste momento. Mann estava escrevendo o capítulo VII da biografia, tinha em mãos o manuscrito do Dr. Adorno, *Filosofia da nova música*, que lia atentamente de manhã à noite, até chegar ao término da obra, na busca de "momentos de iluminação" sobre a posição de Leverkühn e a situação desesperadora da arte. Sua confissão é espontânea:

> Eu tinha nas mãos, de fato, algo "importante". Era uma crítica profunda da situação artística e sociológica, de extremo refinamento e atualidade, que apresentava uma singularíssima afinidade com a idéia de minha obra, com a "composição" que eu estava vivendo, tecendo. A escolha foi feita: "Este é meu homem".[8]

A presença de Adorno no romance de Mann se torna intensa e expressiva em pelo menos três partes fundamentais: no capítulo VIII, em que o narrador apresenta as instigantes palestras de Wendell Kretzschmar sobre acontecimentos históricos musicais; no capítulo XXV, em que Adrian Leverkühn formaliza o pacto com o Diabo para ter mais tempo de vida e inspiração na composição de suas músicas; e nos dois últimos capítulos (XLVI e XLVII), sobre os "lamentos do Doutor Fausto", em que a negatividade da existência levada a seu extremo se manifesta paradoxalmente na perspectiva de seu contrário. Como este ensaio se propõe analisar a parceria de Mann e Adorno na "alegoria da esperança", tenuamente vislumbrada na última obra musical de Leverkühn, a apresentação, mesmo que sucinta, de detalhes dos capítulos VIII e XXV será necessária para o atendimento do objetivo anunciado.

O capítulo VIII descreve o desenrolar de quatro palestras que Wendell Kretzschmar, organista e compositor de peças sinfônicas, apresenta no salão da Sociedade de Atividades de Interesse Público, de Kaisersaschern. São poucos os persistentes participantes das palestras, entre eles Leverkühn e Zeitblom, o narrador da biografia; as temáticas em si já colaboravam para a pouca afluência de curiosos: 1. Porque Beethoven não escreveu um terceiro movimento da *Sonata para piano, op. 111*; 2. Beethoven e a fuga; 3. A música e o olho; 4. O "elementar na música", ou "A música e o elementar", ou "Os elementos musicais". A gagueira singularmente grave de Kretzschmar, tão bem caracterizada por Mann, era um saboroso condimento no transcorrer ruidoso das atividades culturais[9].

---

[7] Cf. T. Mann, *A gênese do Doutor Fausto* (trad. Ricardo F. Henrique, Lisboa, Mandarim, 2001). Nesse livro o autor revela as pesquisas e leituras que fez para elaborar o romance e o nome daqueles que o influenciaram na criação dos personagens. Cf. também G. Steiner, "Deus e o Diabo na terra do Sol", cit., p. 5A.

[8] T. Mann, *A gênese do Doutor Fausto*, cit., p. 39. Mann, nessa mesma obra, testemunha o comentário de uma cantora americana que trabalhava com Adorno: "É incrível! Ele conhece todas as notas do mundo" (p. 40).

[9] Idem, *Doutor Fausto: a vida do compositor alemão Adrian Leverkühn narrada por um amigo* (trad. Herbert Caro, Rio de Janeiro, Nova Fronteira, 2000, cap. VIII).

Vamo-nos ater às duas primeiras palestras por nos parecerem mais próximas das investigações musicais de Adorno e de sua colaboração com o literato. Mann pontua que a maturidade especial das criações da última fase de um grande artista é feita de lacerações, de desarmonias internas, de incompreensão alheia. Isso fica patente na apresentação da primeira conferência. Quais eram as condições de vida de Beethoven, por volta de 1820, quando compôs a *Sonata para piano, op. 111*? O compositor tinha o seu ouvido afetado por um definhamento incurável, e sua saúde já estava em progressiva decadência; tinha-se como certo que ele não teria mais forças para escrever, que se mergulhava em excesso de introspecção e especulação. Não percebiam eles – comenta Kretzschmar – "que nessas criações associava-se a idéia da desenfreada subjetividade e do desejo radical de expressão harmônica. [...] O subjetivo e o convencional entravam numa relação nova, a relação determinada pelo trespasse"[10].

Mas qual o motivo pelo qual Beethoven não escreveu um terceiro movimento da sonata?[11] Segundo a exposição da sonata pelo palestrista/pianista, em palavras e ao piano, bastava a audição da obra para sermos capazes de encontrar nós mesmos a resposta. Ao mesmo tempo em que tocava com mãos ágeis o tema da arieta, explicitava o suceder lógico e inovador de detalhes que se davam no movimento dos acordes e que, após um longo percurso de expressões de raiva e obstinação, se dirigiam de forma inesperada e comovente para um final brando e quieto. E voltando-se para os ouvintes num volver brusco da cadeira giratória, perguntava Kretzschmar: "Um terceiro movimento? Um reinício – depois desse adeus? Impossível!". A sonata no imenso segundo movimento havia alcançado seu fim sem nenhum retorno. E, ao referir-se a ela, comenta Mann:

> não pensava apenas nessa, em dó menor, e sim na sonata em si, na forma, no gênero artístico tradicional: ela mesma tinha sido levada a seu término, cumprira seu destino além do qual não existia caminho, anulara-se e dissolvera-se, despedira-

---

[10] Idem, *Doutor Fausto*, cit., p. 78 e 79.

[11] Sonata: "uma peça musical, quase sempre instrumental e geralmente em vários movimentos, para um solista ou pequeno conjunto". Não existe uma tendência consistente no número e na ordem de seqüência dos movimentos. A seqüência de três movimentos, rápido-lento-rápido, é que predomina. (Cf. S. Sadie, *Dicionário Grove de música: edição concisa*, trad. Eduardo Francisco Alves, Rio de Janeiro, Jorge Zahar, 1994.) A primeira seção da sonata é chamada exposição, composta em geral de dois temas que se contrapõem; se o primeiro for firme e declamatório, o segundo provavelmente será terno e lírico ou leve e espirituoso. A segunda seção, o desenvolvimento, aproveita fragmentos do primeiro e do segundo tema, jogando-os de lá para cá e combinando-os numa textura sempre variável que se movimenta em progressões de uma modulação de passagem a outra, muitas vezes recorrendo a artifícios contrapontísticos, como a inversão e a diminuição. O clímax é o acorde dominante, que aflora com convicção inquestionável depois de numerosas modulações de passagem terem experimentado outras tonalidades sem se decidirem por elas. A verdadeira resolução é o momento em que a música chega ao ponto para o qual vinha sendo encaminhada: o princípio da reexposição, em que o primeiro tema retoma a tônica. I. Holst, *ABC da música* (trad. Mariana Czertok, São Paulo, Martins Fontes, 1998), p. 211.

se; o aceno de adeus dado pelo motivo de ré-sol-sol, melodicamente consolado pelo dó sustenido, era despedida também nesse sentido, despedida grande como a peça, despedida da sonata.¹²

E a segunda palestra de Kretzschmar, "Beethoven e a fuga", como se deu? Pessoas invejosas ou desafetos de Beethoven espalhavam boatos de que o "audacioso inovador" não seria capaz de escrever uma fuga¹³. De fato, já se mostrava assolado pela surdez há tempo e até então não fora além de alguns malogrados esboços de fugas. Mas foi no *Credo* da missa *Solemnis* – trabalho encomendado para a posse do arquiduque Rodolfo no cargo de arcebispo de Olmütz – que Beethoven "comprovou que também no combate com esse anjo o grande lutador saía vencedor, posto que terminasse com a coxa deslocada"¹⁴. Kretzschmar conta uma anedota para mostrar a gravidade dessa batalha e a personalidade forte do atribulado criador. Beethoven tinha um prazo para entregar a missa, trabalhava desesperadamente e percebia que cada movimento ficava muito mais extenso do que previra. No dizer dos que o espiavam junto à porta de seu escritório, "o surdo cantava, uivava, batia o chão com os pés". Esqueceu de suas criadas que lhe preparavam a comida e que pegaram no sono pelo cansaço da espera, não se preocupou em se alimentar, permaneceu o tempo todo concentrado no *Credo*. E quando interrompeu seu trabalho,

> as roupas estavam em desalinho, as feições tão perturbadas que causavam medo, os olhos fixos a revelarem uma luta de vida e morte com todos os espíritos avessos ao contraponto. Balbuciava inicialmente frases sem nexo, mas em seguida soltava lamentosos resmungos a respeito da desordem total que reinava em sua casa, contando que toda gente fora embora e que o deixavam morrer de fome. [...] A Missa só foi concluída três anos depois.¹⁵

---

[12] T. Mann, *Doutor Fausto*, cit., p. 82.

[13] Fuga: "O princípio da fuga é a imitação de uma voz por outra, de forma que a primeira parece 'fugir' da seguinte, daí sua denominação. A fuga é estruturada em três partes: na primeira (exposição), acontece a apresentação do tema, feita apenas por uma voz; a seguir, esse tema (sujeito) é apresentado por outras vozes, em outras tonalidades. Ao lado do tema principal surge também o contratema (contra-sujeito), desenho melódico com o qual se estabelece um diálogo. Na segunda parte, o desenvolvimento (ou divertimento), o compositor elabora desenhos diferentes, valendo-se de elementos tirados do tema, reinventando-o com disposições invertidas, fracionadas, contrapostas. Na reexposição (terceira parte), há o retorno do tema principal, de forma mais enriquecida por ter ele absorvido elementos surgidos no desenvolvimento da música". Cf. M. A. Nogueira, "A formação cultural de professores ou a arte da fuga", tese de doutorado, Faculdade de Educação da Universidade de São Paulo, 2002, p. 16-8.

[14] Mann faz alusão à luta de Jacó (Israel), durante a noite, com o anjo. Este, durante a pugna, tocou-lhe o tendão da coxa, que se deslocou. Ao final, já de manhãzinha, o anjo lhe disse: "Solte-me! Você lutou com Deus e os homens e você venceu". "Gênesis", em *Bíblia Sagrada: Edição Pastoral* (São Paulo, Edições Paulinas, 1990, cap. 32), p. 47.

[15] T. Mann, *Doutor Fausto*, cit., p. 85-6.

"Nesse texto complexo [o do capítulo VIII] as participações do autor e do exegeta são inseparáveis"[16]. Mann se serviu de pelo menos dois ensaios de Adorno, "Spätstil Beethovens" (Estilo da última fase de Beethoven) e dos escritos sobre Berg[17], para redigir esse capítulo, lido a Adorno no final de setembro de 1943, após um jantar na casa de Mann, seguido de conversas e de observações sobre o texto. No mês seguinte, em visita à casa de Adorno, este tocou para o amigo, "na íntegra e de modo mais instrutivo", a *Sonata opus 111*. E Mann assim se expressa:

> Nunca estive tão atento quanto naqueles instantes. Na manhã seguinte, levantei-me cedo, e durante três dias dediquei-me a uma reelaboração e reestruturação rigorosas da palestra sobre as sonatas, o que significou um enriquecimento e um embelezamento não só do capítulo, mas do livro inteiro. [...] A partir daí, mantive-o por perto, bem sabendo que precisaria de sua assistência e só dela, ao alcançar as profundezas ainda longínquas desta obra.[18]

Mann, posteriormente, em carta a seu amigo, assim comenta: "Uma passagem já passou pela prova do especialista. Li para Bruno Walter os trechos acerca do '*opus 111*'. Ele estava entusiasmado. 'Ora é esplêndido! Nunca se disse algo melhor sobre Beethoven! Não tinha idéia de que o senhor estava tão embrenhado nele!'"[19].

O capítulo XXV se destaca como um dos pontos altos de imaginação intelectual e de expressão filosófica do romance. Descreve, longamente, o diálogo de Leverkühn com o Diabo, que se consuma em um pacto entre os dois. O Diabo vende-lhe tempo e inspiração: "Recebeste de nós tempo, tempo apropriado para um gênio, tempo que permite vôos altos; plenos vinte e quatro anos [...] ser-te-ão concedidos por nós, para que alcances tua meta". Em compensação, Lerverkühn lhe promete o corpo, a alma e as privações do amor de uma mulher e do amor paternal: "não te será permitido amar [...] O amor te fica proibido, porque esquenta"[20]. Assim descreve Mann a especificidade do tempo demoníaco: "O que importa é a espécie de tempo que fornece! Um tempo grandioso, um tempo doido, um tempo totalmente endiabrado, com fases de júbilo e folia, mas também, como é natural, com períodos um tanto miseráveis ou mesmo inteiramente miseráveis"[21].

---

[16] Cf. G. Steiner, "Deus e o Diabo na terra do Sol", cit., p. 6.
[17] T. W. Adorno, "Alban Berg: zur Uraufhfühung des 'Wozzeck'" (1925); "Berg und Wbern: Schönberg's Heirs" (1931); "Alban Berg zum Gedenken" (1936).
[18] T. Mann, *A gênese do Doutor Fausto*, cit., p. 42-3. Ao compor os pequenos versos para elucidar o tema da arieta, Mann inclui neles, "como discreta demonstração de gratidão", o nome Wiesengrund, sobrenome paterno de Adorno (p. 43).
[19] T. Mann, "Carta a Adorno de 30 de setembro de 1945", cit., p. 7. Bruno Walter (1876-1962), regente teuto-americano, designado por Mahler, em 1901, regente assistente da Ópera Estatal de Viena. Foi diretor musical da Ópera de Munique (1912-1922). Transferiu-se para os EUA em 1939, onde regeu a Metropolitan Opera, a NBC Symphony e a Filarmônica de Nova York.
[20] T. Mann, *Doutor Fausto*, cit., p. 349-50.
[21] Ibidem, p. 324.

Mann, sob a inspiração do romantismo alemão, mostra que o realizador de grandes empreendimentos e façanhas na arte e no pensamento é condenado a viver a loucura prolongada dos suicidas, a buscar alimento e substância produtiva nas regiões inferiores da vida, medonhas e tenebrosas. Vive ele o crime de Prometeu, que se repete, sedutor e demoníaco, com Goethe, Höderlin, Nietzsche, Beethoven e poucos outros. À semelhança de Lúcifer, Leverkühn quis ser como deus, criador; e conseguiu, mas teve de degustar o veneno das regiões abissais, castigo por sua presunção.

Acreditas mesmo num *ingenium* que nada tenha a ver com o inferno? – pergunta o Diabo a Leverkühn – *Non datur!* O artista é irmão do criminoso e do demente. Pensas, por acaso, que já se haja realizado alguma obra interessante, sem que seu autor tivesse aprendido a entender a existência de celerados e loucos?[22]

Ao mesmo tempo o Diabo, bom negociador, argumenta sobre a vantagem humana de uma vida produtiva que vá além do cotidiano das míseras realizações dos mortais: "Eu tenho para mim que uma doença criativa, propiciadora de gênio, uma doença capaz de cavalgar por cima de quaisquer obstáculos, saltando em audaciosa ebriedade de rochedo em rochedo, agrada mais à vida do que a saúde que se arrasta a pé"[23].

A participação de Adorno na elaboração do capítulo XXV se manifesta a partir de alguns indícios. Primeiramente, o próprio Mann, em missiva de dezembro de 1945, solicita o apoio reflexivo do amigo: "Queria o senhor refletir comigo sobre como a obra mais ou menos teria de pôr-se em obra; o que o senhor faria se estivesse num pacto com o Diabo; dar-me-ia uma ou outra característica musical para fomentar a ilusão?". Mann pede a ajuda técnico-musical de Adorno; ao mesmo tempo, indica-lhe a linha melódico-expressiva que deveria nortear a reflexão: "Penso em algo satânico e religioso, demoníaco e pio, ao mesmo tempo intimamente vinculado e soando criminoso, penso amiúde na arte do blasfemo e também em algo remontando ao primitivo e elementar".[24]

A presença de Adorno se faz mais intensa e até visível quando Mann, na segunda metade do capítulo, narra as considerações do Diabo sobre a tensão entre a "idéia" e a "construção" na obra musical. Aí os conhecimentos da moderna composição musical, que o musicólogo teve nas lições de Schoenberg e de Berg, iluminam os escritos de Mann:

Ora, a idéia é coisa de três ou quatro compassos; não é? – diz o diabo – Todo o resto é elaboração, trabalho de pé de boi. Não achas? [...] Dá uma olhada nos

---

[22] Ibidem, p. 333.
[23] Ibidem, p. 341.
[24] T. Mann, "Carta a Adorno de 30 de setembro de 1945", cit., p. 7.

cadernos de esboços de Beethoven! Lá, nenhuma concepção temática permanece intata, tal como Deus a forneceu. É alterada e acrescenta-se na margem: *Meilleur*.[25]

Manifesta o texto o interesse em subordinar o desejo de expressão dos estados da alma a um rigor construtivo que garanta a unidade da obra, sem transformá-la em mera justaposição de partes independentes. O rigor da construção possibilita a real liberdade de expressão subjetiva, e a construção se apresenta como solução de problemas colocados concretamente nas obras[26]. Essa concepção de construção técnica aparece enfaticamente no comentário do Diabo sobre o acorde da sétima diminuta do começo do *opus 111* de Beethoven:

> Em cada compasso que alguém atreva a imaginar apresenta-se a ele como problema a situação da técnica. A cada instante, a técnica, na sua totalidade, exige dele que se submeta a ela e impõe a única resposta certa, que no momento lhe parece admissível. Chega-se então ao ponto no qual as composições do artista não vão além de respostas dessa espécie e não passam de soluções de *rebus* técnicos.[27]

O diabo no *Doutor Fausto* foi reconhecido imediatamente como encarnação de Theodor Adorno. E tanto o romancista quanto o filósofo compositor tinham prazer nessa identificação[28]. O reconhecimento se torna ainda mais explícito quando Mann descreve as feições que o diabo assume, no decorrer do capítulo XXV, ao iniciar seus arrazoados sobre arte e música: "Aparentava [...] um intelectual, que escreve para os jornais comuns artigos sobre Arte e música, teórico e crítico, que, ele mesmo, faz tentativas no campo da composição musical, na medida de suas capacidades"[29]. E Mann coloca nas palavras de Leverkühn sua satisfação em trabalhar com Adorno: "[...] confesso que desde a metamorfose acontecida com ele, sentia-me mais à vontade em sua companhia"[30].

Quando Mann tinha concluído o capítulo XXXIII, tomou a decisão de passar para Adorno toda a parte escrita e datilografada do *Doutor Fausto*, para que ele tivesse um conhecimento completo da obra e pudesse, familiarizando-se com as intenções do escritor, auxiliá-lo "com sugestões imaginativas para a parte musical vindoura". O filósofo-compositor leu com carinho e cuidado os escritos do amigo e preparou-lhe observações instrutivas. É comovente sentir como Mann se comporta: um verdadeiro aprendiz em relação às contribuições de Adorno:

---

[25] Idem, *Doutor Fausto*, cit., p. 334-5.
[26] J. M. B. de Almeida, "Música e verdade ..", cit., p. 62, 74, 84, 199, 201.
[27] T. Mann, *Doutor Fausto*, cit., p. 337-8.
[28] Cf. G. Steiner, "Deus e o Diabo na terra do Sol", cit., p. 4.
[29] T. Mann, *Doutor Fausto*, cit., p. 335.
[30] Ibidem, p. 336.

Nas semanas seguintes, visitei-o repetidas vezes com lápis e caderno na mão. Junto a um delicioso licor de frutas caseiro, ia anotando rapidamente, em palavras-chave, suas sugestões para aprimoramento dos trechos musicais do começo do livro, bem como as características específicas que ele imaginava para o oratório. Já familiarizado com a intenção do todo e dessa parte em especial, seus estímulos e propostas atingiram o essencial: expor a obra à acusação de barbarismo sangrento e intelectualismo exangue.[31]

A presença de Adorno nos dois últimos capítulos do *Doutor Fausto* se faz inestimável na orientação dos detalhes técnicos musicais da última obra de Leverkühn e no compartilhamento da tese da negatividade, levada a seu extremo, como uma "alegoria da esperança". Esta se expressa plenamente na obra musical "Doctor Fausti Weheklage" (Lamentações do Doutor Fausto). De um lado, "É Adorno puro a máxima segundo a qual questionar a negatividade é também uma alegoria da esperança". De outro lado, "Mann não apenas se mostrava receptivo às sugestões de Adorno, freqüentemente complexas e fragmentárias, mas também sabia transmiti-las em temas totalmente característicos de suas próprias preocupações"[32]. No capítulo XLVI se dá a descrição dos detalhes técnicos e metafóricos das "Lamentações" e no capítulo XLVII, a descrição da "última ceia negativa" de Leverkühn com seus amigos e convidados, os últimos momentos, tensos e infaustos, que acompanham o mergulho do músico na insanidade.

Primeiramente, os elementos técnicos musicais e inovadores que perpassam a estrutura da obra enquanto um todo e os detalhes, de seus diferentes momentos e movimentos, testemunham a necessidade de um conhecimento especializado de composição musical, sob o modelo das propostas vienenses das décadas iniciais do século anterior, em que o maior rigor na construção do texto é, ao mesmo tempo, a sua maior liberdade. O processo de construção precisa ser levado a suas extremas exigências para que a expressão brote com toda sua pujança. Assim confirma o narrador do *Doutor Fausto*:

> Uma lamentação de monstruosas dimensões, tal como esta, é necessariamente uma peça expressiva, uma obra de expressão. Com isso se torna obra de libertação, assim como a música primitiva desejava ser liberdade de expressar-se. Ocorre apenas que o processo dialético através do qual se realiza, na fase atingida por essa obra, a passagem do mais estrito rigor para a livre linguagem da paixão, a liberdade nascida da escravidão, é agora infinitamente mais complexo, mais surpreendente e prodigioso na sua lógica que na época dos madrigalistas.[33]

---

[31] T. Mann, *A gênese do Doutor Fausto*, cit., p. 119-24.
[32] G. Steiner, "Deus e o Diabo na terra do Sol", cit., p. 5.
[33] T. Mann, *Doutor Fausto*, cit., p. 676.

A *Dialética negativa*, de Adorno, transformada em livro apenas em 1966, já encontrava formas de se estruturar e de inquietar os leitores de seus escritos contemporâneos à composição do *Doutor Fausto*. Daí sua presença se revelar intensa nos diálogos com Mann na elaboração do romance. No livro *Dialética do esclarecimento*, escrito em parceria com Horkheimer nos primeiros anos da década de 1940, a negatividade é assombrosa e integral nos cinco "fragmentos" que constituem o livro. Apresento apenas uma citação em que ela, a negatividade, extremada, deixa entrever o seu inverso. Os autores frankfurtianos examinam os "escritores sombrios da burguesia", Sade e Nietzsche, afirmando que eles "não tentaram distorcer as conseqüências do esclarecimento recorrendo a doutrinas harmonizadoras". Demonstraram, antes, que a razão formalista tem uma ligação muito íntima com a moralidade, mas também com a imoralidade, e que não é possível uma "vida feliz" num mundo de horror; isso é infame pela mera existência desse mundo. E assim concluem sua exposição:

> Proclamando a identidade da dominação e da razão, as doutrinas sem compaixão são mais misericordiosas do que as doutrinas dos lacaios morais da burguesia. "Onde estão os piores perigos para ti?", indagou um dia Nietzsche. "Na compaixão." Negando-a, ele salvou a confiança inabalável no homem, traída cada vez que se faz uma afirmação "consoladora".[34]

Nas crônicas das *Minima moralia*, escritas de 1944 a 1947, o impacto da negatividade se faz contínuo e permanente na análise de diversos momentos éticos do cotidiano dos homens na sociedade de consumo. Apresento, entre outras, duas citações ímpares. A primeira: "O espírito não é como o Positivo que desvia o olhar do Negativo [...]; ele só é esse poder quando encara de frente o Negativo e nele permanece"[35], diz Adorno na "Dedicatória" da *Minima moralia*. A segunda: "Não há mais beleza nem consolo algum fora do olhar que se volta para o horrível, a ele resiste e diante dele sustenta, com implacável consciência da negatividade, a possibilidade de algo melhor"[36]. Mas é na última crônica das *Minima moralia*, "Para terminar", que a dialética negativa adorniana esparge com imponência seus raios esperançosos e, ao mesmo tempo, comoventes:

> O conhecimento não tem outra luz além daquela que, a partir da redenção, dirige seus raios sobre o mundo [...]. Seria produzir perspectivas nas quais o mundo analogamente se desloque, se estranhe, revelando suas fissuras e fendas, tal como

---

[34] T. W. Adorno e M. Horkheimer, *Dialética do esclarecimento: fragmentos filosóficos* (trad. Guido Antonio de Almeida, Rio de Janeiro, Jorge Zahar, 1986), p. 111-2.
[35] T. W. Adorno, *Minima moralia: reflexões a partir da vida danificada* (trad. Luiz Eduardo Bicca, São Paulo, Ática, 1992), p. 9.
[36] Ibidem, p. 19.

um dia, indigente e deformado, aparecerá na luz messiânica. Obter tais perspectivas sem arbítrio nem violência, a partir tão-somente do contato com os objetos, é a única coisa que importa para o pensamento. É a coisa mais simples de todas, porque a situação clama irrecusavelmente por esse conhecimento, mais ainda, porque a perfeita negatividade, uma vez encarada face a face, se consolida na escrita invertida de seu contrário.[37]

Nessas citações manifesta-se a ambivalência da *Dialética negativa*. Ela nomeia a dureza e inflexibilidade das relações sociais, atribui à situação crítica o diagnóstico "incurável", não com o objetivo de possuir a última palavra, mas sempre na esperança profunda de que as coisas possam mudar. Um diagnóstico radical apresenta sempre a perspectiva de encontrar saídas, de alimentar a práxis transformadora. Sem esse desejo emancipatório, ele seria fatalista, não mais crítico[38].

Mann dá à obra final de Leverkühn o título de "lamentações". Esse termo, plangente por si mesmo, é um angustiante grito de dor do homem que, abandonado por Deus e pelos seus semelhantes, do mais profundo de seu ser (*de profundis*), clama misericórdia, porque ainda ousa acreditar ser possível a salvação. Faz lembrar as "lamentações" do profeta Jeremias, aqueles cantos fúnebres que descrevem, de modo doloroso e poético, a destruição de Jerusalém pelos babilônios e os acontecimentos que se sucederam a essa catástrofe nacional: fome, sede, matanças, incêndios, saques, exílios. São poemas que retratam a angústia de um povo humilhado, que faz exame de consciência, grita de arrependimento e suplica perdão. Mostra o povo em situação desesperada, que perdeu tudo, mas não perdeu a fé[39].

Para Mann, há uma relação recíproca e constituinte entre os gemidos das lamentações e as lágrimas da expressão. Ouçam-na:

> Lamentação, o gesto doloroso de um *Ecce homo*, é expressão em si; até se pode dizer audaciosamente que toda a expressão no fundo é lamento, assim como a música, desde que compreenda ser expressão, intrinsecamente, transforma-se em lamento, no *Lasciatemi morire*, no lamento de Ariadne, no suavemente ecoante canto queixoso das ninfas.[40]

E aqui mais uma vez Mann se aproxima de Adorno, em seus escritos estéticos. A expressão se faz por meio das lágrimas: "a expressão é o olhar das obras de arte"; "[...] a expressão dificilmente se deixa representar de outro modo a não ser como expressão de dor"; "A expressão da arte comporta-se mimeticamente, da mesma

---

[37] Ibidem, p. 216.
[38] C. Türcke, *Habermas, ou como a Teoria Crítica tornou-se sociável* (Belo Horizonte, UFMG, 1998), p. 7.
[39] Cf. "Lamentações de Jeremias", em *Bíblia Sagrada*, cit., p. 1070.
[40] T. Mann, *Doutor Fausto*, cit., p. 676.

maneira que a expressão dos vivos é a dor"; "a expressão é o rosto plangente das obras"; "a arte autêntica conhece a expressão do inexpressível, o choro a que faltam as lágrimas"[41].

As características de uma lamentação – no romance – se fazem sabiamente demarcadas pelas referências, que se contrapõem, a dois momentos históricos significativos na vida do homem ocidental, o primeiro musical e o segundo religioso. Assim, a cantata das "lamentações do doutor Fausto" foi concebida "com os olhos fixos" na *Nona sinfonia* de Beethoven, "como seu contrapeso no sentido mais melancólico do termo". Enquanto o "hino à alegria" é um cântico de júbilo de um povo e da humanidade, que festeja uma grande vitória, os lamentos de Leverkühn percorrem o caminho inverso, a revogação da alegria, o hino à tristeza, ao fracasso, à humilhação.

O momento final de Fausto se compõe e também se contrapõe aos últimos dias de Jesus, antes de ser preso e crucificado. Havia sido realizada a "última ceia" com seus discípulos, instituída a eucaristia e anunciados o fim e a traição do mestre. Retirou-se com alguns discípulos para um lugar chamado Getsêmani a fim de orar. Sua alma, confidencia o evangelista, estava "numa tristeza de morte". Jesus pede aos seus amigos que façam um pouco de companhia a ele. Ao voltar da oração, encontra-os dormindo e lamenta, dirigindo-se a Pedro: "Simão, você está dormindo? Você não pode vigiar nem sequer uma hora comigo?"[42] Com Fausto, há "uma inversão, uma áspera e altiva contraversão do significado". Ele dirige-se aos companheiros da última hora e pede-lhes que se recolham, que durmam em paz, que não se perturbem: "Dormi em paz e não vos deixeis perturbar!" Fausto rejeita a esperança da salvação não somente por lealdade ao pacto e por ser tarde demais, mas também por desprezar o caráter positivo do mundo devido ao qual poderia ser salvo.[43]

No entanto, a alegoria da esperança, no texto de Mann, está presente desde o estabelecimento do pacto com o diabo. No capítulo XXV, Leverkühn exalta a "contrição altiva" de Caim, o qual se convencera de que sua culpa era grande demais para obter a mercê divina. Trata-se do arrependimento efetuado sem nenhuma esperança de indulto, na mais completa descrença em qualquer possibilidade de perdão, aquele arrependimento que se realiza, e mesmo assim o pecador tem a inabalável convicção de ter agido excessivamente mal, e nem a infinita misericórdia seria suficiente para mitigar a pena. "Só esta – dizia o músico – é a verdadeira compunção, e chamo a vossa atenção ao fato de que ela mais se aproxima da Redenção e se torna quase irresistível aos olhos da Bondade"[44]. Para Leverkühn,

---

[41] T. W. Adorno, *Teoria estética* (trad. Artur Morão, Lisboa, Edições 70, 1992), p. 130-2, 138.
[42] "Evangelho de Marcos", em *Bíblia Sagrada*, cit., cap. XIV, versículos 12-19, p. 1303-4.
[43] Cf. T. Mann, *Doutor Fausto*, cit., p. 681-2.
[44] Ibidem, p. 347.

"uma pecaminosidade tão desgraçada que deixa o homem perder quaisquer esperanças na graça é o genuíno caminho teológico para levá-lo à salvação"⁴⁵. A idéia de que a contrita descrença na possibilidade da graça e da indulgência se transformava em um irresistível atrativo à bondade divina é retomada no último capítulo do livro.⁴⁶

Mann comenta a presença benéfica de Adorno na elaboração dos capítulos finais do livro: "Sou tentado a dizer – diz ele – que sua maior contribuição ao capítulo não foi no âmbito da música, mas no da linguagem e suas nuanças, na forma com que, ao final, envolvem elementos teológicos, religiosos, morais". Adorno, ao ler tais capítulos, nada se opôs ao aspecto musical, mas demonstrou preocupação com as quarenta linhas finais que falam de "esperança e misericórdia após as trevas". Mann teria sido "otimista em excesso", "bondoso", "exagerado na consolação". Mann refaz o texto e, algumas semanas depois, visita Adorno e lê para ele a parte modificada e pergunta-lhe se agora estava bom. "Em vez de responder, chamou a esposa, dizendo que ela precisava ouvir aquilo. Voltei a ler as duas folhas, olhei para eles – e não precisei perguntar mais nada"⁴⁷.

A "alegoria da esperança" em Mann ultrapassa indefinidamente os horizontes de um indivíduo e se incrusta silenciosamente na história de um povo. A insanidade de Leverkühn dos anos 1929-1930 se assemelha em muito à situação catastrófica da Alemanha dos anos 1939-1945. A localização original do pacto com o diabo fechado por Fausto na Alemanha e a supremacia dessa nação nos campos da filosofia (Kant, Hegel, Nietzsche, Heidegger) e da música (Mozart, Beethoven, Schoenberg, Wagner) indiciam uma afinidade eletiva entre o gênio tudesco e o infernal. "No Reich de Hitler, pano de fundo do diálogo, essa afinidade alcançou seu clímax natural"⁴⁸.

Os lamentos do doutor Fausto no desespero final de sua vida se misturam aos lamentos de Mann na triste lembrança da pátria amada, agora por demais vilipendiada:

> Anos houve em que nós, os filhos do cárcere, sonhávamos com o canto jubiloso, o Fidélio, a Nona sinfonia, para festejar a aurora da libertação da Alemanha, da liberdade obtida por suas próprias forças. Neste momento, porém, só uma única música pode servir-nos, somente ela corresponderá a nossas almas, a saber: a lamentação do filho do inferno, a lamentação humana e divina, que, partindo do

---

⁴⁵ Ibidem, p. 348.
⁴⁶ Ibidem, p. 699.
⁴⁷ T. Mann, *A gênese do Doutor Fausto*, cit., p. 172-3.
⁴⁸ G. Steiner, "Deus e o Diabo na terra do Sol", cit., p. 5. O próprio Mann confirma isso: "Quão singularmente se concatenam entre si os tempos, a época em que escrevo com a que constitui o fundo desta biografia!", em T. Mann, *Doutor Fausto*, cit., p. 671.

indivíduo, mas ampliando-se cada vez mais e, em certo sentido, apoderando-se do cosmo, há de ser a mais horrenda que jamais terá sido entoada na terra.[49]

A inspiração de incorporar ao tema principal um assunto que lhe era próximo, mas a ele subordinado – algo sobre a Alemanha, sobre o caráter e o destino do povo germânico –, começa a surgir para Mann quando redigia o capítulo XXIII do romance. Na ocasião, o escritor havia escrito um artigo para a *Free World* (vinculada à *Readers Digest*) sobre a agonia da Alemanha[50]. A idéia fora tomando vulto com o transcorrer das linhas e da guerra vil e acabou se comfundindo com o tema principal. A danação quase inevitável do artista foi se fazendo, no livro, impregnada de uma dimensão política; a sedução de Leverkühn pelo demônio se tornou também a sedução da Alemanha pelo nazismo.

Para Mann, a vergonha e a desconfiança se estampam na cara de tudo quanto é alemão: como a Alemanha, depois de tudo que fez, poderá atrever-se a se pronunciar em assuntos que se referem à humanidade? Que significará pertencer a um povo que "terá de viver isolado dos demais, como os judeus do gueto, porque o ódio terrível que se acumulou a seu redor não lhe permitirá sair de suas fronteiras – a um povo que já não pode aparecer em público?"[51]

Que significa então pertencer a um povo sem fé em si mesmo, mergulhado no abismo do pecado e do desespero? Talvez pelo crime ser tão hediondo, que não tem perdão, ainda resta a esse povo uma esquálida luz de redenção. "Uma pecaminosidade tão desgraçada que deixa o homem perder quaisquer esperanças na graça é o genuíno caminho teológico para levá-lo à salvação". Esse é o angustiante lamento de Thomas Mann, essa é sua esperança, apesar de toda descrença existente.

O lamento se fez música, e a música se fez esperança. Deixemos o autor entoá-la:

> Bem ao final dessa obra de infinita tristeza, ela atinge nosso sentimento de modo suave, superior a qualquer razão, com aquela eloqüente discrição que é apanágio da música. [...] esse sombrio poema tonal não admite até o fim nenhum conforto, nenhuma reconciliação, nenhuma transfiguração. Mas não pode ser que ao paradoxo artificioso, que fez com que da construção total brotasse a expressão – a expressão sob a forma de lamento – corresponda o paradoxo religioso, segundo o qual da mais profunda desgraça poderá germinar a esperança, mesmo que seja somente como uma interrogação apenas audível? [...] Ouçam então o final, ouçam-no junto comigo: um naipe de instrumentos após outro esvai-se, e o que resta, quando a obra se acaba, é o sol agudo de um violoncelo, a última palavra, o derradeiro som que plana no ar e se extingue, lentamente sumindo numa fermata

---

[49] T. Mann, *Doutor Fausto*, cit., p. 675.
[50] Idem, *A gênese do Doutor Fausto*, cit., p. 83 e ss.
[51] Idem, *Doutor Fausto*, cit., p. 670.

em pianíssimo. Nada mais acontece. Silêncio e noite. Mas o som ainda suspenso no silêncio, esse som que já não existe, que unicamente a alma prossegue escutando, e que arrematou a aflição, ele muda de sentido e se ergue como uma luz na noite.[52]

Mann – em diálogo com Adorno em terras americanas – não faz concessão alguma à indústria cultural. A reconciliação, o discurso estereotipado e repetitivo, o adocicar da pílula estão descartados das páginas éticas/estéticas deste livro. Nele a negatividade atinge o mais fundo de si e das entranhas faz fosforescer o porvir e balbuciar a fala, como possibilidade de resgate de um indivíduo e de uma nação. A arte escrita, enlevada pelo tom das musas, se torna uma forma de intervenção crítica e práxica: educa, forma e transforma.

---

[52] Ibidem, p. 683.

LITERATICE E SEDUÇÃO AUTORITÁRIA

Luiz Hermenegildo Fabiano

A efervescência dos grandes debates que dominavam as preocupações estéticas e a relação entre arte e sociedade até meados dos anos 1960 e fim dos anos 1970 demarcam a importância desse tema como processo formativo no contexto social mais amplo. Ensaios sobre crítica literária e crítica da arte, no que diz respeito ao engajamento social e político, às inovações formais e temáticas das expressões artísticas, verdadeiros tratados filosóficos, polemizavam a função social da arte e sua dimensão política como procedimento estético e social. Abordagens sociológicas em busca do entendimento ideológico ou do engajamento político dos diferentes discursos estéticos ditavam a relação de forças entre arte e movimentos sociais. Definições sobre obras de vanguarda, arte engajada, arte reacionária, alienada, desde os manifestos das duas primeiras décadas do século passado, como Surrealismo, Futurismo, Dadaísmo, debatiam a profusão de incursões estéticas e movimentos artísticos daí decorrentes.

A riqueza de tais proposições permite entender a seriedade com a qual assuntos de ordem estética se entremeavam às análises e interpretação da realidade social. O clima polêmico e ao mesmo tempo profícuo reverberava em estudos que atingiam o ambiente escolar, sustentando uma formação social mais crítica e receptiva aos conteúdos estéticos de maior consistência e autenticidade. Tagarelices literárias, chorumelas de pretensões estéticas, sem dúvida, se impunham pela intencionalidade mercadológica que as constituíam. No entanto, no ambiente escolar os conteúdos formativos favoreciam uma capacidade de julgamento e distinção no reconhecimento de futilidades voltadas ao mero entretenimento e de obras de maior densidade cultural.

Com o advento da industrialização e a massiva padronização cultural que resulta desse modelo econômico, processo tão bem estudado pelos pensadores frankfurtianos, especialmente Theodor W. Adorno e Max Horkheimer, a vitalidade cultural se fragmenta e se torna fragilizada no seu conteúdo formativo. O conceito de indústria cultural formulado pelos dois pensadores alemães na obra *Dialética do esclarecimento*, em 1947, demonstra com aguda percepção os princípios fundamentais desse conteúdo cultural ideologicamente comprometido. As apropriações mercantis que a partir da compreensão desse conceito se impõem sobre os conteúdos culturais, reduzindo-os à condição de produtos consumíveis, a eles conferem o pragmatismo da racionalidade tecnológica que redirecionou os rumos da pretensão emancipatória dos primórdios da razão iluminista. Fruto de uma razão instrumental, a indústria cultural "impede a formação de indivíduos autônomos, independentes, capazes de julgar e de decidir conscientemente"[1]. A promessa da razão iluminista de instaurar por meio da razão o poder do homem sobre a ciência e a técnica, livrando-o do obscurantismo mágico ou do universo mítico, converte-se ela própria em mito quando oculta da racionalidade técnica conteúdos do progresso tecnológico como forma de dominação social. A constatação dos dois autores é a de que:

> O que não se diz é que o terreno no qual a técnica conquista seu poder sobre a sociedade é o poder que os economicamente mais fortes exercem sobre a sociedade. A racionalidade técnica hoje é a racionalidade da própria dominação. Ela é o caráter compulsivo da sociedade alienada de si mesma.[2]

O comprometimento ideológico da indústria cultural com a economia capitalista deve ser entendido, portanto, pelo caráter fetichista ao qual reduziu a produção cultural, disponibilizando-a na mesma lógica da produção de mercadorias resultante do progresso tecnológico. Ainda na avaliação dos dois pensadores: "isso, porém, não deve ser atribuído a nenhuma lei evolutiva da técnica enquanto tal, mas à sua função na economia atual"[3]. Assim, atrelada ao modelo de organização industrial, a cultura assume um caráter de diversão e entretenimento, utilizada no descanso quando fora do sistema produtivo para melhor desempenho nas suas exigências cotidianas. A constatação de Adorno e Horkheimer demonstra que, por essa forma de diversão é mediado o controle sobre os consumidores. E não é por mero decreto, afirmam, que essa diversão acaba por se destruir, mas por tudo aquilo que a ela se agrega como lógica e sobrevivência do mercado. "O logro, pois", reconhecem ambos, "não está em que a indústria cultural proponha diversões, mas no fato de que ela estraga o prazer com o envolvimento de seu tino comercial nos clichês ideológicos da cultura em vias de se liquidar a si mesma"[4].

---

[1] T. W. Adorno, *Notas de literatura* (2. ed., trad. Celeste Aída Galeão e Idalina Azevedo da Silva, Rio de Janeiro, Tempo Brasileiro, 1991), p. 9.
[2] M. Horkheimer e T. W. Adorno, *Dialética do esclarecimento* (trad. Guido A. de Almeida, Rio de Janeiro, Jorge Zahar, 1985), p. 114.
[3] Idem.
[4] M. Horkheimer e T. W. Adorno, *Dialética do esclarecimento*, cit., p. 133.

A arte de maneira geral e especialmente a grande literatura, tomadas como elementos de sublimação pulsional e dimensão civilizatória, cooptadas pelas imposições mercadológicas, tornam-se despotencializadas na sua dimensão estética como possibilidade formativa. Diante da supremacia do diletantismo e do entretenimento reinantes nesse modelo social consumista que a tudo facilita o entendimento para a mercantilização das emoções em larga escala, a vida cultural assim banalizada resultou em aridez de espírito. Obras que provocavam esfuziantes querelas em virtude das implicações humanas e sociais abordadas, além do conhecimento da língua e o seu manejo estilístico, ampliavam e amadureciam o horizonte perceptivo do sujeito. Esse exercício tornou-se *demodée* e anacrônico, e o império das especialidades do mundo moderno justifica, a bem dizer, de forma marota e equivocada, que essa ou aquela leitura não é de interesse da área. Que a vida corrida, o estresse e tantos queixumes modernamente desculpáveis inviabilizam o tempo disponível para tal dedicação ou empenho.

A onda de imbecilidades que invadiu a mídia nesses últimos tempos, sob a falácia de utilizar a linguagem do povo, apenas legitima a cumplicidade dessa cultura com os mecanismos de manipulação ideológica que a permeiam. Há, nesse sentido, a justificativa de sempre: do uso de uma linguagem mais popular voltada ao *grande público*. Esse popular que busca atingir o povo não se trata da expressão popular para simbolizar seus afetos e desafetos, seus dramas humanos, suas alegrias e experiências existenciais como identidade própria. Ao contrário, o que se assiste é uma saturação *ad nauseam* de signos estereotipados das mais diferentes formas da expressão humana. Essa estereotipia martela insistentemente os sentidos do indivíduo até que, mesmo sem consentimento explícito, o que lhe é imposto como gosto passa a ser o que almeja. Esse tipo de discurso popular presta-se, no entanto, para manter o povo na condição em que se encontra, pouco ou quase nada oferecendo de desafio mental para a conquista de novos horizontes perceptivos. A tendência desse nexo informativo é alimentar um estado de conformismo e resignação social que impõe aos indivíduos uma taxa de exigência cultural cada vez mais baixa e limitada. Essa conversão da cultura reduzida ao entretenimento bem se define na assertiva de Adorno de que, nessas circunstâncias, "a diversão favorece a resignação, que nela quer se esquecer"[5]. A sociedade não deixa de ser, todavia, educada por um processo de aculturação ideologicamente comprometido que, ao suprir medianamente o indivíduo, desativa o seu interesse por outros campos de conhecimento. A indústria cultural e o sistema fechado de informações, segundo o recorte ideológico que desse sistema cultural deriva, reforça muito mais os níveis de dependência que os de emancipação social. Não é de estranhar essa constatação ao se levar em conta as formas do desenvolvimento da sociedade

[5] Idem.

industrial que, ao instrumentalizar o conhecimento, não fez outra coisa senão adaptar a cultura do espírito aos seus interesses mercantis.

A dimensão formativa subsumida por esse caráter cultural consumista, ao contrário de alimentar o indivíduo na consonância de sua singularidade com a totalidade social, alimenta em primeira instância a estrutura social de mercado que, em princípio, nega a sua própria constituição. Aquilo que sob suspeita poderia considerar-se como democratização massiva da formação cultural é, no entanto, desnudado pelo caráter fetichista que assume quando o próprio conteúdo cultural que se pretende é sabotado.

No ensaio "Teoria da semicultura" (*Halbbildung*), Theodor W. Adorno define o termo como formação despotencializada em virtude da unilateralidade ideológica que perpassa os conteúdos culturais que veicula. Demonstra o autor que: "o que é entendido pela metade não é um passo em direção à formação, mas seu inimigo mortal". Considera apropriadamente que:

> por inúmeros canais, se fornecem às massas bens de formação cultural [...] que ajudam a manter no devido lugar aqueles para os quais nada existe de muito elevado ou caro. Isso se consegue ao ajustar o conteúdo da formação, pelos mecanismos de mercado, à consciência dos que foram excluídos do privilégio da cultura – e que tinham mesmo que ser os primeiros a serem modificados.[6]

Observa Adorno, no mesmo ensaio, que tais elementos culturais estereotipados, ao se sobrepor como formação cultural, "penetram na consciência sem fundir-se em sua continuidade, transformando-se em substâncias tóxicas e, tendencialmente, em superstições, [...] acabam por se tornar elementos formativos inassimilados que fortalecem a reificação da consciência que deveria ser extirpada pela formação"[7]. A semicultura é assim expressão esvaziada do conteúdo civilizatório atribuído aos bens espirituais socialmente produzidos, muito além dos clichês e do imediatamente consumível. Nesse universo cultural massificante, processos formativos mais conseqüentes são assimilados por avaliações subjetivas e fatalmente reducionistas. Daí resultam atitudes conformistas de adequação dos valores sociais e comunitários mais amplos circunscritos a interesses eminentemente individualistas, desvinculados da alteridade necessária à constituição de uma vida social autêntica.

Com a surpreendente empatia que a televisão atingiu nas últimas cinco décadas, ela vem educando cada vez mais as massas a um processo de assimilação perceptiva no recorte imagético que veicula. Simplificações da expressividade

---

[6] T. W. Adorno, "Teoria da semicultura", em *Educação & Sociedade: revista quadrimestral de ciência da educação*, trad. Newton Ramos-de-Oliveira et al., ano XVII, n. 56, Campinas, Papirus, 1996, p. 394.
[7] Ibidem, p. 402-3.

estética valorizam o imediatismo narrativo ou induzem por recursos imagéticos uma compreensão apressada pela qual o nível de reflexão se perde. Conseqüentemente, o espetáculo se sobrepõe, compensando na gratificação imediata a ausência da mediação do indivíduo com a apreensão do conteúdo da mensagem. Tal conteúdo, no entanto, passa a definir a extensão do olhar e os níveis de percepção pelos quais o imaginário social é amoldado, quando não, outros desafios perceptivos mais consistentes se efetivam. Milhões de telespectadores distanciados de uma dimensão crítica e reflexiva em termos formativos mais conseqüentes se rendem a esse universo limitante culturalmente mais exigentes ou mais autênticos. Essa rendição, todavia, determina também a busca por linguagens facilitadoras ou superficialidades discursivas que nada acrescentam ao fortalecimento da interioridade humana para uma identidade autônoma.

As obras de arte com densidade estética vão se tornando cada vez mais distantes do horizonte do grande público, desinteressado ou pouco habituado a um desafio mental mais contundente. O ambiente cultural circundante voltado ao entretenimento preenche mais intensamente o tempo livre que é pouco utilizado para investimentos num processo cultural mais conseqüente. As obras clássicas da literatura, por exemplo, são relegadas, pouco exploradas ou não exploradas nas escolas e mesmo nas universidades. Uma "literatice", se é possível considerar o neologismo para definir uma literatura vulgar e trivial que raia a vigarice, se propaga na mesma proporção em que diminuem efetivamente os investimentos formativos na sociedade.

Narrativas literárias de alta potencialidade estética, como as que se encontram nas obras de autores como Frans Kafka, são praticamente desconhecidas da massa estudantil. Conteúdos estéticos pelos quais a materialidade histórica se manifesta como consciência do sujeito em reflexão sobre a sua ação no mundo ficam, nesse sentido, relegados ao ostracismo. Recursos formais de expressividade fundamental que a grande literatura ou a grande arte propiciam para enriquecer a constituição de subjetividades mais fortalecidas, de forma existencial e social mais ampla, quando atingem o grande público são apresentados de forma reducionista, desmantelando a cadeia de significado que sustenta a força estética que a constitui. Justamente o enigmático, o de difícil apreensão, ou ainda a negação da lógica que satisfaz – contraposições aos princípios dos imediatismos assimilativos típicos da indústria cultural – são tais recursos estruturais da singularidade de uma obra que desarmam a percepção viciada.

Nos desafios e nos embates, no desconforto e no desencontro dos meandros hesitantes, no marasmo e no fastio de uma situação que se define de forma ordinária e comum, quando tudo indicava o inesperado, ou que não se define nem se responsabiliza por tal indefinição, recursos estilísticos em narrativas como as de Franz Kafka favorecem ao leitor lacunas de desamparo pelas quais a mediação reflexiva se instaura. Trata-se do momento em que os conteúdos da grande alegoria da obra se ausentam e a relação entre leitor e realidade se impõe.

Aquilo que se apresenta como imediaticidade na indústria cultural é lentidão, marasmo, hesitação, impasse em Kafka. O sentido não se dá como satisfação imediata, mas como experiência que não se efetiva diante das vivências no plano ideológico. Portanto, em termos formativos, trata-se de conhecimento sobre o objeto e não apenas a sua apreensão consumada. A não-linearidade característica desse tipo de narrativa desautomatiza a obtenção da segurança pelas ofertas facilitadas que conduzem ao enquadramento, à integração e à concessão íntima às seduções autoritárias. O estranhamento e a resistência do leitor ocorrem justamente em função do que a verdade da obra traduz como linguagem consciente, pois aponta a renúncia do indivíduo aos mecanismos sutis dessas formas de sedução e a racionalidade que as determina. Não há espaço para a mediocridade em Kafka, senão reconhecer sentimentos medíocres com os quais a racionalidade da dominação social se naturaliza. Em "Anotações sobre Kafka", ensaio escrito por Theodor Adorno entre 1942 e 1953, publicado em *Die Neue Rundschau* em 1953, o autor menciona que, "A força de Kafka é a da demolição. Diante do sofrimento incomensurável, ele derruba a fachada acolhedora, cada vez mais submetida ao controle racional"[8].

Na estruturação interna da obra, os recursos estéticos utilizados como o obsoleto, o sem sentido, o enigmático e a desesperança, por exemplo, indiciam na sua literalidade tortuosa as entranhas de uma historicidade ocultada. A monstruosidade do Estado moderno, autoritário e prepotente, ao burocratizar a vida humana submetida à lógica da mercadoria, transparece num indivíduo reduzido a insignificante e asqueroso inseto. A sua desfiguração é experienciada nas sensações provocadas pelo eixo narrativo que irrita o leitor propenso a evitar reconhecer-se nas situações absurdamente apresentadas. Mais uma vez, é oportuna a constatação de Adorno ao afirmar que "Um dos pressupostos mais importantes de Kafka é que a relação contemplativa entre o leitor e o texto é radicalmente perturbada"[9].

É também pela negação da apreensão imediata que a construção narrativa de Ulisses, de James Joyce, cria a sensação caótica do desprendimento da consciência e indiferença do indivíduo no mundo moderno. Assim, pois, a modernidade da sua linguagem nega e põe em estado de suspensão os anacronismos com os quais o indivíduo lê o mundo de forma inadequada e não se contemporiza. A sua linguagem, por assim dizer, desnaturaliza a natureza antiga das concepções e julgamentos desgastados, para inserir o indivíduo na sua modernidade e assim situá-lo no processo histórico em que se encontra. Afirma Jung sobre a obra:

---

[8] Em *Prismas: crítica cultural e sociedade* (trad. Augustin Wernet e Jorge Mattos Brito de Almeida, São Paulo, Ática, 1998), p. 247.
[9] T. W. Adorno, "Teoria da semicultura", cit., p. 241.

[...] tudo aquilo de negativo, de "sangue-frio" bizarro, banal, grotesco e infernal, são virtudes positivas da obra joyceana, [...] a linguagem indescritivelmente rica, de mil e uma facetas, com parágrafos se arrastando como lombrigas se arrastando num tédio terrível e numa pavorosa monotonia, é, do ponto de vista épico, grandiosa, um verdadeiro Mahabharata de inadequações de um mundo humano com seus inúmeros meandros e com suas profundidades diabolicamente doidas.[10]

Aquilo que em Ulisses é negação da existência reduzida ao sentimentalismo como *superestrutura erigida sobre a brutalidade*, da nossa pretensa humanidade e força, pela sua lógica interna, a percepção a viver o cinismo do sentimento e indiferença de nossa época.

Van Gogh, Monet e os impressionistas em geral, quando negam a apreensão imediata da realidade para torná-la mais expressiva, por esse processo de distanciamento estético, não estariam educando a percepção contemporânea submetida a uma visão do mundo unidimensional e reificada? A negação da percepção imediata da forma não estaria educando um novo olhar para novos conteúdos históricos como superação dos habituais anacronismos na leitura da realidade social?

Abordagens desse tipo tornaram-se limitadas e, por vezes, ausentes do princípio formativo da sociedade, quer pelas mais diversas e absurdas deficiências escolares como se apresentam na atualidade ou diante dos apelos da indústria cultural com o aligeiramento típico das obras de arte literárias mais consistentes esteticamente. A obsessão pelo enredo de fácil apreensão, atendendo aos princípios mais gerais de alienação social no capitalismo tardio, encontrou nesse tipo de desmantelamento estético a arma fatal para a debilitação da subjetividade contemporânea. Identidades enfraquecidas, fragmentárias, ideologicamente comprometidas num contexto social administrado e sutilmente vivenciado por uma formação nazi-fascista, no que se refere aos usos mercantis da cultura, tornam-se a trama das narrativas mencionadas. Em função desses traços autoritários da massificação da cultura atual é que tais narrativas se tornam imprescindíveis como processos formativos emancipatórios. Elas constituem linguagens de reflexão crítica através das quais o indivíduo pode emergir mais fortalecido e resistente em relação ao sistema social que o desumaniza e o liquida.

Refletir sobre as interferências no social da indústria cultural como processo semiformativo (*Halbbildung*) implica compreender a cumplicidade desse tipo de cultura com a regressão social que ele reforça. Os *mass media* na sua subserviência ideológica têm suplantado a sua condição informativa, impondo na formação do imaginário social um analfabetismo induzido pelo qual o indivíduo faz uma leitura obtusa das contradições subjacentes à sua realidade circundante.

---

[10] C. G. Jung, *O espírito na arte e na ciência* (3. ed., trad. Maria de Moraes Barros, Petrópolis, 1991), p. 112.

Compreender, todavia, as possibilidades emancipatórias que a formação cultural viabiliza exige reconhecer a assertiva de Adorno de que: "A única possibilidade de sobrevivência que resta à cultura é a auto-reflexão crítica sobre a semiformação, em que necessariamente se converteu"[11], ou seja, reflexão crítica do caráter regressivo e alienante da forma como o conhecimento objetivo é paralisado diante da facilidade com que o clichê substituiu a complexidade e a experiência advindos do conceito estabelecido pela própria reflexão.

---

[11] T. W. Adorno, "Teoria da semicultura", cit., p. 410.

V. EDUCAÇÃO

ESCOLA, DIDÁTICA E INDÚSTRIA CULTURAL[*]

Andréas Gruschka

I. Introdução

Pensar criticamente a relação entre a escola e sua didática progressista e a indústria cultural não é algo evidente ou feito de antemão. Como se sabe, não foi da escola que Adorno e Horkheimer se ocuparam quando, nos anos 1940, atiraram suas teses nos portões de Hollywood[1]. Mesmo nos escritos de Adorno que desenvolveram a temática, publicados posteriormente à *Dialética do esclarecimento*, principalmente em "Theorie der Halbbildung" [Teoria da semiformação][2], no qual se investiga o efeito da indústria cultural em seus consumidores, a escola não é o foco. Naqueles trabalhos permanece a atenção aos produtos da indústria cultural e suas formas de recepção. Estas, por sua vez, correspondem ao encolhimento dos afetos (também os pedagógicos) diante da trivialização da cultura e sua conformação em mercadoria, assim como da atitude tanto daqueles que são "informados" quanto dos "insensíveis ignorantes".

A expressão *semiformação* tem origem no pensamento pedagógico e na crítica à escola, anteriores à criação e à disseminação do rádio, do cinema e da televisão e, por extensão, da midiática cultura de massas. Foi cunhada modernamente – e para além do que se poderia imaginar ser a indústria cultural – no ano de nascimento de Adorno, 1903, pelo criador do "Neo-humanismo", Friedrich Paulsen[3]. Com a expressão semiformação criticava-se o insípido e indigesto conteúdo da escola secundária (*Oberschule*), que massacrava os alunos. No entanto, compreender

---

[*] Tradução de Alexandre Fernandez Vaz.
[1] Cf. M. Horkheimer e T. W. Adorno, *Dialética do esclarecimento* (Rio de Janeiro, Jorge Zahar, 1985); ed. orig. *Dialektik der Aufklärung: philosophische Fragmente* (Frankfurt am Main, Fischer, 1968).
[2] T. W. Adorno, "Theorie der Halbbildung", em *Gesammelte Schriften 8* (Frankfurt am Main, Suhrkamp, 1972), p. 93-121.
[3] F. Paulsen, "Halbbildung", em *Pädagogische Korrespondenz*, Frankfurt am Main, n. 9, 1991. p. 96-100.

semiformação como resultado de uma industrialização da cultura era algo que Paulsen ainda não podia fazer. Não há dúvida de que a perspectiva de Adorno se radica no mesmo horizonte do "Neo-humanismo". Por outro lado, não se pode pensar que, ao fazer sua crítica à indústria cultural, Horkheimer e Adorno tinham em mente a escola e o ensino superior.

Estamos hoje muito mais próximos dessa possibilidade. Sobretudo o mal-estar diante do encolhimento do sentido acadêmico na pesquisa e na docência, graças à sua crescente mercadorização, de imediato leva muitos a tomar o *topos* "indústria cultural" como uma cifra não mais que polêmica de seus críticos. A reserva diante de um suposto elitismo das teorias clássicas, sua recusa da cultura leve (ou, mais precisamente, da estúpida), parece, de acordo com os fatos, se perder. Afinal, a pretensão de uma formação para a experiência do mundo e da ciência é recusada como ultrapassada e inatingível, ao mesmo tempo em que se predica a possibilidade de uma experiência cultural voltada à vivência do espetáculo e do evento. A "Fanmeile" (jogo que simula a participação em uma partida de futebol) alcança a mesma importância e o reconhecimento público de um acontecimento cultural como a "Noite dos museus" ou a revelação tardia de que um poeta, aos dezessete anos, engajou-se na SS, tropa militar de elite do nacional-socialismo.

Nesse horizonte são propostas algumas questões que podem levar à reflexão e ao conceito do tema tratado. Para tanto, são apontadas algumas teses sobre a relação entre didática e indústria cultural, de modo que seja possível cogitar o tema de forma objetiva e subjetiva simultaneamente. Em primeiro lugar, descreve-se a presença empírica dos efeitos da aprendizagem sob os auspícios da indústria cultural nos estudantes escolares e de nível superior. Na seqüência, são propostas algumas das novas formas da didática, tal como se encontram hoje na escola como complementos da presença da indústria cultural. Concluímos com comentários de Adorno e Horkheimer, que operam como iluminações para o até então trabalhado.

II. Cultura como empreendimento

Quem analisa a situação atual dos estabelecimentos de ensino (tanto escolares quanto universitários) sob a rubrica teórica da *indústria cultural* precisa desviar-se do que deve ser desenvolvido aqui como questão central, ou seja, não deve dedicar-se imediatamente ao ensino e à aprendizagem, mas à sistemática subsunção da Educação à Economia.

Com relação a isso, o sucesso da crítica é facilmente visível. Ela pode ser formulada com ajuda da *indústria cultural* e pode ser válida para todos os que reclamam da progressiva transformação da produção e disseminação da cultura sob o interesse dos negócios capitalistas.

Com isso fica nítido que não é a porção substantiva da questão que se desenvolve, mas a adjetiva. O que aparece não é propriamente indústria cultural, mas cultura industrial, ou seja, algo daquela persiste sem que seja ela em toda sua extensão. Isso pode ser notado no fato de que ninguém ainda teve a idéia de tratar teoricamente uma universidade ou uma escola, uma ópera ou um museu, tal como quando se trata de um empreendimento como MGM, Time Warner ou CBS como protagonistas da *indústria cultural*. Até mesmo uma editora de livros didáticos não seria tratada por nós, sem os devidos cuidados, como um empreendimento da *indústria cultural*, apenas porque observamos que ela participa da esfera da circulação ao lançar suas mercadorias educacionais. De modo distinto ocorre quando se trata das organizações privadas, por exemplo as que fazem consultorias ou avaliações externas. Há a agência Bertelsmann, que atua de forma massiva na política cultural. Se observarmos a organização da Educação, será possível verificar atualmente um sem-número de práticas na escola e no nível superior demarcadas pela *indústria cultural*. Isso é visível nas suas metas e *slogans* ("Aqui o conhecimento se torna realidade", diz uma instituição superior), na propagação dos resultados alcançados e dos programas de reforma que desenvolve. Com tais procedimentos não vemos apenas o mimetismo dos empreendimentos econômicos, mas a transformação de seu conteúdo em mercadoria. Como mercadores da cultura, a tendência é eles se transformarem em empreendedores da *indústria cultural*.

No centro de minhas reflexões não está exatamente o processo global que subsume a Educação à Economia, mas a deformação interna da Formação como conteúdo e processo, tal como podemos observar em nosso ensino médio. Tanto no plano mais geral quanto na prática pedagógica diária da escola, trata-se do enfraquecimento da lógica própria e da autonomia da Formação e da Educação como ordenadoras da cultura. Com isso se coloca em primeiro lugar uma subsunção à Economia das práticas no sistema educacional, cuja lógica interna passa a exigir de outros âmbitos que sigam o imperativo econômico: do político, a consecução da igualdade de chances e da qualificação para o trabalho; do científico, a procura do conhecimento verdadeiro; do pedagógico, que tome partido no desenvolvimento do interesse das futuras gerações pela Educação. Como se dá esse processo de subsunção à Economia?

As sociedades democráticas precisaram de muito tempo até que sua autolegitimação se processasse por meio da consolidação de um sistema público de Educação. Com tal processo se efetivou algo não apenas simbólico (ou ideológico), uma vez que as novas gerações puderam se tornar, com igualdade de direitos, membros dessa sociedade. O Estado cobrador de impostos alcançou esse objetivo com o tempo e alocando os que lhe foram necessários; em meio ao sempre crescente abismo entre a riqueza de poucos e a pobreza de muitos, ele procura possibilidades de reduzir sua obrigação no financiamento do sistema educacional.

Nesse processo, considera-se cada vez menos as implicações políticas dos mecanismos de integração social, e cada vez mais a decisão recai sobre uma razão econômica. A presença do imperativo econômico nos organismos educacionais significa, além de tudo e principalmente, o contingenciamento efetivo dos recursos financeiros. O programa seria o seguinte: em tempo mais curto, o sistema deve lançar mais, melhores e renovados produtos, ainda que segundo a tendência da economia de meios. A indústria fica sob a permanente pressão desse imperativo, e os empreendimentos de sucesso mostram que isso é possível. Aquilo que vale para a indústria também deve ter valor para a Ciência e para a Educação. Com isso o discurso sobre a *indústria cultural* encontra um sentido diferente daquele classicamente desenvolvido.

Escolas e universidades atuam (assim como a organização dos serviços públicos em geral) há alguns anos na reorganização de um negócio que, por meio dos mais racionais procedimentos, produz e disponibiliza mercadorias de sucesso. As metas e os procedimentos do mercado são empregados quase de forma pura: desenvolvimento do produto, *Total Quality Management*, *Controlling/Evaluation*, Marketing, finanças pessoais, distribuição de produtos e recrutamento de recursos humanos; tudo isso no contexto concorrencial do mercado. Disso resultam surpreendentes analogias: estudantes universitários e escolares tornam-se clientes de um negócio, e para eles, mediante pagamento (as taxas estudantis), serviços e produtos (certificados) são oferecidos. Cientistas e professores se transformam, de modo correspondente, em prestadores de serviços. A qualidade de seu trabalho é aferida pelos resultados que o negócio alcança: financiamento estatal correspondente a cada aluno matriculado, recursos privados, apoio financeiro específico para o desenvolvimento de projetos. Numa forma mais avançada desse mesmo processo, tanto o professor quanto o pesquisador tornam-se um *intrapreneur*, o responsável por suportar uma parte importante da carga que ele mesmo trouxe à escola e ao negócio, como um suplemento. Quem nesse processo pouco ou nada contribui para os resultados do negócio torna-se fator de desvalorização do empreendimento e deve ser defenestrado.

O dinheiro torna-se o meio de comunicação central; com isso, a verdade (Ciência) e o desenvolvimento (como Educação e Formação) são desligados. A comunicação coloca-se a serviço desse negócio. Nasce uma nova qualidade do *publish or perish* ("publique ou morra"); a forma da comunicação sobrepõe-se ao receptor. Quando se tem uma boa publicidade, é porque se fez a coisa certa. Em lugar de "Solidão e liberdade" (Wilhelm von Humboldt), temos agora o muito desejado "Faça dinheiro e fale sobre isso!", que quer dizer o seguinte: "Fale sobre o que se fala em toda parte, isso só fará aumentar seu valor!" A experiência com os objetos é substituída pelas informações solicitadas. Para tanto é preciso formular as indeléveis propagandas; as informações tornam-se, na verdade, veículos para as propagandas. Assim o conteúdo da Formação e da Ciência desloca-se sob a regência dos imperativos de consumo. O conteúdo da oferta e da procura (Ciência, Ensino) torna-se progressivamente mercadoria.

Com isso chegamos à pergunta sobre como tudo isso influencia os processos íntimos do trato pedagógico. O resultado da relação entre aluno e professor, cliente e prestador de serviço, caracteriza-se, para além de seu valor de troca, material, tal como caracterizado pela didática: os temas ou conteúdos, cuja mediação e apreensão – ou, conforme Adorno, "apropriação" – se dão nas escolas e nas instituições de nível superior.

III. Didática e indústria cultural

1

Não apenas os produtos da indústria cultural expropriam dos homens a possibilidade de uma relação viva com as coisas, sobretudo quando estas são mediadas esteticamente pelo mundo da experiência e do conhecimento. A escola pública, contrariamente a sua gênese e seu programa – o esclarecimento amplo, cientifico, metódico, moral e social das gerações futuras –, tornou-se um agente dessa expropriação.

A educação escolar se imiscui cada vez mais nos mecanismos da indústria cultural. A escola espera, ao confundir escolarização e consumo, adentrar o mundo dos negócios de forma mais eficiente, na medida em que torna os alunos consumidores de uma mercadoria-lição que promete valor de troca e trabalho não-fatigante, divertido e rotineiro como acesso ao conhecimento. Por trás desse rearranjo dos assuntos escolares, as possibilidades do conteúdo formativo desaparecem. Este surge entrementes como estranho e intimidador: os conteúdos da tradição cultural seriam não mais que postos à disposição do mercado, uma vez transformados no âmbito da indústria cultural.

2

A indústria cultural recolhe, de diversas formas, o que a escola coloca à disposição. Essa é, por sua vez, a escola dos futuros consumidores da indústria cultural, e não aquela cuja produção soube "ferir" (Adorno) pessimistamente os alunos. Aquele que na escola ouve os textos em lugar de lê-los se agarrará com facilidade ao audiobook. Aquele que atribui reconhecimento a discursos descompromissados estará com o espírito preparado para o desfrute dos *talk shows*. Aquele que na escola se limitar a receber conhecimentos superficiais e inofensivos estará disponível à mera opinião, mas não à capacidade de julgar de maneira fundamentada.

Aquele que na escola não teve a experiência da exploração concentrada e precisa de um conteúdo, por meio da estandardização, dispersão e justaposição, estará de acordo com a esquematização, a volatilidade e vulgaridade das mercadorias da indústria cultural.

Ao adaptar seus conteúdos e formas de trabalho à indústria cultural, a escola pode, nesta sociedade, fazê-la triunfar como solo da cultura e facilmente pôr tudo a seu serviço.

3

A Pedagogia prometeu que o ensino escolar, valorizando a curiosidade natural dos jovens, seria capaz de levar ao "mais livre intercâmbio entre o eu e o mundo", "da forma mais ampla possível" (Wilhelm von Humboldt). Ao mesmo tempo, a escola burguesa moderna, ao tornar-se obrigatória, propôs uma promessa bastante distinta: alcançar, com meios didáticos, uma facilitação radical dos conteúdos e dos caminhos de aprendizagem. A mais antiga didática (a partir do século dezessete) foi talvez a primeira forma de indústria cultural. Uma mirada mais precisa no cotidiano da escola mostra, no entanto, que as aulas nem alcançam o plano ontogenético da formação dos alunos nem são capazes de desenvolver, na esfera da linguagem, o correspondente conteúdo que tornasse possível um adequado conhecimento. Também no que se refere à prometida racionalização do ensino por meio da didática, falta-lhe o balanço, após trezentos anos de jejum: até hoje ela não é capaz de levar a totalidade dos alunos a uma estável compreensão dos mecanismos e estruturas da cultura geral.

4

Desde seu começo a educação escolar orienta-se por um "decalque" didático do mundo, cujo "formato" hoje corresponde ao registro das imagens da indústria cultural. Elas representam o saber de tal forma que, diante do que se regulamenta como saber escolar, as capacidades não previamente esperadas são desprezadas. Com isso são arrancadas do complexo no qual se opera o conteúdo (*Sachzusammenhang*), de forma que também a capacidade subjetiva de julgar seja posta entre parênteses. O mundo se torna um "mundo de aparência" (Adorno) da materialidade escolar que, por sua vez, forja uma realidade própria em contraposição ao mundo. A materialidade do conhecimento é apenas adquirida de maneira funcional, não mais *apropriada*. Tudo deve correr de forma "rápida e agradável" e, por isso, jamais pode haver "profundidade"[4].

---

[4] J. A. Comenius, *Große Didaktik* (Düsseldorf, 1956).

5

A recusa em confrontar os alunos com material ainda não didático, mas dividido em partes e atomizado, o que dá clareza imediata ao que é ensinado, é vista pelo professor como uma antropologia escolar pessimista, "negativa" (o que mais deve ser temido). Esta, por sua vez, seria muito exigente ao ocupar-se de forma ampla das problemáticas que conformam o conteúdo escolar. Ao dedicar-se de modo tão intensivo a essas questões, não traria nem interesse nem motivação. Com isso a estrutura escolar não autorizaria que se ocupasse de fato com os conteúdos, mas exigiria, por meio das normas de avaliação e controle, o incessante ajustamento do processo de ensino e de seus resultados a essas regras.

Isso significa que também os alunos esperam que as correspondentes orientações sejam muito claras, com as quais possam, posteriormente, alcançar boas notas. Eles saúdam o auxílio didático como uma entrada e, da mesma forma, as soluções claras e rapidamente obtidas como uma saída oferecida pelos processos mediadores da didática. Sem esse tipo de orientação, sentem-se indefesos diante das problemáticas postas, sem saber o que fazer com elas.

Essa imagem distorcida do aluno que compreende e consegue seguir as orientações torna-se uma regra do esperável otimismo, contexto em que qualquer pretensão à exigência deve fracassar. (Em todas as estruturas escolares alemãs há muitas críticas aos alunos que não são mais capazes de ler, escrever, fazer cálculos e pensar. Para essas problemáticas são oferecidas muitas soluções mágicas. A tarefa mais desespiritualizada é, com isso, justificada, de maneira que são atiradas iscas aos alunos para, logo depois, serem fisgados.)

6

A atual reforma educacional, tanto a oficial quanto a informal, aproveita o fato de ser urgente para fazer uma profecia auto-referente. Nas aulas, o aluno é tratado de forma correspondente a isso.

De modo concomitante, as coisas seguem sem problemas, pelo menos enquanto a apreensão temática e a cultura da praticidade seguirem confirmando as seguintes metas:
– informação superficial;
– conhecimento aparente, mas documentado por boas notas;
– esquemas aprendidos por meio de "decorebas";
– conhecimento formal e operativo.

Isso tudo pode ser alcançado mesmo sem o pleno entendimento do assunto. Onde não há expectativa de entendimento, problematiza-se o acordo com a aparência, arranha-se a superfície do tema ao ser ele tratado como aparência. Em vez de levar os alunos à dificuldade do assunto, cuja solução promete levar à felicidade do conhecimento, essa expectativa é didaticamente mistificada, trivializada. Contra sua perda de substância é posta uma agradável resposta midiática, de tal forma que ao final o que conta é o pacote, o invólucro, e não mais o conteúdo.

7

A questão apresenta dois lados: o primeiro diz respeito a uma recusa dos alunos diante de um ensino que sentem ser desprovido de sentido; o segundo se relaciona a uma involuntária ruptura do próprio interesse pelo assunto em pauta, dado o descontentamento com as explicações disponíveis.

No primeiro caso é preciso contar com problemas disciplinares. Os alunos imunizam-se por meio de comportamentos censuráveis – não-colaboração, distanciamento irônico, imitação das orientações feitas a colegas – diante das dificuldades de entendimento e da inutilidade dos próprios esforços. A reação do professor nesses casos não é a de retornar ao assunto tratado, mas de tentar refletir como poderia, com mais didatismo, reconquistar a atenção dos alunos para a aula por meio de um tempero mais saboroso.

A outra reação é talvez mais interessante para o nosso contexto, já que com ela não se engendra propriamente uma resistência à aula, o desinteresse na semiformação e a vivência da própria insuficiência, mas, ao contrário, o interesse pela formação. Isso se articula, segundo observamos, a cada momento: desenvolve-se como um protesto silencioso, como um *ceterum censeo* freqüente, esperançoso e desesperançado:

"Do que se trata? (Que há para além do invólucro?)

Eu não compreendi. (Mas, quero compreender.)

Isso não é inteligível. (E, por isso, não é para ser aprendido.)"

8

Mesmo tão didatizada, a atividade de ensino não pode renunciar inteiramente aos conteúdos, cuja mediação ela deve promover. Para tanto, a estrutura disciplinar e seus métodos, que não foram de todo desmobilizados, expressam-se da seguinte forma:

– Toda aula de matemática compõe-se dos esquemas idealizados com ponto, reta, raio e distância, lidando antes com aquilo que é probabilidade calculável do que com o mero acaso.

– As ciências da natureza procuram com seus métodos experimentais a análise e síntese de substâncias e a descrição de fenômenos naturais, o esclarecimento da natureza dada, sua utilidade, processos de mudança e evolução.

– No ensino da língua se expressa de pessoa para pessoa a relação eu–mundo – o entendimento intersubjetivo e a construção ficcional do mundo.

– A história lança a pergunta pelas condições fundamentais ou contigenciais de transformação e pelas possíveis conformações do futuro.
– O ensino de religião nos faz confrontar o outro da razão.
– Artes plásticas e música evocam nos alunos formas não-discursivas de compreensão do mundo.

O sentido formativo desses cânones não se deixa inteiramente domesticar pela semiformação escolar.

9

Isso se mostra com enorme vigor quando transcrições do cotidiano de aulas são analisadas. Incessantemente se colocam chances para professores e alunos captarem o sentido formativo dos conteúdos. Elas se manifestam em momentos próprios da disciplina, sendo peça rotineira. Mas essas chances são desperdiçadas. A aula costuma ser uma cerimônia permanente de *cooling out* (ducha de água fria) das aspirações formativas.

Após anos de leitura de protocolos de registro de aulas, não verificamos nenhuma ocasião duradoura em que o professor estivesse preparado para a situação de, por algum tempo, sair do que estava prescrito e dirigir-se para as problemáticas complexas dos alunos que, por sua vez, não cessam de propor questões*.

10

Nas questões propostas pelos alunos é interessante observar que elas jamais se originam de uma posição semiformativa, mas sim da ingenuidade (no sentido adorniano) ou de uma expectativa muito bem posta, contrapondo-se ao que é falso e equivocado no que a escola apresenta.

O surgimento do impulso formativo tem a forma da admiração e das questões ingênuas, da espontânea ligação por meio das coisas, do ceticismo diante do valor do que é apresentado, da reflexão ruidosa do sentido subjetivo.

Essas formas de exteriorização serão tratadas pelos professores como situações que atrapalham o andamento das atividades. Freqüentemente não serão percebidas e por isso nada sobre elas será dito, elas serão diluídas no fluxo das falas em sala de aula.

11

O disciplinamento do interesse formativo se dá não apenas por meio da prolongada ameaça representada pelo controle dos resultados, mas de forma ainda

---

* *Rückfragen*, no contexto aqui apresentado, aparece como "questões propostas pelos alunos". Trata-se das questões que os alunos, em sala de aula, colocam como contraponto ao que é dito pelo professor, geralmente como um pedido de mais esclarecimento. (N. T.)

mais dura pela forma com que são propostas as tarefas específicas e dirigidas. Estas dão prosseguimento a um estreito regime de trabalho, do qual dificilmente se pode sair. Com essas tarefas vem a promessa dos professores de que os alunos estarão livres do risco de não compreender as temáticas, desde que estejam prontos para realizar o que é prescrito. Em geral, o material didático é construído de tal forma que com eles o sucesso previsto estará garantido.

A escola justifica tais tarefas aludindo aos interesses e carências dos alunos, assim como a contemplação das expectativas de qualificação socialmente esperadas.

12

No contexto em que as aulas representam a disposição espiritual em direção à semiformação, e em contraposição ao interesse vivo dos alunos em seu processo de descobrimento do mundo, elas destroem a possibilidade do que até hoje ainda é a formação.

Os resultados internacionais de exames como o PISA (Programa Internacional de Avaliação de Alunos) se encarregaram de transformar o domínio instrumental de tarefas estandardizadas no substituto daquilo que na Alemanha era normativo e teoricamente presente, o discurso sobre a formação e a formação integral.

Na medida em que o momento formativo que se livre, por sua própria natureza, desse estado de coisas não permanece, não restará outro que o sombrio prognóstico: a escola futuramente nada mais terá a ver com a formação, elemento fundamental pelo qual foi instituída. Ela se reduz à alfabetização da massa calada e à disseminação de uma elite que não passa de um aparato funcional.

IV. Comentário final

Tal como foi analisado em fins dos anos 1940, pode-se ler no capítulo sobre indústria cultural de *Dialética do esclarecimento* o seguinte:

> O fato de que milhões de pessoas participam dessa indústria [escola, a. g.] imporia métodos de reprodução que, por sua vez, tornam inevitável a disseminação de bens padronizados para a satisfação de necessidades iguais. [...] Os padrões teriam resultado originariamente das necessidades dos consumidores: eis por que são aceitos sem resistência. De fato, o que o explica é o círculo da manipulação e da necessidade retroativa, no qual a unidade do sistema se torna cada vez mais coesa. [...] Por enquanto, a técnica da indústria cultural levou apenas à padronização e à produção em série, sacrificando o que fazia a diferença entre a lógica da obra e a do sistema social.[5]"

---

[5] M. Horkheimer e T. W. Adorno, *Dialética do esclarecimento*, cit, p. 114.

Para todos algo está previsto; para que ninguém escape, as distinções são acentuadas e difundidas. O fornecimento ao público de uma hierarquia de qualidades serve apenas para uma quantificação ainda mais completa. Cada qual deve se comportar, como que espontaneamente, em conformidade com seu *level*, previamente caracterizado por certos sinais, e escolher a categoria dos produtos de massa fabricada para seu tipo.[6]

[Os conteúdos] São feitos de tal forma que sua apreensão adequada exige, é verdade, presteza, dom de observação, conhecimentos específicos, mas também de tal sorte que proíbem a atividade intelectual do espectador, se ele não quiser perder os fatos que desfilam velozmente diante dos seus olhos.[7]

A compulsão permanente a produzir novos efeitos (que, no entanto, permanecem ligados ao velho esquema) serve apenas para aumentar, como uma regra suplementar, a violência[*] da tradição ao qual pretende escapar cada efeito particular.[8]

O espectador não deve ter necessidade de nenhum pensamento próprio, o produto prescreve toda reação: não por sua estrutura temática – que desmorona na medida em que exige pensamento – mas através de sinais.[9]

A indústria cultural não cessa de lograr seus consumidores quanto àquilo que está continuamente a lhes prometer.[10]

O tipo de experiência que personalizava as palavras ligando-as às pessoas que as pronunciavam foi esvaziado, e a pronta apropriação das palavras faz com que a linguagem assuma aquela frieza que era própria dela apenas nos cartazes e na parte de anúncios dos jornais. Inúmeras pessoas usam palavras e locuções que elas ou não compreendem mais de todo, ou empregam segundo seu valor behaviorista, assim como marcas comerciais, que acabam por aderir tanto mais compulsivamente a seus objetos quanto menos seu sentido lingüístico é captado.[11]

---

[6] Ibidem, p. 116.
[7] Ibidem, p. 119.
[*] A tradução nesse trecho foi levemente modificada. (N. T.)
[8] Ibidem, p. 120.
[9] Ibidem, p. 128.
[10] Ibidem, p. 130.
[11] Ibidem, p. 155.

PROBLEMAS DE ATUALIDADE DA TEORIA CRÍTICA?
Indústria educacional hoje

Cláudio Almir Dalbosco

Neste trabalho pretendo mostrar a atualidade do conceito de indústria cultural de Adorno no tocante à análise do intenso processo de mercantilização desregulamentada do ensino superior no Brasil a partir do final do século passado. Para isso, reconstruo, em um primeiro momento, as linhas gerais da interpretação que Helmut Dubiel faz das possibilidades de atualização da teoria da sociedade de Adorno, submetendo tal interpretação também à crítica[1]. Essa reconstrução auxilia-me, no passo seguinte da argumentação, a balizar um aspecto atual do conceito de indústria cultural, a saber, o conceito de indústria educacional, que está na base do diagnóstico sobre o processo acelerado de privatização mercantil da educação superior no Brasil. Por fim, recupero aspectos do conceito clássico de formação integral (*Bildung*), no modo como se encontra exposto no conceito adorniano de formação cultural, confrontando-o, enquanto ideal normativo, às exigências mercadológicas atuais do ensino superior.

I.

As conferências sobre Adorno (Friedeburg/Habermas, 1999), proferidas em 1983 na Universidade Johann Wolfgang Goethe de Frankfurt, tiveram como objetivo avaliar as influências de seu trabalho sociológico e filosófico desde sua morte, ocorrida em 1969, até o momento em que ocorreram as referidas conferências[2].

---

[1] H. Dubiel, "Die Aktualität der Gesellschaftstheorie Adornos", em L. Von Friedeburg e J. Habermas (Orgs.), *Adorno-Koferenz 1983* (Frankfurt am Main, Suhrkamp, 1999), p. 293-313.

[2] Vinte anos mais tarde, em 2003, ocorreram na mesma universidade duas comemorações aos cem anos de nascimento de Adorno, com perspectivas diferenciadas de recepção de seu pensamento. A primeira fora organizada por Honneth (2005); a segunda, por Gruschka e Oevermann (2004).

Estavam presentes vários conferencistas que procuraram cobrir, cada um a seu modo, os mais diferentes aspectos da produção intelectual adorniana, sem deixar, evidentemente, de formular objeções a partir de suas perspectivas teórico-filosóficas. Meu propósito, ao me reportar a essas conferências, não é o de abordá-las em sua integralidade, mas de reconstruir a interpretação de Dubiel sobre a teoria de Adorno. Em sua conferência intitulada "A atualidade da teoria da sociedade de Adorno" ("Die Aktualität der Gesellschaftstheorie Adornos"), o referido autor busca atender um duplo objetivo: primeiro, livrar o pensamento de Adorno daquelas interpretações baseadas no renascimento de uma crítica cultural pessimista, que não só afastaria o pensamento adorniano do campo originariamente crítico do qual emergiu, como também o encurralaria no desfiladeiro de uma posição conservadora. Em segundo lugar, Dubiel pretende reintroduzir tal pensamento, novamente, no âmbito de uma refletida teoria filosófico-social do capitalismo tardio. Para dar conta desses dois objetivos, defende a tese de que a atualidade da teoria da sociedade de Adorno depende da capacidade de ela incorporar, em seu arcabouço teórico, as profundas transformações ocorridas na estrutura político-econômica da sociedade tardo-capitalista.

Para Dubiel a teoria crítica clássica da sociedade, no moldes de Adorno, se constitui como teoria da forma autoritária do capitalismo tardio que se justifica em um *topos* teórico tripartido: a) como teoria do capitalismo estatal, influenciada pelas análises de Pollock; b) como teoria do caráter autoritário, de procedência freudiana; e c) como teoria da cultura, com raiz na contraposição estilizada entre duas eras burguesas, uma alta (elevada) e outra tardia. Depois de resumir os traços característicos de cada uma dessas teorias, Dubiel chega à seguinte conclusão: uma racionalidade de troca totalitária e hermeticamente crescente; uma estrutura socializadora, que ancora a pretensão autoritária de uma dominação tornada anônima na estrutura do eu do próprio sujeito, e uma cultura de massas fabricada industrialmente, que serve ao objetivo excludente de um consenso manipulado, conduzem, todas juntas, a um quadro assustador de uma sociedade sistemicamente integrada[3].

Essa conclusão é acompanha por uma análise crítica do *topos* teórico tripartido, na qual Dubiel procura mostrar as transformações sociais e teóricas que se seguiram após as formulações de Adorno. Aqui, segundo este autor, as distâncias do atual quadro social e teórico em relação à época de Adorno são enormes. Desse modo, em relação ao primeiro ponto, a teoria capitalista na qual Adorno se baseou para formular sua teoria da sociedade teria seu foco centrado a tal ponto na teoria do fascismo que o levou à conclusão da correspondência entre teoria capitalista e teoria do fascismo. No entanto, segundo Dubiel, o desenvolvimento da teoria crítica

---

[3] H. Dubiel, "Die Aktualität der Gesellschaftstheorie Adornos", cit., p. 299.

do período capitalista pós-guerra concentrar-se-ia cada vez mais na formulação de uma teoria da crise e, nesse contexto, a teoria do capitalismo tardio passaria a ser entendida como teoria da crise. A palavra crise é empregada aí, contudo, para indicar um novo estágio de desenvolvimento capitalista, no qual a estrutura de mediação dos interesses sociais conflitantes se alterou substancialmente. A crise tornar-se-ia saliente, como descreve Dubiel, quando a práxis política dos compromissos do Estado do Bem-Estar Social dependesse de condições econômicas, as quais, no entanto, seus próprios portadores políticos não podem ou não querem mais satisfazer. Isso abriria espaço ao desenvolvimento de uma política econômica neoconservadora, cujos resultados deixar-se-iam sentir imediatamente: elevação dos impostos, desconstrução do social e, entre outros, desregulamentação e desmontagem de estruturas solidárias e cooperativas de ação. Todas essas iniciativas, que visam melhorar as condições de acumulação do capital em prejuízo dos interesses do trabalho assalariado, apontariam, claramente, na direção da "dessocialização" do Estado para fins predominantemente voltados à acumulação privada do capital[4].

No que diz respeito ao segundo ponto, ou seja, sobre a teoria do caráter autoritário, Dubiel critica o fato de as interpretações psicológico-sociais de Adorno pressuporem ainda uma correspondência direta entre exigências funcionais do capitalismo tardio autoritário e ações dominantes do caráter social burguês, isto é, as análises de Adorno sobre a constituição da identidade e da personalidade na sociedade de sua época desenvolveram-se mediante a tese da influência decisiva do ritmo coercitivo do aparato produtivo e dominante sobre a célula interna da subjetividade. Ou seja, inserindo-se nitidamente no contexto materialista de análise, Adorno firmaria suas posições teóricas pressupondo ainda, de certo modo, um condicionamento direto das forças produtivas nas relações sociais de produção, e nesse sentido a "base material" influenciaria a produção da cultura como um todo. Segundo Dubiel, seria esse o grande motivo teórico que formaria a dimensão psicológico-social do quadro adorniano de uma sociedade que se encontrava, do ponto de vista sistêmico, completamente integrada. No entanto, a literatura psicológico-social atual, mesmo considerando sua diversidade e seus limites, ou justamente por considerá-los, contradiria essa tese de Adorno: estudos sobre o comportamento social e político de grupos juvenis, bem como o significado acentuado da problemática adolescente, mostrariam que os tipos hoje dominantes de perturbações não são mais conseqüências do forte controle de impulsos e afetos exercidos por estruturas institucionais fixas (como família e Estado). Portanto, as análises de Adorno pressuporiam uma relação direta entre exigências funcionais sistêmicas e orientações subjetivas individuais na formação social do caráter,

[4] Ibidem, p. 301-2.

relação essa que o próprio comportamento de adolescentes e jovens atuais, motivados pelas novas exigências oriundas da racionalização extrema da produção, poria em cheque. Em um capitalismo pós-industrial desfazem-se, entre a juventude de todas as camadas sociais, aqueles aspectos auto-repressivos de formação social do caráter burguês clássico, como uma ética de realização ascética, um *status* de concorrência e uma disposição autoritária à busca de resultados, os quais confundiriam e tornariam insegura a idéia do que seria propriamente o novo caráter social resultante desse processo. Essas transformações apontariam, segundo Dubiel, não só para o enfraquecimento do poder paterno, mas também para o enfraquecimento do papel familiar e indicariam uma dificuldade de identificação coletiva na estruturação social, isto é, a progressão dramática da modernização cultural e tecnológica provocaria, por um lado, a erosão dos domínios tradicionais de experiência e das ofertas clássicas de constituição da identidade e, por outro, assinalaria para um "eu transformado", oriundo dos novos padrões de socialização pautados por uma cultura narcisista.

Por último, a teoria da cultura e sua correspondente teoria da indústria cultural devem ser analisadas mediante as novas transformações sociais e teóricas. A teoria crítica da cultura repousava, segundo Dubiel, na tese de que o duplo caráter da arte burguesa fora arruinado pelo capitalismo tardio totalitário, isto é, cultura, como confirmação ideológica da dominação e como imagem crítico-utópica de possibilidades inalcançáveis, transforma-se na parte de uma cultura de massas puramente manipulativa e em uma arte esotérica de vanguarda. Ora, as análises de Adorno pressuporiam aqui uma determinação relacional entre arte e sociedade que não corresponderia mais às profundas transformações do caráter social burguês indicadas acima, que se deixariam resumir pela expressão "transformações na estrutura de trabalho e consumo no capitalismo tardio desenvolvido". Essas transformações possibilitariam o desenvolvimento de uma cultura pós-vanguardista que confrontaria uma pluralidade de materiais e formas lingüísticas, cujo resultado, embora seja ainda imprevisível em relação à lógica de desenvolvimento artístico, seguramente questiona o papel emancipador atribuído por Adorno à arte concebida em termos vanguardistas.

Todas essas transformações indicadas conduziriam à necessidade de atualização de aspectos centrais da teoria adorniana.

II.

Até aqui tenho parafraseado, em largos traços, a reconstrução que Dubiel fez do *topos* teórico que, segundo ele, sustenta a teoria da sociedade de Adorno. Inúmeras questões estão implicadas em sua reconstrução. A primeira delas é se esse *topos* teórico tripartido consegue apanhar, efetivamente, o significado atribuído por Adorno à sua teoria crítica da sociedade e, segundo, caso sua tripartição seja considerada adequada, como esse *topos* pode ser unificado, cruzando seus pólos dinamicamente, para formar o todo que compõe a teoria adorniana da sociedade. Independentemente desses questionamentos, parece-me que dois aspectos da interpretação de Dubiel tornam-se instrutivos à recepção do pensamento de Adorno no Brasil.

O primeiro refere-se ao seu esforço de distanciar o pensamento de Adorno daquelas tentativas de integrá-lo no marco de uma crítica pessimista da cultura. No entanto, no caso da interpretação de Dubiel, para que pudesse tornar conseqüente esse aspecto, ela precisaria ter relativizado a tese de fundo que sustenta sua leitura de Adorno, a saber, de que a teoria da sociedade de Adorno culmina no conceito de uma sociedade completamente integrada do ponto de vista sistêmico. Ora, o dilema, não enfrentado por Dubiel, consiste em querer livrar a teoria da sociedade de Adorno de uma crítica pessimista da cultura, aferrando-se, ao mesmo tempo, para a reconstrução de tal teoria, em um conceito de sociedade definido como instância completamente administrada. Para tornar sua pretensão mais conseqüente, Dubiel deveria ancorar sua análise nos potenciais crítico-reflexivos de Adorno que lhe ajudariam a contrabalançar a tese da sociedade sistemicamente integrada. Afora isso, a análise de Dubiel auxilia e reforça a idéia de que uma recepção produtiva do pensamento de Adorno, para o campo educacional brasileiro, precisa amparar-se na origem claramente crítica de seu pensamento, pondo-se aí a exigência de que uma teoria educacional com pretensão crítica não pode tornar-se prisioneira de uma crítica pessimista da cultura, como também não pode querer tornar Adorno adepto de tal pessimismo.

O segundo aspecto diz respeito ao fato de a atualidade da teoria da sociedade de Adorno depender da condição de ser possível interpretá-la como um processo aberto e, enquanto tal, passível de ser reformulado. Mas Dubiel também parece fraquejar nesse ponto, uma vez que toma o projeto da *Dialética do esclarecimento* como referência exclusiva para traçar o conceito de teoria da sociedade de Adorno, projetando-o para o restante da produção adorniana. Dois problemas estão implicados aí: o primeiro refere-se ao fato de saber se a *Dialética do esclarecimento* culmina, necessariamente, como a análise de Dubiel parece pressupor, em uma teoria que concebe a sociedade como um sistema totalmente administrado; o segundo refere-se ao fato de Dubiel desconsiderar outras formulações importantes, como aquelas feitas por Adorno em seus pronunciamentos radiofônicos, nas quais, por exemplo, ele, voltando ao esclarecimento kantiano moderno, atribui poder emancipador à educação. Esses problemas não descaracterizam, no entanto, a validade da afirmação de Dubiel sobre a importância de conceber a teoria da sociedade como processo aberto. Parece-me, pois, que nessa afirmação está indicado, como qualificação importante do próprio sentido que o conceito de crítica deve abarcar – inclusive como forma de revidar um possível caráter retórico que possa estar subjacente ao primeiro aspecto acima referido, de revisão e de autocorreção de seu âmbito conceitual, isto é, o conceito de crítica deve assumir o sentido de negação de qualquer forma de dogmatismo e estagnação da teoria. Ora, é esse sentido que se contrapõe à existência de uma ortodoxia cega, a qual, aferrando-se à defesa intransigente da letra de sua doutrina, esquece-se, freqüentemente, do fato de que a atualidade do seu conteúdo repousa no confronto permanente com exigências e situações postas pelo contexto social contra o qual a teoria é vertida. Assim, em um processo dinâmico de mão-dupla, uma teoria crítica da sociedade pode tornar-se produtiva à interpretação do contexto histórico do qual faz parte no mesmo grau de abertura que deve dispor-se a ser por ele reformulada.

III.

Se a análise de Dubiel autoriza esse resultado geral, ela auxilia-me agora a perguntar pela atualidade do conceito de indústria cultural. A postura crítica de Dubiel sobre a teoria adorniana da sociedade tornaria inválida a atualidade do conceito de indústria cultural à análise de problemas educacionais? Embora uma resposta a essa pergunta não seja tarefa fácil, gostaria de defender a hipótese de que, mesmo se concordássemos com a tese de que a teoria da sociedade de Adorno precisa ser atualizada naquelas três dimensões do *topos* teórico apontado por Dubiel, essa atualização não só não descaracterizaria o conceito de indústria cultural formulado por Adorno, como exigiria que um aspecto de seu núcleo originário fosse mantido. Para tornar isso claro vou recorrer ao próprio texto de Adorno.

O conceito de indústria cultural, embora já esteja subentendido nos textos de Adorno e Horkheimer dos anos 1930, é introduzido, sistematicamente, na *Dialética do esclarecimento*. Com essa obra, os referidos autores pretendem compreender por que a humanidade, contrariando previsões otimistas de alguns iluministas modernos, em vez de progredir parece estar regredindo a uma nova fase de barbárie. O diagnóstico oferecido pelos autores consiste em mostrar que a principal causa de tal regresso reside no monopólio exercido por uma racionalidade de tipo instrumental, que, ao assumir a lógica do capitalismo moderno, e sendo sofisticada pelo aparato tecnológico constantemente inovado por tal lógica, invade todas as formas de vida, transformando suas produções culturais em valor de troca.

Com a expressão "indústria cultural", Adorno e Horkheimer querem dar conta daquele amplo processo no qual a cultura é transformada em mercadoria no capitalismo tardio e comercializada em grande escala. Mas, como advertem os autores, trata-se de uma mercadoria paradoxal, pois a cultura "está completamente submetida à lei de troca que não é mais trocada. Ela entrega-se tão cegamente ao uso que não se pode mais usá-la. É por isso que ela se amalgama com a publicidade. Quanto mais sem sentido se apresenta diante do regime do monopólio, mais todo-poderosa ela se torna. Os motivos são suficientemente econômicos"[5]. Ao ser absorvida pelos motivos econômicos, a cultura precisa se transformar em mercadoria e, para tornar-se essencial como mercadoria, precisa assumir a forma de valor de troca, com ele perdendo, sob outra perspectiva, aquilo que seria sua característica mais própria. Os autores resumem essa transformação que os bens culturais sofrem em seu significado em outra passagem com a seguinte afirmação: "O que se poderia chamar de valor de uso na recepção dos bens culturais é substituído pelo valor de troca; no lugar do usufruir (prazer) coloca-se o assistir e o estar informado e coloca-se o conquistar prestígio no lugar de se tornar um conhecedor"[6].

Essas duas breves citações permitem-me resumir um aspecto do núcleo central do significado do conceito de indústria cultural que é assumido pelos autores nesta obra, de fundamental importância aos propósitos deste trabalho: com esse conceito os referidos autores querem indicar a absorção, pelo processo produtivo capitalista, das mais diversas manifestações culturais, possibilitando com isso a incorporação da produção cultural pelas leis do mercado e a conseqüente transformação dos bens culturais em mercadoria, mediante a qual o valor de uso desses bens configura-se, hegemonicamente, na forma de valor de troca com fins eminentemente ideológicos, comerciais e lucrativos. Ideológico porque a produção industrial da cultura visa integrar socialmente os membros da sociedade aos interesses e ao modo de pensar dos grupos dominantes, e lucrativo, porque os grandes monopólios industriais das primeiras décadas do século passado não tardaram em ver no vasto campo da produção cultural e artística das sociedades capitalistas desenvolvidas novas possibilidades de aplicar seu capital e obter com isso um nova fonte de ganhos econômicos. A sociedade de massa deu ensejo à formação de um amplo mercado consumidor de bens culturais.

Esse significado do conceito de indústria cultural desenvolvido pelos autores nos anos 1940, embora reformulado em suas elaborações subseqüentes, não é alterado, no entanto, naquele aspecto de seu núcleo central por mim acima reconstruído, ao contrário, esse aspecto é constantemente reforçado. Isso ocorre, por exemplo, na conferência radiofônica proferida por Adorno em 1962, com o título "Resumo sobre indústria cultural" (*"Résumé über Kulturindustrie"*). O aspecto central dessa conferência consiste em mostrar o papel que a indústria cultural exerce na "economia psíquica das massas" e, portanto, na formação de suas consciências. "O que se considera como progresso na indústria cultural, o insis-

---

[5] T. W. Adorno, *Dialektik der Aufklärung*, Band 3, p. 185.
[6] Ibidem, p. 181.

tentemente novo que ela oferta, permanece na obscuridade do sempre igual (homogêneo); toda mudança encobre um esqueleto no qual se muda tão pouco como na própria motivação do lucro, desde que tal motivação ganhou ascendência sobre a cultura"[7]. Ou seja, as relações sociais capitalistas intensificaram cada vez mais a "ascendência" do lucro sobre a cultura. Para dar conta de explicar o caráter ideológico exercido pela indústria cultural, Adorno enfatiza, novamente, a idéia de que ela, graças aos meios atuais da técnica e à concentração econômica e administrativa, configura-se em um sistema de produção de bens culturais "adaptados ao consumo das massas e que em grande parte determinam esse consumo"[8]. A comercialização das mercadorias culturais produzidas pela indústria, visando deliberadamente o lucro, e não a criação cultural e a formação dos indivíduos, em uma perspectiva mais ampla, de pessoas humanas, é o que, segundo Adorno, caracteriza a indústria cultural.

IV.

Portanto, o conceito de indústria cultural assume, na sociedade capitalista tardia, segundo Adorno, uma dupla finalidade: ideológica, no sentido de exercer o controle social, e econômica, na medida em que a comercialização capitalista da cultura tornou-se uma poderosa fonte lucrativa para grandes monopólios financeiros. Dessa dupla finalidade, principalmente a função ideológica atribuída por Adorno ao conceito de indústria cultural tornou-se alvo de muitas críticas. Kellner, não sem se deixar inspirar pelo trabalho *A mudança estrutural do espaço público* de Habermas, formula três objeções à teoria adorniana da indústria cultural. A primeira consiste em afirmar que a indústria cultural só poderia desempenhar realmente a função ideológica atribuída a ela por Adorno mediante a condição da existência de um sistema tão monolítico e manipulativo que, além de ser impossível, caso existisse, colocaria seus integrantes ("receptores dos bens culturais") numa passividade quase absoluta[9]. Portanto, segundo essa primeira objeção, a teoria de Adorno não consideraria adequadamente o fato de que os próprios indivíduos recebem as informações da mídia e da cultura de modo muito diversificado.

A segunda objeção questiona a tese de que a indústria cultural reproduz, simplesmente repetindo, de modo uniforme, a ideologia da sociedade existente. Essa tese ignora, por um lado, o fato de que os interesses e experiências pessoais do público podem não coincidir necessariamente com os da indústria cultural e, por

---

[7] T. W. Adorno, "Résumé über Kulturindustrie", em *Dialektik der Aufklärung*, cit., Band 10.1, p. 339.
[8] Ibidem, p. 337.
[9] D. Kellner "Kulturindustrie und Massenkommunikation. Die Kritische Theorie und ihre Folgen", em W. Bonss e A. Honneth (Orgs.), *Sozialforschung als Kritik. Zum sozialwissenschaftlichen Potential der Kritischen Theorie* (Frankfurt am Main, Suhrkamp, 1982).

outro, ignora a capacidade criativa de ressignificação própria do público diante da mensagem ouvida e/ou assistida. Por fim, a terceira objeção volta-se contra a tentativa a-histórica de universalizar o modelo de indústria cultural para todos os tempos e acontecimentos, desconsiderando as diferenças entre, por exemplo, o período da República de Weimar, o do fascismo e o da cultura de massas nos Estados Unidos[10]. O ponto aqui é o de que uma análise mais minuciosa dessas diferentes manifestações levaria a indicar suas diferenças internas e, com elas, a dificuldade de incluir essas manifestações na pretensão universalizante do conceito de indústria cultural.

Se essas objeções põem dificuldades à atualidade do papel ideológico atribuído por Adorno ao conceito de indústria cultural, não invalidam, de modo algum, aquele aspecto que forma o núcleo de seu conceito acima referido, a saber, a finalidade econômica que o sustenta, *isto é, minha hipótese é a de que as transformações da sociedade capitalista tardia e suas novas formas de legitimação não descaracterizam o fato de que as mais diferentes manifestações culturais continuam sendo transformadas em mercadorias e, enquanto tais, comercializadas com fins lucrativos.* Não só não houve perda de validade desse fenômeno, como a indústria cultural ampliou, gigantescamente, sua finalidade econômica para outros âmbitos da esfera cultural, âmbitos ainda poucos expressivos na época de Adorno. O fenômeno mais recente e que mostra a atualidade desse aspecto do conceito de indústria cultural é a mercantilização irracional e desenfreada da educação e, de modo especial, do ensino superior no Brasil[11], configurando o que se pode chamar, conceitualmente, de indústria educacional.

A *indústria educacional* denota, do ponto de vista de sua definição, o processo no qual o capital (investimento financeiro) invade a educação, apropriando-se de instituições de ensino, interferindo diretamente no processo formal de ensino-aprendizagem, submetendo o próprio processo pedagógico às leis de mercado e, portanto, às suas leis de valor e lucro. Dito de forma mais direta, escolas, faculdades, universidades, alunos e professores tornam-se parte do complexo empresarial dominado por grandes corporações privadas, as quais se transformam em verdadeiras agências comercializadoras do saber visando exclusivamente o lucro. O que se constata, nesse processo, é a invasão da lógica econômico-mercantil no âmbito da educação, impondo sua forma de mercadoria ao processo pedagógico e transformando, com o apoio e incentivo da política educacional governamental,

---

[10] D. Kellner "Kulturindustrie und Massenkommunikation. Die Kritische Theorie und ihre Folgen", cit., p. 507-10.
[11] Essa não é apenas uma tendência brasileira, mas mundial. Prova disso são as novas exigências postas pelo acordo de Bolonha às universidades de países que integram a Comunidade Européia. Sobre isso ver Bologna-Erklärung, *Der Europäische Hochschulraum. Gemeinsame Erklärung der Eueropäischen Bildungsminister* (Bologna, 19 Juni 1999).

o ensino superior em negócio rentável. Com isso, processos formativo-educacionais deixam de ter sua dinâmica e seu tempo próprios, sendo absorvidos pela lógica econômico-lucrativa, tornando-se prisioneiros de suas exigências. Torna-se evidente com isso a subordinação do significado da *formação cultural (Bildung)* e dos critérios de uma educação de qualidade à lógica da indústria educacional.

O fato é que tal processo invade, de modo decidido, também e principalmente a educação formal, transformando o ensino em mercadoria. A idéia de uma educação integral, que leve em conta a formação e o exercício de um caráter humano capaz de se indignar contra qualquer forma de menoridade humana, cede lugar a uma educação profissionalizante cujo alvo exclusivo é transformar as gerações vindouras em potenciais qualificados das novas formas e dos novos mecanismos de consumo. Ao se mercantilizar, assumindo cunho profissionalizante desconectado da formação integral, a educação transforma-se, no mundo contemporâneo, em negócio extremamente rentável, deixando intocado, simultaneamente, quando não reforça diretamente a artificialidade, o jogo das aparências e o mundo de faz-de-conta que caracterizam as relações sociais do homem contemporâneo e que, de modo geral, o conduzem a uma atitude de indiferença e apatia em relação ao bem público e à destinação coletiva da humanidade.

A mercantilização das relações humano-sociais que invadem o âmbito do ensino formal em todas as suas etapas, perfilando as instituições educacionais, é solidificada ou até mesmo agravada pelo ingresso do gigantesco desenvolvimento tecnológico na esfera educacional. Constata-se que a tecnologia torna-se um recurso indispensável à mercantilização do ensino e à formação profissionalizante, ambas voltadas exclusivamente ao atendimento das necessidades cíclicas e momentâneas do mercado. O que pesa, como conceito de profissional bem-formado (bem-sucedido), é antes de tudo sua capacidade de manusear satisfatoriamente recursos tecnológicos capazes de gerar riqueza a si próprio e aos grandes grupos econômicos, e o que menos conta, em um primeiro momento, são os outros seres humanos, sua identidade, suas aspirações e seus valores. Em síntese, no ensino profissionalizante mercantilizado, fomentado pelo desenvolvimento tecnológico – aqui estou pensando em todas as profissões, inclusive as chamadas liberais –, perde-se o sentido do humano no processo formativo, repercutindo isso, inevitavelmente, no próprio exercício do futuro profissional.

Com essas considerações não se pretende, de modo algum, negar a importância do firme investimento, por um lado, no desenvolvimento tecnológico e, por outro, na qualificação profissional das novas gerações, considerando-o como condição indispensável à conquista da dignidade humana. Não faz sentido, por isso, sustentar uma crítica pessimista contra o emprego da tecnologia no âmbito educacional e contra a qualificação profissional amparada no desenvolvimento tecnológico. No entanto, também não se pode deixar de questionar o ideal de ser humano que resulta de uma qualificação profissional amparada no desenvolvimento tecnológico orientado exclusivamente pela lógica do mercado. Além disso, e talvez essa seja a questão mais decisiva, deve-se perguntar em que sentido e até que ponto a sociedade de mercado ora vigente é capaz de associar ou compatibilizar a formação profissionalizante com a formação humana, considerando que, desde o princípio, tal sociedade concebe na prática a dimensão humana e profissionalizante como dois pólos opostos. Para retomar uma antiga questão, repondo-a agora de modo provocativo: que tipo de compatibilidade pode haver entre formação integral humanista e sociedade de mercado? Nossa política governamental das duas últimas décadas parece não se questionar sobre isso.

Mais: a política educacional adotada no país a partir da metade dos anos 1990 impulsionou, dando legitimidade administrativo-legal, a especificação da indústria cultural em indústria educacional. Souza parte, em seu livro *A revolução gerenciada*, do diagnóstico de que a sociedade mundial passou a viver, a partir das últimas décadas do século passado, a "terceira revolução industrial", a qual se caracterizaria, fundamentalmente, pela passagem de uma sociedade baseada no trabalho a uma sociedade do conhecimento, cuja principal característica seria a rapidez com que surgem e desaparecem novos conhecimentos[12]. Isso provocaria alteração no quadro rígido e fixo de carreiras, exigindo um novo perfil de profissional que fosse capaz de se adaptar, com agilidade e rapidez, a essa freqüente mudança do conhecimento e dos interesses do mercado. Especificamente, do ponto de vista educacional, essa "nova sociedade" exigiria um processo permanente de educação, que não poderia mais repousar na simples idéia da "transmissão de conhecimento", mas sim no desenvolvimento da "capacidade de aprender".

As exigências oriundas desse novo cenário mundial, aliadas à constatação das disparidades e a estagnação do sistema educacional brasileiro, fortaleceram a decisão, segundo Souza, de promover uma profunda reforma educacional, a qual passou a ser implantada sob sua coordenação no Ministério da Educação das duas gestões do governo Cardoso. Essa reforma deveria culminar, considerando as novas exigências postas pela "terceira revolução industrial" e, nela, sobretudo, as exigências do novo mercado, em um novo papel a ser assumido tanto pelo ensino básico como pelo ensino pós-médio na formação de crianças, adolescentes, jovens e adultos, a saber: estimular sua integração social, formando consciências voltadas criticamente contra qualquer tipo de discriminação e a favor da tolerância. Em síntese, a educação do século XXI, incluindo nela a educação brasileira, deveria ser, nas palavras do então ministro, "bastante humanista", sendo de competência, nesse contexto, das instituições formais de ensino oferecer educação integral aos seus membros, visando à formação de um "cidadão global".

---

[12] P. R. Souza, *A revolução gerenciada: educação no Brasil 1995-2002* (São Paulo, Prentice Hall, 2005).

Mas a implantação dessa reforma educacional não ocorreu sem conflitos e contradições. No que diz respeito, especificamente, ao ensino pós-médio, sobretudo ao ensino superior, a política educacional adotada pelo referido ministro escancarou as portas à iniciativa privada, sem que isso viesse acompanhado por uma política adequada de regulamentação que pelo menos exigisse, entre outras medidas, critérios claros a fim de buscar a qualidade do ensino superior. O que na prática aconteceu foi a criação de "imensas oportunidades" para o investimento privado na educação sem que, no entanto, se estabelecesse uma regulamentação clara "dos serviços educacionais", deixando à própria competição do mercado educacional estabelecer os critérios de qualidade do ensino. Por isso, o que se verifica na atualidade, como desfecho dessa política, é a proliferação irracional e desordenada de uma multiplicidade de faculdades ocupando fatias rentáveis do mercado educacional, no qual buscam maior lucro com menor custo possível. Isso caracteriza a corporificação empírica do que denomino de industrialização mercantil da educação superior no Brasil.

Essa política educacional adotada pelo governo Cardoso é perpassada por uma questão que Souza não enfrenta em seu livro: em que sentido o estímulo desregrado à mercantilização do ensino superior é compatível com a busca enfática pela qualidade do ensino, que deveria estar voltada, nas palavras do próprio ministro, ao desenvolvimento da capacidade de pensar e à formação integral da pessoa humana na sua dimensão ética e cidadã? A meu ver, o paradoxo deixa-se ver no fato de a formação integral visando à formação do cidadão global – que traz como exigência elementar de sua realização a formação intelectual mínima das novas gerações, que as capacite a entabular um diálogo vivo e criativo com a tradição cultural passada, condição essa indispensável, inclusive, para entender as mudanças do "novo mundo" e as exigências por ele postas – não é compatível com a pressa e as exigências de uma formação profissionalizante voltada quase exclusivamente para atender as demandas do mercado. Portanto, a consistência e vagarosidade do diálogo com a tradição, que proporciona uma formação cultural ampla e sólida e, certamente, coloca-se como fundamento indispensável do aprendizado para o pensar, não coincide, necessariamente, com a pressa e a fugacidade imposta à educação pela lógica do mercado do "novo mundo". Penso que, no que diz respeito à *formação cultural*, como uma perspectiva crítica à indústria educacional, Adorno ainda tem algo a nos dizer e, com isso, passo ao ponto conclusivo de minha exposição.

V.

Em diferentes momentos de sua produção intelectual Adorno se reporta ao conceito de formação cultural (*Bildung*). Para meus propósitos, interessa agora rastrear seu significado em uma conferência radiofônica dos anos 1960. Tal escolha não é aleatória, pois deve servir, além de referência normativa crítica ao processo de mercantilização do ensino superior, também como aval crítico do próprio Adorno à imagem de uma sociedade completamente administrada, uma vez que, ao se referir ao conceito de formação cultural como núcleo do processo educacional, Adorno insere-se naquela mais alta e produtiva tradição iluminista que via na educação uma fonte indispensável da busca pela maioridade humana e social.

Na conferência radiofônica intitulada "A filosofia e os professores" ("*Philosophie und Lehrer*"), Adorno analisa a rejeição dos candidatos à presença da disciplina de filosofia no concurso para docência em ciências nas escolas superiores do Estado de Hessen, Alemanha. O fato analisado por ele diz respeito à ausência de sentido, de parte dos candidatos, em relação à presença da filosofia nos exames a serem prestados. Considerando sua experiência de anos de aplicação de tal exame, tanto oral como escrito, e também o perfil dos candidatos e os resultados das provas, Adorno chega à conclusão de que esse fenômeno revela, de modo geral, a ausência de formação cultural (*Bildung*) necessária a quem pretende ser um educador. Isso revela então, na opinião de Adorno, um fato preocupante, pois quem pretende se dedicar à tarefa de ensinar e formar, humana e profissionalmente, as novas gerações deveria ter um espírito aberto e, principalmente, um *espírito amoroso* que o permitisse compreender os sujeitos envolvidos no processo pedagógico como sujeitos aptos a desenvolver sua capacidade de reflexão, sendo justamente com esse sentido que se justificaria a presença da filosofia nos exames.

Para Adorno, o problema de tal rejeição está associado a uma "formação geral de espírito" – que também constitui o modo de procedimento de parte dos candidatos –, oriunda de um pensamento formalmente conformado que apresenta, entre outras características, a "disposição a se adaptar ao vigente, uma visão com valorização distinta entre massas e lideranças, ausência de relações diretas e espontâneas entre seres humanos, coisas e idéias, convencionalismo impositivo e crença a qualquer preço no existente"[13]. Essa forma de pensamento legitima, em última instância, o ensino voltado à formação especializada, excessivamente centrado no foco profissionalizante, desconectada da formação cultural ampla. Essa situação revela então a formação de um profissional apto a legitimar o estado de coisas existente e, por isso, conduz ao questionamento sobre a ausência do aspecto humano e cidadão na formação desse profissional.

---

[13] T. W. Adorno, *Erziehung zur Mündigkeit* (Frankfurt am Main, Suhrkamp, 1971), p. 39.

Para contrapor-se a isso, Adorno reafirma a importância do estudo da filosofia, como um dos caminhos viáveis para se chegar à formação cultural como complemento necessário ao estudo profissionalizante. Não se trata, no entanto, de um estudo mecânico dos temas e das disciplinas que compõem o arcabouço do saber filosófico nem de repeti-lo, por meio de uma prova oral ou escrita, mas sim de sua apropriação viva e dinâmica, que leve o candidato a pensar sobre o seu próprio fazer profissional. A importância da filosofia e da formação cultural, em sentido mais amplo, na formação dos futuros professores justifica-se em provocar sua autorreflexão, auxiliando na construção do espírito crítico sobre seu próprio *fazer profissional*, levando os estudantes a se "desprovincianizar" de seu mundo, exigindo deles um relacionamento criativo com a cultura elaborada e, com isso, evitando que imitem mecanicamente o que é considerado como culto ou erudito.

Ao conceber a formação cultural como uma disposição aberta, constituída pelo esforço e capacidade espontâneos de se abrir a elementos do espírito, apropriando-os de modo produtivo na consciência, Adorno estava profundamente interessado na formação humana e crítica dos professores, responsáveis pela formação profissional e humana de futuras gerações. Com isso ele também estava consciente do fato de que a busca pela *formação cultural* não poderia compatibilizar-se inteiramente com a lógica do processo de mercantilização da cultura.

CORPO, ESPETÁCULO, FETICHISMO:
questões para a compreensão do movimento da indústria cultural hoje[*]

Alexandre Fernandez Vaz

Quando se debate a educação no registro da Teoria Crítica da Sociedade da Escola de Frankfurt, costuma-se recorrer, com acerto, aos ensaios e entrevistas contidos no pequeno volume *Educação e emancipação*[1] e ao texto "Teoria da semicultura"[2], ambos surgidos em português em meados da década de 1990. Nem sempre outros textos são buscados, devido à fecundidade daqueles ensaios e porque grande parte da imensa obra de Adorno e de outros frankfurtianos não está disponível em língua portuguesa. Parece-me, no entanto, que algumas questões significativas da educação sob o escopo da Teoria Crítica da Sociedade podem ser alcançadas apenas se tomarmos as formulações mais densas de obras seminais dessa escola. Sem esse movimento, não apenas de visita, mas de prosseguimento de uma reflexão que faça justiça simultaneamente àquele legado e aos desafios do presente, ficamos a meio caminho. Se não se pode prescindir dos ensaios de ocasião, esse também é o caso do recurso às obras de fundo como *Dialética do esclarecimento*[3], *Minima moralia*[4], *Dialética negativa*[5], *Teoria estética*[6] e assim por diante.

---

[*] Este texto apresenta resultados parciais do projeto Teoria Crítica, Racionalidades e Educação, financiado pelo CNPq e pela FAPESC. Retoma idéias e fragmentos de outros trabalhos, em especial A. F. Vaz, "Corpo, educação e indústria cultural na sociedade contemporânea: notas para a reflexão", *Pro-posições*, Campinas, n. 2(41), v. 14, 2003, p. 61-75; "Corpo e indústria cultural: notas para pensar a educação na sociedade contemporânea", em A. A. S. Zuin; B. Pucci; N. Ramos-de-Oliveira (Orgs.), *Ensaios frankfurtianos* (São Paulo, 2004), p. 117-35; "Reflexões de passagem sobre o lazer: notas sobre a pedagogia da indústria cultural", *Pensar a Prática*, Goiânia, n. 1, v. 9, 2006, p. 13-26. Agradeço a Antônio Álvaro Zuin e a Fabio Akcelrud Durão pelas profícuas críticas e sugestões.

[1] T. W. Adorno, *Educação e emancipação* (São Paulo/Rio de Janeiro, Paz e Terra, 1995).
[2] Idem, "Teoria da semicultura", *Educação e Sociedade*, Campinas, ano XVII, v. 56, dez. 1996, p. 388-411.
[3] M. Horkheimer; T. W. Adorno, *Dialética do esclarecimento: fragmentos filosóficos* (Rio de Janeiro, Zahar, 1985).
[4] T. W. Adorno, *Minima moralia: reflexões sobre a vida danificada* (São Paulo, Ática, 1992).
[5] Idem, *Negative Dialektik* (Frankfurt a. m., Suhrkamp, 1966).
[6] Idem, *Ästhetische Theorie* (Frankfurt a. m., Suhrkamp, 1972).

Por outro lado, ao pensarmos o tema da indústria cultural e sua possível atualidade, não podemos esquecer o momento em que essa expressão foi empregada pela primeira vez. Mas, como sabemos, há uma série de ensaios, relatos de pesquisa, rascunhos e pequenas intervenções, nos quais a irônica crítica de Adorno aparece com maior ou menor ênfase, muito freqüentemente, com força avassaladora.

No presente trabalho, opero com duas sugestões que o próprio Adorno faz em textos periféricos. Vou comentá-las citando como aparecem em sua obra para poder retomar uma questão *pedagógica* – em sentido amplo – do presente. Faço isso porque são temas eloqüentes na obra de Adorno, indicações importantes para pensar a indústria cultural em tempos contemporâneos, mas, também, porque remetem a uma questão talvez um pouco mal resolvida nos debates sobre indústria cultural e a cultura contemporânea em geral. Trata-se da *cultura popular*, suas expressões e frágeis delimitações em relação aos esquemas da indústria cultural[7]. Minha opção para tentar me aproximar da problemática é tomar o corpo em algumas de suas expressões como expressão dessa tensa relação entre indústria cultural e cultura popular.

Os dois textos periféricos dos quais tomo de empréstimo as sugestões de Adorno são a pequena conferência "Tempo livre" (*Freizeit*)[8] e os apontamentos que compõem um conjunto de notas que não prevaleceram na versão final do capítulo sobre indústria cultural de *Dialética do esclarecimento*, *O esquema da cultura de massas* (*Das Schema der Massenkultur*)[9]. O primeiro está publicado em *Palavras e sinais* (*Stichwörte*), coletânea do próprio Adorno, o segundo no volume 3 de suas *Obras reunidas* (*Gesammelte Schriften*) como um anexo ao texto completo de *Dialética do esclarecimento*.

Das notas que complementam *Dialética do esclarecimento*, tomo emprestada uma sugestão interpretativa que Adorno faz ao dar um exemplo sobre como o caráter fetichista se apodera do corpo, reduzindo-o à condição de mercadoria. Diz ele:

> Exemplar é o comportamento daqueles que se deixam queimar ao sol, só por amor ao bronzeado e, embora o estado de letargia a pleno sol não seja prazeroso de maneira nenhuma, e talvez desagradável fisicamente, o certo é que torna as pessoas espiritualmente inativas. O caráter fetichista da mercadoria se apodera, através do bronzeado da pele – que, de resto, pode ficar muito bem – das pessoas em si; elas se transformam em fetiches para si mesmas. A idéia de que uma garota, graças à

---

[7] Parece-me importante tratar da temática pelo menos por um motivo: a força do recurso às idéias de *popular* e *nacional* é enorme entre nós, tanto em versão populista quanto naquela mediada pelos grandes conglomerados produtores de entretenimento. Isso se nos autorizamos, hoje, no Brasil contemporâneo, separar uma coisa da outra.

[8] T. W. Adorno, "Tempo livre", em *Indústria cultural e sociedade* (2. ed., São Paulo, Paz e Terra, 2004)."

[9] Idem, "Das Schema der Massenkultur" em *Gesammelte Schriften 3* (Frankfurt am Main, Suhrkamp, 1997).

sua pele bronzeada, tenha um atrativo erótico especial, é provavelmente apenas uma racionalização. O bronzeado tornou-se um fim em si mesmo, mais importante que o flerte para o qual talvez devesse servir em princípio. Quando um funcionário retorna das férias sem ter obtido a cor obrigatória, pode estar certo de que os colegas perguntarão, mordazes: "Mas não estavas de férias?". O fetichismo que medra no tempo livre está sujeito a controles sociais complementares. Que a indústria de cosméticos, com sua propaganda avassaladora e inevitável, contribua para isso é tão natural e evidente quanto o é que as pessoas condescendentes o reprimam.[10]

Adorno não diz que o caráter fetichista se apodera do corpo, mas da pessoa. De certa forma, ele tem razão, ao não ter: é que *des-subjetivadas*, as pessoas se tornaram não mais que corpo, dado o maciço investimento pulsional sobre a corporalidade que acompanhamos contemporaneamente. Dito de outra forma, trata-se de pensar a subjetividade, o que dela restou, como coincidente com corpo, como se sugere nas notas e esboços de *Dialética do esclarecimento*, ao se falar de um *interesse pelo corpo*. É o corpo, não como possibilidade mimética e espontânea que nos recorda a condição de natureza e indeterminação, mas como naturalidade culturalmente desqualificada, que toma o lugar da imaginação na investidura subjetiva. Essa naturalidade desqualificada não apenas permanece, mas se acirra, mesmo que sobre a corporalidade se invista de maneira brutal. Lembremos que Horkheimer e Adorno[11] falam de um corpo que permanece um cadáver, mesmo que seja cada vez mais exercitado. Essa primeira sugestão me fará visitar alguns elementos do culto do corpo na sociedade contemporânea.

A segunda sugestão, como já foi dito, vem do texto *O esquema da cultura de massas*. Lá aparece um tema algo marginal na obra do autor, mas que mereceu seus comentários em vários ensaios, o esporte. Temática que certamente ecoa em ensaios anteriores e posteriores ao supracitado, mas que não chegou a merecer um estudo específico, como pretendia Adorno, conforme relata Rolf Tiedmann[12] (1997).

Para este trabalho, interessa nem tanto o que Adorno diz sobre o próprio esporte, algo que já foi tema de vários de meus textos e de colegas na Europa e nos Estados Unidos, mas como ele é tomado em relação à idéia de espetáculo. Lembre-se de que o esporte não é um fenômeno social com muita sorte com Adorno. Ele o critica duramente em quase todos os escritos como expressão da dominação sádica da natureza, da celebração do sacrifício. Diga-se, no entanto, que há

---

[10] T. W. Adorno, "Tempo livre", cit., p. 118.
[11] M. Horkheimer; T. W. Adorno, "Dialektik der Aufklärung: Philosophische Fragmente", em *Gesammelte Schriften 3 (Adorno)* (Frankfurt am Main, Suhrkamp, 1997).
[12] R. Tiedemann, "Editorische Nachbemerkung", em T. W. Adorno, *Gesammelte Schriften 9-2* (Frankfurt am Main, Suhrkamp, 1997).

momentos nos quais o esporte é considerado um elemento formador pela disciplina corporal que pode promover valores como solidariedade, compromisso em colaborar e entusiasmo – valores que ele considera poder ser positivos em momentos políticos críticos –, muitos deles recorrentes no ideário aristocrático, ao qual Adorno recorre, a exemplo do que faz, ironicamente, em *Minima moralia*, para criticar a vida danificada do tempo presente. De forma semelhante, Adorno faz o elogio do *fair play*, movimento pertencente ao etos aristocrático, em *Educação após Auschwitz*[13].

Vejamos duas passagens de *O esquema da cultura de massas* nas quais o esporte aparece em sua face mais sombria:

> Os dominados celebram a própria dominação. Eles fazem da liberdade uma paródia, na medida em que livremente se colocam a serviço da cisão, mais uma vez, do indivíduo com seu próprio corpo. Por meio dessa liberdade confirma-se a injustiça – fundada na violência social – que mais uma vez se destina aos corpos escravizados. Funda-se aí a paixão pelo esporte, na qual os senhores da cultura de massa farejam o verdadeiro substrato para sua ditadura. É possível arvorar-se de senhor na medida em que a dor ancestral, violentamente repetida, mais uma vez é provocada em si mesmo e nos outros.
>
> [...]
>
> Os recordes, nos quais os esportes encontram sua realização, proclamam o evidente direito dos mais fortes, que emerge tão obviamente da concorrência, porque ela cada vez mais os domina. No triunfo de tal espírito prático, tão longe das necessidades de manutenção da vida, o esporte se torna uma pseudopráxis, na qual os praticantes não mais podem agir por si mesmos, mas mais uma vez se transformam em objetos, o que, na verdade, já são. Em sua literalidade sem brilho, destinada a uma gravidade [ou seriedade] brutal, que entorpece cada gesto do jogo, torna-se o esporte o reflexo sem cor da vida endurecida e indiferente. Só em casos extremos, que deformam a si mesmos, o esporte mantém o prazer do movimento, a procura pela libertação do corpo, a suspensão das finalidades.[14]

Se o corpo é fetichizado a ponto de tornar-se um denominador da subjetividade, é porque os recursos para torná-lo um espetáculo são muitos e freqüentemente empregados pela indústria do entretenimento. Muitos deles se relacionam à performance, ao exagero, ao desperdício, ao excesso, sendo a pornografia apenas o exemplo mais eloqüente desse processo. Outro deles, sem dúvida, é o esporte, modelar para as análises de Adorno sobre indústria cultural, questão muito impor-

---

[13] T. W. Adorno, *Educação e emancipação*, cit., p. 127.
[14] Idem, "Das Schema der Massenkultur", cit., p. 328-9.

tante para um país cuja mobilização em torno da Copa do Mundo de Futebol – espetáculo de uma das máximas expressões da cultura popular brasileira – ganha ares de liturgia cotidiana a cada quatro anos. Apresento nas próximas páginas um conjunto de reflexões sobre essas duas questões.

I.

Há um movimento societário que subsume aquilo que é designado como um limite do esclarecimento, o *corpo*. É possível que os investimentos sobre ele sejam uma espécie de subproduto da atrofia da imaginação e da espontaneidade, tal como a compreenderam Adorno e Horkheimer. Talvez o que sobre como superfície seja mesmo o corpo, então é preciso fortalecê-lo ou mutilá-lo a ponto de buscar um momento de gozo que resultará em exigências ainda mais rígidas a ele endereçadas[15].

As grandes galerias parisienses inauguraram, no século XIX, os espaços públicos que reuniam mercadorias e passantes, sintetizadas na fascinação pelas cores e formas que enfeitiçavam – o *fetiche da mercadoria*. As *Arcadas de Paris* são as antecessoras dos modernos *shoppings centers*. Os grandes ginásios ginásticos antecedem as academias de *fitness*, certamente porque Paris, que Walter Benjamin chamou de a capital do século XIX, era pura exposição[16].

Assim como os *shoppings centers* são os templos do consumo, as academias de ginástica e musculação são, por excelência, os templos contemporâneos de celebração do domínio e do sacrifício do corpo. Não por acaso muitas academias instalam-se justamente em *shoppings centers*. Como nos templos religiosos de outros tipos, elas exigem vocabulário, hierarquia, roupagem, gestos, sons, gostos, olhares e odores muito próprios, assim como as orações sempre repetidas e as penitências peculiares. São uma espécie de *Alltagsreligion*, uma liturgia diária, para empregarmos, algo livremente, uma expressão de Detlev Claussen[17]. Possuem também os seus confessionários e lugares de contrição, de onde nada pode escapar desconhecido: as balanças e os espelhos, fundamentais numa sociedade na qual a imagem atingiu insuspeitada importância[18]. O sofrimento do corpo não se exige

---

[15] Em uma direção que não é exatamente a mesma dos argumentos com os quais trabalho neste texto, são muito importantes e inspiradoras as pesquisas e reflexões de F. J. G. Ortega, "Corporeidade e biotecnologias: uma crítica fenomenológica da construção do corpo pelo construtivismo e pela tecnobiomedicina", *Ciência & Saúde Coletiva*, Rio de Janeiro, v. 12, 2007, p. 381-8.

[16] W. Benjamin, *Charles Baudelaire* (Frankfurt am Main: Suhrkamp, 1997).

[17] D. Claussen, *Aspekte der Alltagsreligion: Ideologiekritik unter veränderten gesellschaftlichen Verhältnissen* (Frankfurt am Main, Neue Kritik, 2000).

[18] César Sabino realizou interessantes pesquisas sobre a dinâmica das academias de ginástica e musculação. No que toca o interesse do presente trabalho, consulte-se C. Sabino, "Musculação: expansão e manutenção da masculinidade", em M. Goldenberg (Org.), *Os novos desejos: das academias de musculação às agências de encontros* (Rio de Janeiro, Record, 2000).

mais para purificar a alma, mas o próprio corpo tornado alma deve purificar-se de seus piores males: a gordura, a flacidez e a feiúra. Não é à toa que o quesito boa aparência é um distintivo importante no mercado, que começa a excluir os obesos, vítimas preferenciais da fúria persecutória dos modelos idealizados ou aceitáveis de corpo. Interessante é observar, em muitos dos ambientes de culto ao corpo, como a dor é justificada, celebrada, fonte de prazer, júbilo, expressão meritocrática[19]. No Brasil, onde a visibilidade do corpo é a própria presença da alma, essas questões podem atingir proporções dramáticas.

Observe-se as cartilhas evangelizadoras do *fitness*, verdadeiros manuais iniciáticos e prescritivos dessa religiosidade oscilante, que dia após dia erige novos pastores, rituais e liturgias, as revistas ilustradas para o corpo. Elas repetem, até a exaustão, a mesma fórmula, o *sempre igual* com rosto de novidade, premissa fundamental da indústria cultural, na forma de promessas que nunca podem ser cumpridas, configurando o que Adorno chamaria *pseudoprazer*. Fotos de mulheres destinadas a outras mulheres, sem tanto interesse sensual, mas corpos à mostra o suficiente para serem admirados, invejados, copiados; uma receita de dieta; outra de exercícios; fármacos para o cabelo e a pele; alguma recomendação "para o espírito" – geralmente trazendo a imagem de alguém com o corpo muito esculpido, num claro exemplo de falsa reconciliação entre natureza e cultura, entre corpo e uma dimensão não-corporal; e cada vez mais cirurgias "reparadoras" que prometem fazer do envelhecimento e daquilo que o *establishment* não considera belo, paradoxalmente, "coisas do passado". Notável é que as técnicas quase não variam, assemelhando-se ao que Horkheimer e Adorno[20] chamaram de classificação por *levels* que só na aparência são distintos.

Essencial nessa lógica é a promessa do curto prazo e dos resultados certos, seguros, claros: duas semanas para perder celulite, oito semanas para perder doze quilos, menos de um mês para dois centímetros de barriga ou de culote, e assim por diante. Tudo matematizado, racionalizado, em "calorias que valem pontos", como, há trinta ou quarenta anos, avaliavam os receituários de K. Cooper[21].

Ou como há mais tempo. Em uma análise de uma *Página Feminina* de um jornal de circulação diária no estado de Santa Catarina nas décadas de 1930 e 1940, aparecem, enquanto Adorno escrevia seus ensaios sobre indústria cultural, as assertivas e técnicas para o embelezamento feminino, a anatomização dos corpos em partes sobre as quais o investimento deveria recair, os fármacos a serem

---

[19] R. Hansen; A. F. Vaz, "Treino, culto e embelezamento do corpo: um estudo em academias de ginástica e musculação", *Revista Brasileira de Ciências do Esporte*, Campinas, v. 26, n. 1, 2004, p. 135-52.
[20] M. Horkheimer; T. W. Adorno, "Dialektik der Aufklärung", cit., p. 144.
[21] Kenneth Cooper é o criador do método de exercícios aeróbicos que leva o seu nome e cujo teste (máxima distância alcançada em 12 minutos correndo e/ou caminhando) se tornou popular em escolas brasileiras a partir da década de 1970. O método comporta uma relação entre distância percorrida e tempo gasto que se traduz em uma pontuação, conforme a idade e sexo do praticante. Ideal seria, nos exercícios aeróbicos, alcançar trinta pontos por semana, em vários dias, algo semelhante às prescrições contemporâneas.

empregados, os exercícios ginásticos, os sorrisos alourados que pretendiam expressar felicidade, ou pelo menos um simulacro dela. O receituário se publicava semanalmente, aos domingos – como vários cadernos femininos na imprensa contemporânea –, e compunha, junto com o cinema e as revistas mais ocasionais, um conjunto de dispositivos de controle que hoje são apenas atualizados[22].

É interessante perceber que o *fitness*, ao mesmo tempo em que se estrutura pela crendice na ciência – sempre há um especialista dizendo que cada uma das fórmulas é "cientificamente" comprovada –, baseia-se nas mais íntimas estruturas mitológicas, sobretudo no que se refere à idéia de destino. Uma das revistas ilustradas mais comercializadas no Brasil, consumida com voracidade nas academias de ginástica e musculação, a *Boa Forma* (n. 8, ed. 182, ago. 2002) apresentava uma sugestiva seção chamada "Diário de uma gordinha". Em uma de suas edições a "gordinha" pedia desculpas às leitoras porque de um mês para outro se desviara da dieta, somando quilos outrora perdidos. O diário ganha ares de confessionário e de penitência, uma vez reconhecidos os deslizes disciplinares da fuga da dieta e do engano ao qual as leitoras que haviam supostamente acreditado na diarista foram submetidas, culminando então com a promessa do sacrifício e do pronto retorno à retidão da dieta.

Por outro lado, a legitimidade das assertivas e conselhos se dá em dois momentos: nas revistas, pelo arcabouço científico associado às promessas ou pelo produto do resultado obtido, os corpos esculturais das estrelas televisivas; nas academias de ginástica, pelo capital corporal e imagético alcançado. Trata-se de uma espécie de culto à personalidade-corpo, uma vez que, como já foi destacado, os processos de aniquilação subjetiva se materializam também ao fazer encontrar sujeito e corpo, hipertrofiando o segundo ao eclipsar o primeiro. O interesse pelo corpo é aquele que faz reduzir à condição de *apenas corpo*, que, mesmo clandestinamente, só pode relacionar-se mediante o olhar do fabricante de caixão para o qual o corpo é grande, pequeno, gordo, pesado[23].

Importante também é verificar a linguagem bélica e religiosa dessas revistas. Como numa guerra instituída *contra o corpo* é preciso "exterminar", "destruir", "dinamitar", "eliminar" os inimigos em células de gordura, excessos, rugas, desvios. Além disso, é o caso de delimitar os alimentos amigos e inimigos, antropomorfizados e hierarquizados conforme o valor calórico. Isso é apontado como um conhecimento "libertador", uma vez que, segundo se pode ler em um editorial, a liberdade da mulher aumenta quando ela sabe a diferença entre o valor calórico de um pêssego *in natura* em comparação com seu congênere em compota[24].

---

[22] Cf. B. S. Albino; A. F. Vaz, "Educação do corpo feminino no Jornal Dia e Noite (1940-1941)", em A*nais do IX Congresso Brasileiro de Ciências do Esporte* (Porto Alegre, Colégio Brasileiro de Ciências do Esporte, 2005).
[23] Cf. M. Horkheimer; T. W. Adorno, "Dialektik der Aufklärung", cit., p. 269.
[24] Cf. B. S. Albino; A. F. Vaz, "Educação do corpo feminino ...", cit.

Se é justamente na guerra que se destrói a última camada de proteção contra a dilapidação da experiência, como indicam Adorno nas *Minima moralia*[25] e Benjamin[26] nos ensaios sobre o Narrador e sobre a Experiência, então o que pensar da instituição dos seus mecanismos e vocabulário contra o próprio corpo, o lugar mesmo da experiência? Talvez se trate de um exagero esse último comentário. Mas, por outro lado, de alguma forma a guerra se atualiza, cotidianamente, assim como acontece com o campo de concentração e extermínio, ambos estruturas modelares a operar o cotidiano. Sabemos o destino que ambos, guerra e campo, inscrevem nos corpos. Diz Adorno:

> Já na guerra anterior, a inadequação do corpo humano às batalhas entre máquinas tornavam impossível a experiência propriamente dita. [...] A Segunda Guerra [...] está tão distante da experiência quanto o funcionamento de uma máquina dos movimentos do corpo humano, o qual só em estados patológicos se assemelha àquele. Assim como a guerra não contém continuidade, história, nem um elemento "épico", mas, de certa maneira, recomeça em cada fase do início, assim tampouco ela deixará atrás de si uma imagem permanente e insconscientemente conservada na memória. Por toda parte, em cada explosão, ela rompeu a barreira de proteção contra os estímulos, sobre a qual se forma a experiência, o intervalo de tempo entre o esquecimento salutar e a salutar recordação. A vida transformou-se em uma sucessão intemporal de choques, entre os quais se rasgam lacunas, intervalos paralisados. Contudo, nada seja mais funesto para o futuro do que o fato de que breve, literalmente, ninguém será mais capaz de pensar nisso, pois cada trauma, cada choque não superado, daqueles que retornam da guerra, é o fermento da futura destruição.[27]

O *campo*, por sua vez, ensina Giorgio Agamben[28], é o novo território representado pelo espaço concentracional onde o estado de exceção se estrutura de maneira estável, uma zona de suspensão da relação entre interioridade e exterioridade. Não há espaço de exterioridade no *campo* que, de certa forma, reinaugura a biopolítica e suas técnicas. Trata-se de um espaço de (não) experiência de redução ou mesmo extinção da política e da retórica por meio de uma regressão absoluta à naturalidade mais primária, à condição biológica mais imediata, à condição corporal mais original – igual, indiferenciada, sem cabelos, sem adereços, sem brincos, a não ser com as tatuagens biopolíticas, as marcas corporais que, ao individualizar, coletivizam.

---

[25] T. W. Adorno, *Minima moralia: reflexões sobre a vida danificada*, cit.
[26] W. Benjamin, *Iluminationen* (Ausgewählte Schriften 1) (Frankfurt am Main, Suhrkamp, 1977).
[27] T. W. Adorno, *Minima moralia: reflexões sobre a vida danificada*, cit., p. 46.
[28] G. Agamben, *Medios sin fin: notas sobre la política* (Valencia, Pre-textos, 2001); *Homo Saccer: o poder soberano e a vida nua I* (Belo Horizonte, Editora UFMG, 2002).

É importante destacar ainda que, quando miramos as revistas, tratamos de um projeto que vai se atualizando segundo os desígnios da indústria cultural; quando pesquisamos o universo das academias de ginástica, tomamos em conta a interpretação, a recepção e a prática desses consumidores. Se essa prática é expressão dos esquemas reificadores da indústria cultural, isso se dá de diferentes maneiras, em distintos graus; não nos permitindo absolutizar o argumento. Lembro a parte final da conferência de Adorno sobre o tempo livre[29]:

> Os interesses reais do indivíduo ainda são suficientemente fortes para, dentro de certos limites, resistir à apreensão [*Erfassung*] total. Isto coincidiria com o prognóstico social, segundo o qual uma sociedade, cujas condições fundamentais permanecem inalteradas, também não poderia ser totalmente integrada pela consciência. A coisa não funciona assim tão sem dificuldades, e menos no tempo livre, que, sem dúvida, envolve as pessoas, mas, segundo seu próprio conceito, não pode fazê-lo completamente sem que isso fosse demasiado para elas. Renuncio a esboçar as conseqüências disso; penso, porém, que se vislumbra aí uma chance de emancipação que poderia, enfim, contribuir algum dia com sua parte para o tempo livre se transformar em liberdade [*dass Freizeit in Freiheit umspringt*].

O problema é saber até que ponto temos condições de avaliar de que lado da fronteira essas coisas acontecem e como elas, às vezes clandestinamente, a ultrapassam.

II.

Retomo o tema do caráter modelar do espetáculo esportivo. Para Adorno o caráter do esporte é, de certa forma, o mesmo da música ligeira e, coloco entre parênteses, o do cinema.

> Nada é mais aparente do que seu teor de verdade [*Sachlichkeit*]. O jogo interpretativo infantilizante [*infantile Spiel*] tem pouco a ver mais do que o nome com as atividades produtivas das crianças. Não por acaso, o esporte burguês quer estar tão marcadamente separado do jogo. Seu rigor brutal significa que, em lugar de manter a confiança no sonho da liberdade por meio do distanciamento quanto aos fins, acaba-se por colocar o jogo, como obrigação, sob o jugo das finalidades úteis, por meio do qual se extingue qualquer vestígio de liberdade. Esse processo se fortalece com a música de massas atual. [...] Tal jogo interpretativo é apenas uma aparência de jogo; por isso aparência torna-se, de forma importante, inerente à música esportiva [*Musiksport*] dominante.[30]

---

[29] T. W. Adorno, "Tempo livre", cit., p. 127.
[30] Idem, "Über Fetischcharakter in der Musik und die Regression des Hörens", em *Gesammelte Schriften 14* (Frankfurt am Main, Suhrkamp, 1997), p. 47.

Se para Adorno a prática esportiva ainda poderia deter algum momento emancipador, como dito há alguns parágrafos atrás, do consumo do espetáculo nada se poderia esperar a não ser o caráter aterrador do tempo livre como disciplina, da continuidade da lógica do trabalho, da repetição, da diversão como justificadora do sofrimento. O esporte seria uma forma de sobrevivência da competição brutalizada em tempos em que a concorrência já não existe de fato[31]. Sabemos o quanto eram problemáticas para Adorno as manifestações do arcaísmo que faziam recordar nossa condição de subsunção à natureza. Para ele, a simples curiosidade contemplativa típica dos espetáculos já destrói o último resquício de espontaneidade:

> Mas a cultura de massas não está interessada em transformar seus consumidores em praticantes dos esportes, mas em torcedores devotos nos estádios. Na medida em que a cultura de massas reflete a totalidade da vida como um sistema completo de disputas competitivas abertas ou clandestinas, ela entroniza o esporte como se fosse a própria vida, e elimina a tensão e diferença entre o domingo esportivo e a miserável semana de trabalho, a tensão que a melhor parte do esporte preserva. Isso é o que se obtém com a liquidação completa do brilho estético. Até a pseudopraxis é neutralizada pela cultura de massas numa plasticidade que se renuncia, no mesmo instante, na *esportificização* dos produtos.[32]

Podemos de fato observar o quanto o espetáculo esportivo faz encontrar uma forma de identificação imediata, regressiva e infantilizante com o objeto, seja com aquilo que acontece no campo de jogo, seja com as pessoas que formam o coletivo nos estádios. Nos *"Elementos do anti-semitismo"*, Horkheimer e Adorno[33] mostram como a associação perversa entre mimetismo e falsa projeção leva a comportamentos regressivos, sobretudo em situações limítrofes, ritualizadas ou não. Importante é dizer, no entanto, que essa ordenação coletivista, que faz desaparecer a subjetividade autônoma[34], é não mais que uma resposta coisificada à reificação social que toma a sociedade em sua totalidade.

O fascínio do público pelo esporte, que muitas vezes se manifesta pela excitação com os acidentes, com as jogadas violentas, com o sofrimento dos atletas e seu extremado sacrifício, é uma expressão da consciência reificada, da mobilização de energias psíquicas adaptadas aos esquemas da indústria cultural. Não se trata apenas de esquecer o sofrimento, mas, como indicam Horkheimer e Adorno[35], de celebrá-lo para a ele estar adaptado nas engrenagens da sociedade administrada,

---

[31] Idem, "Das Schema der Massenkultur", cit.
[32] Ibidem, p. 329.
[33] M. Horkheimer; T. W. Adorno, "Dialektik der Aufklärung", cit.
[34] T. W. Adorno, *Educação e emancipação*, cit.
[35] M. Horkheimer; T. W. Adorno, "Dialektik der Aufklärung", cit.

algo mais facilmente alcançável na medida da procura furiosa pelo prazer sadomasoquista. O processo parece ser muito semelhante àquele que acontece nos *comics*, já que o

> prazer com a violência infligida ao personagem transforma-se em violência contra o espectador, a diversão em esforço. Ao olho cansado do espectador nada deve escapar daquilo que os especialistas excogitaram como estímulo; ninguém tem o direito de se mostrar estúpido diante da esperteza do espetáculo; é preciso acompanhar tudo e reagir com aquela presteza que o espetáculo exige e propaga.[36]

A grande tribuna do espectador é, no entanto, a onipresente televisão, algo que Adorno (1963) intui na década de sessenta do século passado e que em anos de Copa do Mundo de Futebol fica mais do que claro. Nas duas últimas de suas edições, tanto o *Jornal Nacional* quanto o *Jornal da Globo*, ambos da emissora televisiva mais abrangente e importante do Brasil, eram transmitidos, em parte, desde as sedes do Mundial, noticiando o torneio e, principalmente o selecionado brasileiro. O monopólio da transmissão em TV aberta por uma emissora faz confundir informação, entretenimento e propaganda do próprio produto que coloca à venda, isso tudo sempre temperado com um nacionalismo que ganha ares xenófobos com alguma freqüência. Esse emaranhado de mensagens que nos toma os sentidos ganha espaço também nas "opiniões" de intelectuais importantes que se dedicaram, nos meios de comunicação de massa, a julgar que ao time de futebol brasileiro de futebol, derrotado, faltou "honra" e "garra", realocando o vocabulário bélico que o esporte, de fato, faz sobreviver como experiência dramática da guerra[37].

---

[36] Ibidem, p. 160-1.
[37] Em vários estudos recentes encontramos uma louvável expectativa de uma formação crítica do espectador, do "receptor crítico". Dela faz parte a esperança de que alguém que assiste aos programas de TV poderia refletir criticamente sobre aquilo que atua sobre seus sentidos; que seria capaz de perceber, por exemplo, o *merchandising* da novela ou do jogo de futebol. Trata-se de uma expectativa plausível, e o espectador esclarecido e atento pode perceber esses esquetes e comentários nas transmissões e programas televisivos. Mas corremos novamente o risco de considerar como razoável aquilo que só o é no sentido de uma racionalidade vinculada aos meios fetichizados, deixando de observar que o próprio evento é um produto dos esquemas da indústria cultural, que não foi por ela "tomado" – como se o espetáculo, em sua "grandeza", não fosse ele mesmo um produto banalizado. Não se pode pensar o esporte como algo que foi absorvido pela indústria do entretenimento, mas sim como um produto dela. Não tivesse a sociedade ocidental mudado tanto depois da Segunda Grande Guerra, com a explosão da indústria cultural no mundo todo, não teríamos o esporte como hoje o conhecemos. Note-se, por exemplo, como um locutor esportivo pode acelerar o ritmo do jogo de futebol em suas locuções e o quanto isso determina nossa percepção. Verifique-se também o tipo de "debate" que se faz presente nas mesas-redondas dos programas sobre futebol: se é "ético" ou não um jogador fazer "embaixadinhas", se um futebolista é ou não um "bom menino", se ajuda ou não os seus parentes, se "ama" ou não o seu clube ou seleção brasileira de futebol; observe-se também o tipo de produção do *outro como inimigo*, tal como as narrativas futebolísticas o fazem ao erigir esse ou aquele clube ou país à condição de objeto de nossa hostilidade – a República Argentina e seu time de futebol, por exemplo.

III.

O conceito de indústria cultural vem sendo continuamente criticado como, pelo menos, insuficiente para a compreensão dos fenômenos da cultura contemporânea. Martín-Barbero[38] observa que Adorno não conhecia a cultura popular urbana; Mészáros[39] considera as assertivas de Adorno sobre o jazz e sobre a cultura de forma geral elitistas, reacionárias, equivocadas. Gilles Lipovetsky[40] assevera que as novas equações entre arte e luxo, consumo e cultivo de si (do corpo, da moda, do lazer) fazem o conceito de indústria cultural encontrar limites. Hermanno Vianna[41] diz que seria preciso que nos livrássemos das amarras que não nos fazem ver o potencial da televisão como produtora e disseminadora de uma cultura nacional. Certo é, nesse último caso, que se trata de advogar uma cultura que expresse a "conciliação", que celebre ausência de tensões ao seguir fazendo o elogio do "tropical" e da "malandragem". Sabemos que conseqüências daí advêm.

Ironicamente, os críticos do conceito de indústria cultural acertam ao errar. De fato, segundo a célebre formulação, a indústria cultural é falsa reconciliação entre o particular e o universal, de maneira que tanto no fetichismo de corpos "belos" e "saudáveis", quanto no culto ao esporte em seu modelo espetáculo, podemos encontrá-la, ainda que de forma distinta em cada um dos casos. No primeiro, trata-se de levar ao extremo a separação entre o corpo e uma dimensão não-corporal, dimensão ancestral de nossa existência, a segunda tratando o primeiro como objeto a ser conhecido, dominado. É essa a lógica tanto do treinamento corporal quanto das dietas e do uso de fármacos. Não é casual o emprego de vocabulário bélico nas revistas ilustradas para o corpo, que o tomam como um inimigo a ser combatido. Trata-se de "detonar", "destruir", "vencer", "controlar", "combater" as gorduras, os apetites, as tentações corporais em nome de um asceticismo e de uma moral que condena qualquer tipo de deslize em relação ao autocontrole.

No caso do esporte em sua versão espetacular, sobretudo aquela propagada pela televisão, o esforço "reconciliatório" é realizado em outra direção. Em primeiro lugar, diz respeito às narrativas que orientam os telespectadores, tanto pelos planos, cortes e montagens[42] quanto pelos apelos nacionalistas e xenófobos que são propagados por vários locutores esportivos, especialmente do futebol. Trata-se de elaborar uma nação ficcionalmente unida em torno de um *outro* tornado inimigo,

---

[38] J. Martín-Barbero, *De los medios a las mediaciones: comunicación, cultura y hegemonía* (México, G. Gili, 1987).

[39] István Mészáros, *O poder da ideologia* (trad. Paulo Cezar Castanheira, São Paulo, Boitempo, 2004).

[40] G. Lipovetsky, *Metamorfoses da cultura liberal: ética, mídia, empresa* (Porto Alegre, Sulina, 2004).

[41] H. Vianna, "A voz do vivo", *Cult*, ano VI, n. 79, 2004. Entrevista a Janaina Rocha.

[42] Sobre os aspectos técnicos da transmissão televisiva dos esportes, em especial do futebol, e suas articulações com a construção de identidades, é de grande valor o estudo de C. S. M. Rial, "Futebol e mídia: a retórica televisiva e suas implicações na identidade nacional de gênero e religiosa", *Antropolítica*, Niterói, n. 14, 2003.

processo que faz renascer os velhos ressentimentos que nos deslocam à mitológica idéia de uma pátria, de um povo ou de uma nação indissolúveis e indivisíveis, no interior dos quais podemos encontrar a ilusória tranqüilidade do coletivismo.

Em segundo lugar surge um aspecto fortemente ligado ao primeiro ponto. Trata-se de buscar, por meio dos esquemas da indústria cultural, a forja de uma "identidade nacional" que estaria demarcada, nos brasileiros, pela "espontaneidade", pela habilidade corporal e pela malícia, pela "malandragem", numa espécie de mosaico ou hibridismo do qual seríamos representantes de primeira linha.

Pensar as questões do corpo no registro dos mecanismos da indústria cultural – entendida como um conceito a iluminar um mundo em processo de transformação – exige que não se perca a radicalidade da reflexão inaugurada por Adorno. Em outras palavras, estar aberto a outros significados das práticas corporais e do próprio esporte – tal como o próprio Adorno eventualmente destacou – não pode eclipsar a radicalidade da crítica, nem fazer ter nenhuma condescendência com a aspereza do objeto. Isso precisa ser realizado também por meio do esforço de compreensão de questões mais recortadas, tentando captá-las em seu movimento mesmo de contradição e transformação. Esse empenho precisa ser feito, mesmo que para tanto seja necessário ferir o objeto mesmo (e principalmente) quando ele pareça belo e harmonioso, como nos fenômenos aqui aludidos.

SOBRE OS AUTORES

ALEXANDRE FERNANDES VAZ é doutor em Ciências Humanas e Sociais pela Universidade de Hannover. É professor do Programa de Pós-graduação em Educação da UFSC, onde coordena o núcleo de estudos e pesquisas Educação e Sociedade Contemporânea. Bolsista de produtividade do CNPq, publicou, entre outros, *Sport und Sportkritik im Kultur- und Zivilisationsprozess: Analysen nach Horkheimer und Adorno, Elias und DaMatta* (Afra, 2004) e "Sport, Identity and Myth in Three Moments of Brazilian Contemporany History", em Krüger & Buss. *Sport History: Transformations, Continuity and Changes* (NISH, 2002).

ANDRÉAS GRUSCHKA é doutor e livre-docente (*habilitiert*) pela Wilhelms-Universität, Westfalia, e professor titular do Instituto de Educação da Universidade Johann Wolfgang Goethe, Frankfurt, Alemanha. Entre inúmeras publicações, destacam-se *Fotografische Erkundungen zur Pädagogik* (Wetzlar, 2005), *Negative Pädagogik*, (Wetzlar, 1988, edição revista 2004), *Die Lebendigkeit der kritischen Gesellschaftstheorie*, com U. Oevermann, (Wetzlar, 2004) e *Bürgerliche Kälte und Pädagogik* (Wetzlar, 1994).

ANTÔNIO ZUIN é professor associado do Departamento de Educação e do Programa de Pós-Graduação da UFSCar. Pesquisador CNPq 1D e assessor Fapesp, fez pós-doutorado em Filosofia da Educação na Universidade de Leipzig. Publicou vários livros, capítulos de livros e artigos, dentre os quais: *Indústria cultural e educação*: o novo canto da sereia (Fapesp/Autores Associados, 1999); *O trote na universidade*: passagens de um rito de iniciação (Cortez, 2002) e, com Bruno Pucci e Newton Ramos-de-Oliveira, *Ensaios frankfurtianos* (Cortez, 2004).

BRUNO PUCCI é professor titular aposentado da Universidade Federal de São Carlos e atua junto ao Departamento de Educação e ao Programa de Pós-Graduação em Educação. Coordenador do grupo de estudos e pesquisas Teoria Crítica e Educação. É bolsista de produtividade em pesquisa do CNPq, nível 1C. Publicou vários artigos, livros e capítulos de livros, com destaque para *Adorno: o poder educativo do pensamento crítico* (Vozes) e "Dossiê Adorno", número especial da revista *Educação e Sociedade* (CEDES). Ambas as produções em parceria com Antonio Zuin e Newton Ramos-de-Oliveira.

CHRISTOPH TÜRCKE é professor de Filosofia da Escola Superior de Arte em Leipzig desde 1993 e membro do corpo docente do Instituto de Filosofia da Universidade de Leipzig desde 1995. Publicou vários artigos, livros e capítulos de livros em seu país e no exterior, com destaque para os livros *O louco: Nietzsche a mania da razão* (Vozes, 1993); *Erregte Gesellschaft. Philosophie der Sensation* [Sociedade excitada: filosofia da sensação] (C. H. Beck Verlag, 2002) e "Sociedade da sensação: a estetização da luta pela existência", em *Ensaios Frankfurtianos* (Cortez, 2004).

CLÁUDIO DALBOSCO é professor do curso de Filosofia e do Programa de Pós-Graduação em Educação da Universidade de Passo Fundo (RS). Doutor em Filosofia pela Universidade de Kassel, publicou *O idealismo transcendental em Kant* (UPF Ed., 1997); *Ding an sich und Erscheinung: Perspektiven des transzendentalen Idealismus bei Kant*, (Königshausen & Neumann, 2002); *Filosofia pedagógica: cercanias de um diálogo* (Paulinas, 2006) e organizou, com H. G. Flickinger, *Educação e maioridade: perspectivas da racionalidade pedagógica* (Cortez, 2005). Possui vários artigos publicados no Brasil e no exterior.

CONRADO RAMOS é psicanalista. Possui mestrado e doutorado pelo Departamento de Psicologia Escolar e do Desenvolvimento Humano do Instituto de Psicologia da Universidade de São Paulo. Atualmente é professor titular e pesquisador da Universidade Paulista (Unip), na qual coordena o Centro de Estudos e Pesquisas em Psicologia e Educação. Publicou artigos e capítulos de livros sobre a relação entre subjetividade, corpo e sociedade. É autor do livro *A dominação do corpo no mundo administrado* (Escuta/Fapesp, 2004).

FABIO AKCELRUD DURÃO obteve seu doutorado em 2003 no Literature Program da Duke University, onde estudou com Frank Lentricchia e Fredric Jameson. Atualmente é professor do Departamento de Teoria Literária da Unicamp. Publicou vários artigos sobre o modernismo de língua inglesa, a Escola de Frankfurt e a teoria crítica brasileira em revistas do Brasil e do exterior, incluindo a *Cultural Critique*, o *Lukács-Jahrbuch* e o *Iowa Journal of Cultural Studies*, entre outros. Seu *Modernism and Coherence: Four Chapters of a Negative Aesthetics* está no prelo e sairá pela Peter Lang Publishers.

JORGE DE ALMEIDA é doutor em Filosofia e professor do Departamento de Teoria Literária e Literatura Comparada da USP, tradutor de Adorno e crítico literário. Autor de *Crítica dialética em Theodor Adorno. Música e verdade nos anos vinte* (Ateliê, 2007).

Luiz Antonio Calmon Nabuco Lastória é doutor em psicologia pela USP, autor dos livros *Ética, estética e cotidiano* (1995) e *Psicologia sem ética? Uma reflexão histórica da psicologia a partir da ética* (2004), ambos pela Unimep. Foi também organizador e co-autor de *Tecnologia, cultura e formação... Ainda Auschwitz* (Cortez, 2003) e *Teoria crítica, ética e educação* (Unimep/Autores associados, 2001). Atua como docente na Faculdade de Ciências Humanas da Universidade Metodista de Piracicaba e possui diversas publicações no âmbito da psicologia social, psicanálise e da filosofia.

Newton Ramos-de-Oliveira é formado em Letras, Pedagogia e Ciências Jurídicas; mestre e doutor em Educação. Por ter aplicado o método Paulo Freire a trabalhadores do campo foi cassado em 1964 e enquadrado na Lei de Segurança Nacional até a Constituição de 1988. Publicou *História da literatura mundial* (1968), *Literatura como atividade essencial* (ensaio), *O ensino noturno e os trabalhadores; A educação danificada; Teoria crítica, estética e educação*, entre outros. Tradutor de *Entre dois mundos*, juntamente com Roberto Schwarz, Anatol Rosenfeld. Anistiado oficialmente em 2006.

Renato Franco Bueno é doutor em Estudos Literários pela Unesp de Araraquara e professor livre-docente aposentado de Filosofia da mesma instituição. Publicou *Itinerário político do romance pós-64: a festa* (Ed. Unesp, 1999), nove capítulos de livros e quinze artigos em revistas científicas, além de vários textos em jornais. É coordenador do Grupo de Estudos e Pesquisa em *Teoria Crítica* da Unesp de Araraquara.

Robert Hullot-Kentor é professor do Departamento de Inglês da Long Island University. Um dos principais estudiosos de T. W. Adorno nos EUA, traduziu para o inglês, entre outros, *Kierkegaard, Philosophy of New Music* e *Aesthetic Theory*. No momento, está acabando a tradução da *Dialética negativa*. Além de escrever diversos artigos em revistas como a *Telos*, publicou recentemente *Things Beyond Resemblance: Collected Essays on T. W. Adorno* (Columbia University Press, 2006) e editou o volume póstumo *Current of Music* (Suhrkamp, 2006).

Rodrigo Duarte possui doutorado em Filosofia pela Universität Gesamthochschule Kassel (1990). Realizou estágios de pós-doutoramento na University of California at Berkeley (1997) e na Universität Bauhaus de Weimar (2000). Atualmente é professor titular do Departamento de Filosofia da Universidade Federal de Minas Gerais. Dentre inúmeras publicações no Brasil e no exterior, destacam-se os seus livros: *Adorno/Horkheimer e a dialética do esclarecimento* (Zahar, 2002) e *Teoria crítica da indústria cultural* (UFMG, 2003).

Este livro foi composto em Minion Pro, 10,5, e reimpresso em papel Avena 80 g/m² pela gráfica Forma Certa, para a Boitempo, em abril de 2025, com tiragem de 50 exemplares.